体育旅游产业数字化战略转型与升级路径研究

Research on the Transformation and Upgrading Path of Digitization Strategy in Sports Tourism Industry

杨乙元　著

中国科学技术大学出版社

内容简介

体育旅游产业是我国体育产业与旅游产业深度融合的成功典范,在数字经济的持续作用下,我国体育旅游产业数字化展现出强劲动力。本书以解决"十四五"时期我国国民经济和社会发展的重大理论与实践问题为出发点,对体育旅游产业数字化做进一步"问题—理论—实际—应用"研究探索,提出新时代体育旅游产业数字化的战略转型与升级路径,不断推进提升体育旅游数字消费潜能,助推"十四五"时期我国国民经济和社会高质量发展。全书分为5章,分别介绍体育旅游产业数字化的理论阐释、现实条件、战略转型、升级路径、实证研究,可为我国体育旅游产业高质量发展提供理论参考依据与实践决策参考。

图书在版编目(CIP)数据

体育旅游产业数字化战略转型与升级路径研究 / 杨乙元著. -- 合肥:中国科学技术大学出版社,2024.12. -- ISBN 978-7-312-06164-6

Ⅰ. F592.3

中国国家版本馆 CIP 数据核字第 2024QB9162 号

体育旅游产业数字化战略转型与升级路径研究
TIYU LÜYOU CHANYE SHUZIHUA ZHANLÜE ZHUANXING YU SHENGJI LUJING YANJIU

出版	中国科学技术大学出版社
	安徽省合肥市金寨路96号,230026
	http://press.ustc.edu.cn
	https://zgkxjsdxcbs.tmall.com
印刷	合肥市宏基印刷有限公司
发行	中国科学技术大学出版社
开本	710 mm×1000 mm　1/16
印张	16
字数	319 千
版次	2024年12月第1版
印次	2024年12月第1次印刷
定价	79.00 元

前　言

　　伴随着全球新一轮科技革命和产业变革的蓬勃兴起，以大数据、区块链、云计算和人工智能等为代表的新兴数字技术正向各领域加速融合渗透。2024年《政府工作报告》首次提出"大力推进现代化产业体系建设，加快发展新质生产力"。新质生产力是以科技创新为内生动力，代表新技术、创造新价值、适应新产业、重塑新动能的新型生产力。这是继党的二十大报告提出"加快发展数字经济，促进数字经济和实体经济深度融合"后，党和国家再一次立足我国经济发展的时代特征提出的新经济概念，推动数字经济与体育旅游产业融合发展则是形成新兴产业集群、培育新质生产力的重要举措。同时，习近平总书记多次强调，要做大做强数字经济，加快建设数字中国。可见，数字经济作为继农业经济和工业经济之后的第三种经济形态，已然成为全球经济增长的新动能和我国经济发展的新风口，为推动经济高质量发展带来了新机遇和新空间。

　　体育旅游作为体育产业与旅游产业交叉融合的新兴业态，是现代体育产业和旅游产业的重要组成部分，对于促进国民经济增长和稳定社会发展具有重要作用。进入新发展阶段后，体育旅游产业要抓牢数字经济发展的战略机遇，坚持创新驱动发展，强化自主创新水平，集合地区优势资源，加快推进以数字化、网络化和智能化为特征的智慧体育旅游，持续深化"互联网＋体育旅游"，不断扩大新技术场景应用，推动体育旅游产业数字化的全面发展。但目前体育旅游产业数字化发展普遍面临着一系列问题，如政策制度不完善、数字化转型意识不强、市场监管不到位和专业人才匮乏等，这些极大阻碍了体育旅游产业结构优化调整和经济高质量发展的步伐。鉴于此，应立足我国实际、彰显我国特色、突出我国优势，从体育旅游产业数字化的内在机理出发，以体育旅游产业数字化转型升级为核心，深入探究体育旅游产业数字化的现实困境，进一步分析体育旅游产业数字化的时代需求和发展趋势，论证体育旅游产业数字化转型升级的理论基础和现实条件，从而探索体育旅游产业数字化的战略转型方式，进而提出体育旅游产业数字化的升级路径思路，不断推进提升体育旅游产业数字消费潜能，以期为我国体育旅游产业数字化高质量发展提供理论借鉴与实践参考。

本书是2020年度国家社会科学基金西部项目"农村'三变'改革与民族特色村寨体育旅游融合发展研究"（20XTYX004）的研究成果。综合运用体育学、旅游学、经济学、社会学、管理学等多个学科的相关理论，对体育旅游产业数字化战略转型与升级路径进行全面、系统、深入的研究，旨在实现我国体育旅游产业数字化转型升级，助力我国体育旅游产业现代化建设，为我国体育旅游产业数字化发展提供可借鉴、可复制和可推广的理论依据以及具备示范性、引领性、带动性的决策参考，对助推我国国民经济和社会发展具有重要的促进作用和现实意义。

杨乙元

2024年3月

目　录

前言 …………………………………………………………………………（ⅰ）

第一章　体育旅游产业数字化的理论阐释 ……………………………（ 1 ）
　　第一节　体育旅游产业数字化概述 ……………………………………（ 1 ）
　　第二节　体育旅游产业数字化的依据 …………………………………（ 8 ）
　　第三节　体育旅游产业数字化的背景 …………………………………（ 13 ）
　　第四节　体育旅游产业数字化的要求 …………………………………（ 35 ）
　　第五节　体育旅游产业数字化的理论基础 ……………………………（ 37 ）

第二章　体育旅游产业数字化的现实条件 ……………………………（ 46 ）
　　第一节　体育旅游产业数字化的价值意蕴 ……………………………（ 46 ）
　　第二节　体育旅游产业数字化与政策的关系 …………………………（ 53 ）
　　第三节　体育旅游产业数字化的作用与类型 …………………………（ 62 ）
　　第四节　体育旅游产业数字化的必要性与可行性 ……………………（ 66 ）
　　第五节　体育旅游产业数字化的现状分析 ……………………………（ 69 ）

第三章　体育旅游产业数字化的战略转型 ……………………………（ 85 ）
　　第一节　体育旅游产业数字化的动力机制 ……………………………（ 85 ）
　　第二节　体育旅游产业数字化的新发展理念 …………………………（ 90 ）
　　第三节　体育旅游产业数字化的新发展格局 …………………………（ 96 ）
　　第四节　体育旅游产业数字化的效应分析 ……………………………（102）
　　第五节　体育旅游产业数字化的战略方向 ……………………………（109）
　　第六节　体育旅游产业数字化的转型表现 ……………………………（115）
　　第七节　体育旅游产业数字化的转型升级 ……………………………（124）

第四章　体育旅游产业数字化的升级路径 ……………………………（138）
　　第一节　体育旅游产业数字化的逻辑起点 ……………………………（138）
　　第二节　体育旅游产业数字化的机理特征 ……………………………（152）
　　第三节　体育旅游产业数字化的影响因素 ……………………………（160）
　　第四节　体育旅游产业数字化的对策思路 ……………………………（165）

第五节　体育旅游产业数字化的实现模式……………………………(170)
第六节　体育旅游产业数字化的创新机制……………………………(180)
第七节　体育旅游产业数字化的优化路径……………………………(187)

第五章　体育旅游产业数字化转型升级的实证研究……………………(198)
第一节　我国东北地区冰雪体育旅游产业数字化转型升级…………(198)
第二节　我国东部地区体育赛事旅游产业数字化转型升级…………(208)
第三节　我国中部地区民族体育旅游产业数字化转型升级…………(219)
第四节　我国西部地区山地体育旅游产业数字化转型升级…………(230)

参考文献……………………………………………………………………(242)

第一章　体育旅游产业数字化的理论阐释

第一节　体育旅游产业数字化概述

一、概念

（一）体育产业

体育产业是指与体育运动直接或间接相关的产业领域的总和。它涵盖了各种与体育相关的活动、产品和服务，以及由此产生的经济价值和社会效益。体育产业包括各种不同的子领域，如体育竞赛表演、体育健身休闲、体育教育培训、体育场馆管理、体育旅游、体育彩票等。这些子领域都是体育产业的重要组成部分，它们通过提供各种产品和服务，满足人们对于体育的需求，同时创造经济价值和社会效益。体育产业的核心是提供各种体育服务和产品，包括体育比赛、健身休闲、培训和场馆服务等。这些服务和产品不仅满足了人们对于身体健康和娱乐的需求，也为相关产业的发展提供了支持。

除核心服务外，体育产业还涉及许多其他领域，如体育器材和装备制造、体育场馆建设和维修、体育旅游等。这些领域不仅为体育活动的开展提供了必要的支持和保障，也为体育产业的发展提供了重要的支撑。此外，体育中介产业也是体育产业的重要组成部分，包括体育经纪、体育广告、体育传媒等。这些中介服务为体育活动的推广和传播提供了重要的支持和保障，也为体育产业的发展提供了重要推动力。

（二）旅游产业

旅游产业是指与旅游活动直接或间接相关的产业领域的总和。它涵盖了各种与旅游相关的活动、产品和服务，包括旅游接待、旅游服务、旅游商品等，以及由此产生的经济价值和社会效益。旅游产业是一个多元化的产业领域，包括了各种不同的子领域，如旅行社、酒店业、餐饮业、旅游业、航空业、文化娱乐业等。这些子领域都是旅游产业的重要组成部分，它们通过提供各种产品和服务，满足人们对于旅游的需求，同时创造经济价值和社会效益。

旅游产业的核心是提供各种旅游服务和产品。这些服务和产品不仅满足了人们对于旅游的需求，也为相关产业的发展提供了支持。除了核心服务外，旅游产业还涉及许多其他领域：旅游基础设施的建设和维护、旅游景区的开发和管理、旅游交通的发展等。这些领域不仅为旅游活动的开展提供了必要的支持和保障，也为旅游产业的发展提供了重要支撑。此外，旅游中介产业也是旅游产业的重要组成部分，包括旅行社、旅游咨询公司等。这些中介服务为旅游活动的推广和传播提供了重要的支持和保障，也为旅游产业的发展提供了重要的推动力。

（三）体育旅游产业

体育旅游产业是指以体育活动为核心，通过与旅游业的结合，为人们提供健身、娱乐、休闲、探险等体验的综合性产业领域。它涵盖了各种与体育和旅游相关的活动、产品和服务，包括体育赛事旅游、健身休闲旅游、户外探险旅游、体育主题公园等，以及由此产生的经济价值和社会效益。

体育旅游产业的核心是提供各种体育旅游服务和产品。这些服务和产品不仅满足了人们对于体育和旅游的需求，也为相关产业的发展提供了支持。体育赛事旅游是体育旅游产业的重要组成部分，它通过举办各种体育赛事吸引游客前来观赏和参与，从而带动旅游经济的发展。健身休闲旅游也是体育旅游产业的重要分支，它通过提供各种健身休闲服务，满足人们对于身体健康和休闲娱乐的需求，同时为相关产业的发展提供支持。

除了核心服务外，体育旅游产业还涉及许多其他领域，如旅游基础设施的建设和维护、旅游景区的开发和管理、体育场馆的建设和管理等。这些领域不仅为体育旅游活动的开展提供了必要的支持和保障，也为体育旅游产业的发展提供了重要的支撑。此外，体育旅游中介产业也是体育旅游产业的重要组成部分，包括旅行社、体育旅游咨询公司等。这些中介服务为体育旅游活动的推广和传播提供了重要的支持和保障，也为体育旅游产业的发展提供了重要的推动力。

（四）体育旅游产业数字化

体育旅游产业数字化是指通过数字技术对体育旅游产业进行全方位的升级和改造，以实现更加高效、智能化和个性化的体育旅游体验。数字化技术包括大数据、云计算、人工智能、物联网、区块链等新兴技术，利用数字化技术可以提升体育旅游产业的信息技术水平、优化资源配置、拓展营销渠道、增强用户体验以及提升产业竞争力。体育旅游产业数字化不仅能够提高游客的体验和满意度，还可以提高企业的效率和竞争力。数字化还能够促进体育旅游产业的可持续发展和创新升级。

1．数字化技术推动产业升级

数字化技术是推动体育旅游产业升级的重要力量。通过云计算、大数据、物联网、人工智能等先进技术，实现体育旅游资源的数字化管理和配置，提高产业运行效率和服务质量。利用物联网技术对体育设施进行实时监测和维护，提高设施的利用效率和安全性；通过人工智能技术提供智能导览、智能推荐等服务，提升游客的游览体验和满意度。数字化技术还可以促进体育旅游产业的创新和转型升级，实现供给侧结构性改革，提高产业的核心竞争力和可持续发展能力。

2．数字化营销拓展市场

数字化营销是体育旅游产业数字化的重要手段。通过互联网、社交媒体等渠道，实现体育旅游信息的快速传播和推广，扩大品牌知名度和影响力。数字化营销针对不同的目标市场制定个性化的营销策略，实现精准营销和效果评估，增强营销效果，提高投入产出比。利用大数据分析游客的行为习惯和消费偏好，为游客提供定制化的产品和服务推荐；通过社交媒体平台开展线上线下活动，吸引用户参与和分享体验，提高品牌美誉度，增强用户黏性。

3．数字化服务提升用户体验

数字化服务是体育旅游产业数字化的重要方面。通过数字化技术，为游客提供更加便捷、高效、个性化的服务体验。通过移动支付技术实现快速购票、购物等环节的结算，提高服务效率；通过虚拟现实技术提供沉浸式的游览体验，增强游客的参与感和趣味性；通过人工智能技术提供智能客服和在线帮助，解决游客的问题和需求。数字化服务还为游客提供更加安全、可靠的服务保障。通过物联网技术实现体育设施的实时监控和维护，保障游客的安全和健康；通过大数据分析预测游客的需求和风险，提供及时的预警和应对措施。

4．数字化管理优化产业运营

数字化管理是体育旅游产业数字化的重要支撑。通过数字化技术，实现体育旅游产业内部的精细化管理，优化产业运营流程和服务质量。利用云计算和大数据技术建立综合信息平台和管理系统，实现资源整合和信息共享；通过物联网技术对体育设施进行实时监测和维护，提高设施的利用效率和安全性；通过人工智能技术实现智能排版、智能调度等管理功能，提高产业运营效率和服务质量。数字化管理还为决策者提供更加准确、及时的数据支持和管理报告，以便作出科学决策和优化资源配置。

5．数字化创新驱动产业发展

数字化创新是体育旅游产业数字化的重要动力。通过不断探索和应用新的数字化技术和手段，不断推动体育旅游产业的创新和发展。利用大数据分析挖掘体育旅游产业的潜在价值和新的增长点；通过人工智能技术推动体育旅游产业的智能化发展；利用虚拟现实和增强现实技术创造沉浸式体验空间，为游客提供更加身临其境的游览体验；利用物联网技术实现体育旅游产业的智能化管理和服务创新等。数字化创新不断拓展体育旅游产业的发展空间和价值链，并推动产业向高端化、智能化方向发展，提升产业的竞争力和可持续发展能力。

二、内涵

（一）数据驱动决策

体育旅游产业数字化以数据为关键要素，通过收集、处理和分析海量数据，提取有价值的信息，为决策者提供更加准确和及时的决策支持。数据包括游客的行为数据、消费习惯、旅游偏好等，帮助旅游企业更好地了解市场需求和趋势，制定更加精准的市场营销策略。通过数据分析和预测，旅游企业还对未来市场进行预测和规划，提高决策的针对性和有效性。

（二）智能化服务

体育旅游产业数字化通过应用人工智能、物联网等技术，实现旅游服务的智能化。智能化的旅游服务能够增强游客的旅游体验和满意度，也能提高旅游企业的服务水平和效率。通过智能导游应用，为游客提供更加精准的导游服务，包括景点介绍、路线规划、语音导览等。通过智能化管理系统，旅游企业实现资源的优化配置和高效管理，提高运营效率和服务质量。

（三）虚拟化体验

体育旅游产业数字化通过虚拟现实、增强现实等技术，实现体育赛事和健身活动的虚拟化。虚拟化的体验能够让游客身临其境地感受体育比赛的激情和魅力，提升观赛体验。虚拟化的健身活动也为游客提供了更加便捷和个性化的健身体验。通过 VR 设备，游客在家中进行虚拟的健身训练，享受专业的健身指导和游戏化的健身乐趣。

（四）产业融合与创新

体育旅游产业数字化能够促进体育与旅游的深度融合，推动产业的创新和发展。数字化技术将体育赛事与旅游景区进行有机结合，打造全新的体育旅游产品和服务。通过数字化技术将体育赛事与旅游景区进行有机结合，为游客提供集体育比赛观赏、旅游体验和健身活动于一体的综合体验。数字化技术也能促进体育旅游产业的创新升级,推动产业向高端化、智能化方向发展。通过人工智能等技术对旅游服务进行智能化升级,提高服务质量和效率;通过虚拟现实等技术实现体育赛事和健身活动的虚拟化,提供全新的体验和娱乐方式。

(五)推动可持续发展

体育旅游产业数字化能够促进产业的可持续发展和创新升级。数字化技术提高体育旅游产业的能源利用效率和管理效率,降低能耗和排放。通过智能化的管理系统和监测系统,实现资源的优化配置和高效管理;通过数据分析和预测,制定更加科学合理的规划和决策。数字化技术也推动体育旅游产业的创新和发展,为产业的可持续发展提供强有力的支持。通过虚拟现实等技术,实现旅游服务的智能化升级;通过人工智能等技术,实现市场预测和营销策略的精准化;通过物联网等技术,实现体育设施的智能化管理和监测等。

三、结构

(一)数字化技术

数字化技术是推动体育旅游产业数字化的基础和关键。数字化技术包括人工智能、大数据、云计算、物联网、区块链等新兴技术,为体育旅游产业提供智能化、高效化的解决方案。

1. 人工智能技术

人工智能技术可以提升体育旅游产业的服务智能化水平,包括智能导游、智能导览、智能推荐等方面。通过人工智能技术,企业能为游客提供更加个性化、精准化的服务,增强游客的体验感和满意度。

2. 大数据技术

大数据技术帮助体育旅游企业更好地了解市场需求和游客行为,为产品研发、市场营销和运营管理提供数据支持。通过大数据分析,企业能更好地把握市场趋势和游客需求,提高决策效率和准确性。

3. 云计算技术

云计算技术为体育旅游企业提供灵活、高效的IT资源和服务,帮助企业实现数字化转型。通过云计算服务,企业能快速响应市场需求,提高业务运营效率和管理水平。

4. 物联网技术

物联网技术将体育设施、旅游景点等实体与数字世界相连接,实现智能化管理和监测，提高运营效率和服务质量。通过物联网技术，企业能实现设备的远程监控和管理，提高设备的运行效率和安全性。

5. 区块链技术

区块链技术为体育旅游产业提供安全、可靠的交易和数据管理平台，保障游客的权益和数据安全。通过区块链技术，企业能降低交易成本和风险，提高服务质量和游客满意度。

（二）数字化业务

数字化业务是体育旅游产业数字化的核心和关键，包括数字化营销、数字化服务、数字化产品等方面。数字化业务不仅能提升体育旅游产业的竞争力和创新力，也能提高企业的运营效率和经济效益。

1. 数字化营销

数字化营销是指利用互联网、社交媒体等渠道，实现精准的市场营销和品牌推广。通过数字化营销，企业能更好地了解市场需求和趋势，为产品研发和市场营销提供依据，提高品牌知名度和市场占有率。

2. 数字化服务

数字化服务是指利用数字技术和平台，为游客提供智能、高效的服务体验。通过数字化服务，企业能提高服务水平和效率，提升游客的满意度和忠诚度。

3. 数字化产品

数字化产品是指利用数字技术和创新设计，提高产品的附加值和创新性。通过数字化产品，企业不仅能满足游客的需求和个性化要求，也能提高产品的竞争力和市场占有率。

（三）数字化市场

数字化市场是体育旅游产业数字化的重要组成部分，包括线上和线下两个市场。线上市场是指通过互联网平台和移动应用等渠道进行营销和服务模式；线下市场是指传统的实体营销和服务模式。数字化市场可以帮助企业更好地了解市场需求和趋势，拓展业务渠道和提高市场竞争力。

1. 线上市场

线上市场利用互联网平台和移动应用等渠道，为游客提供便捷的预订、支付、评价等服务体验。通过线上市场的拓展，企业可以扩大业务规模和覆盖率，吸引更多的潜在客户和提高市场占有率。

2. 线下市场

线下市场利用数字技术和智能化设备等手段，提高实体营销和服务效率和质量。通过线下市场的智能化升级，企业可以增强游客的体验感和满意度，实现实体店与线上市场的有机结合和协同发展。

（四）数字化治理

数字化治理是体育旅游产业数字化的重要保障和支撑体系，包括数据安全、隐私保护、合规要求等方面。数字化治理可以为企业提供安全、可靠的交易和数据管理平台，保障游客的权益和数据安全，还可以帮助企业达到相关法规和标准的要求，为长期发展提供保障。

四、特点

（一）个性化与定制化

体育旅游产业数字化通过收集和分析大量的游客数据，能够更好地了解游客的需求和偏好，为游客提供更加个性化、精准化的服务。企业也可根据不同游客的需求和特点，提供定制化的服务和产品，增强游客的满意度和忠诚度。

（二）智能化与高效化

体育旅游产业数字化利用人工智能、大数据、云计算、物联网等新兴技术，实现设备的自动化控制、数据的实时监测和分析，提高设备的运行效率和企业的管理效率。数字化技术还能实现智能化推荐、智能导游等功能，增强游客的体验感和满意度。

（三）多元化与融合化

体育旅游产业数字化将体育与旅游相结合，实现了产业的多元化和融合化。数字化技术将体育设施、旅游景点等实体与数字世界相连接，实现智能化管理和监测，提高运营效率和服务质量。数字化技术也将促进体育与旅游的深度融合，开发出更加多元化、创新性的产品和项目。

（四）线上与线下融合

体育旅游产业数字化将线上和线下市场相结合，实现线上线下的有机融合和协同发展。线上线下的融合可以拓宽企业的业务渠道和市场范围，提高企业的竞争力和经济效益。

（五）安全性与可靠性

体育旅游产业数字化需要保障数据和信息的安全性和可靠性。数字化治理包括数据加密、数据备份、数据泄露防护等措施的实施,保障游客的隐私和数据安全。数字化治理也需要符合相关法规和标准的要求,保证企业的合规性和可持续性发展。

(六)创新与升级

体育旅游产业数字化是一个不断发展和创新的过程。数字化技术不断升级和完善,企业也需要不断进行创新和升级,以适应市场的变化和游客的需求。数字化创新包括产品创新、服务创新、模式创新等方面,推动体育旅游产业的升级和发展。

(七)跨界与合作

体育旅游产业数字化需要跨界合作和创新。数字化技术促进不同产业之间的合作和融合,推动体育旅游产业的协同发展。体育旅游企业与其他领域的合作伙伴进行合作和创新,开发出更加多元化、创新性的产品和服务,满足游客的需求和个性化要求。

第二节 体育旅游产业数字化的依据

一、体育旅游产业数字化的研究意义

(一)丰富和发展了体育旅游产业的理论体系

体育旅游产业数字化的发展不仅推动了体育旅游产业的升级和转型,也丰富了体育旅游产业的理论体系。数字化技术为体育旅游产业提供了新的发展思路和方法,使得体育旅游产业能够更好地适应市场的变化和需求。数字化技术可以帮助体育旅游企业更好地了解消费者的需求和偏好,为消费者提供更加个性化和高品质的体育旅游产品和服务,从而提高企业的竞争力和市场占有率。这些新的发展思路和方法为体育旅游产业的理论研究提供了新的视角和研究方向,有助于完善和丰富体育旅游产业的理论体系。

(二)拓展了体育旅游产业的商业价值和发展空间

体育旅游产业数字化的发展不仅推动了体育旅游产业的创新和发展,也拓展了体育旅游产业的商业价值和发展空间。数字化技术可以帮助体育旅游企业更好

地挖掘和利用数据资源,实现精准营销和个性化服务,提高企业的营销效果和服务质量。数字化技术帮助企业开发新的产品和服务,满足消费者的多元化需求,拓展企业的业务领域和市场空间。通过数字化技术,体育旅游企业开发智能化的旅游路线规划应用平台,为消费者提供更加便捷和个性化的服务,在平台上增加社交功能,增强与消费者的互动和交流,为体育旅游产业的发展提供新的动力和空间。

(三)为体育旅游产业的可持续发展提供了新的路径

体育旅游产业数字化的发展,不仅关注当前的发展和利益,也注重长远的可持续发展。数字化技术帮助体育旅游企业实现智能化管理和运营,提高生产效率和服务质量,促进企业与其他产业的融合发展,推动经济的转型升级和高质量发展。这些措施有助于实现体育旅游产业的可持续发展目标。另外,数字化技术帮助企业更好地保护环境、节约资源,推动绿色发展和可持续发展。这些措施有助于实现体育旅游产业的可持续发展目标,为体育旅游产业的未来发展提供新的路径和方向。

二、体育旅游产业数字化的创新之处

(一)数字化技术推动体育旅游产业升级和转型

数字化技术为体育旅游产业带来了前所未有的机遇和挑战。通过互联网、大数据、人工智能等技术的应用,体育旅游产业实现智能化管理和运营,提高生产效率和服务质量。利用大数据和人工智能技术,对游客的行为和偏好进行分析,从而为游客提供更加个性化、精准化的旅游服务。数字化技术还促进体育旅游产业的升级和转型,推动产业向高端化、智能化方向发展。通过虚拟现实(VR)和增强现实(AR)等技术,为游客提供沉浸式、体验式的旅游服务,从而提升旅游品质和吸引力。

(二)数字化营销重塑体育旅游产业的商业模式

数字化营销是体育旅游产业创新的重要方面之一。通过互联网、社交媒体等渠道,体育旅游企业可以更加便捷地进行品牌推广和营销活动。数字化营销不仅能提高营销的精准度和效率,还可以通过社交媒体的分享和互动功能,增加与消费者的黏性;通过微信、微博等社交媒体平台,为游客提供更加便捷、个性化的预订和支付服务;通过UGC(用户生成内容)等方式,增加与游客的互动和信任。数字化商业模式不仅提高了企业的竞争力和市场占有率,还为整个体育旅游产业的商业模式创新提供了新的思路和方法。

（三）数字化融合促进体育旅游产业的协同发展

数字化技术可以促进体育旅游产业与其他产业的融合发展，推动经济的转型升级和高质量发展。体育旅游产业与互联网、文化创意等产业进行深度融合，形成"体育+旅游+文化+科技"的产业生态圈。跨产业的融合不仅可以促进资源的共享和优化配置，还可为游客提供更加多元化、高品质的旅游体验。数字化技术还可以促进体育旅游产业内部的协同发展，通过互联网平台实现线上线下的服务协同、数据共享等。协同发展提高了整个产业的运行效率和服务质量，实现体育旅游产业的可持续发展。

三、体育旅游产业数字化的依据

（一）体育旅游产业数字化的理论依据

1. 产业升级理论依据

产业升级理论是指通过技术进步、资本投入、劳动力素质提高等因素推动产业从低级向高级、从传统向现代、从粗放向集约转变的过程。数字化技术作为产业升级的重要推动力，对体育旅游产业数字化的升级和发展具有重要作用。

① 数字化技术的应用提高了体育旅游产业的运营效率和服务质量。通过智能化设备和应用，实现自动化管理和服务，减少人工干预和错误，提高运营的准确性和效率。电子票务系统和智能支付系统的应用，大幅缩短了游客的购票和支付时间，提高了入园效率。数字化技术还帮助体育旅游企业更好地了解游客的需求和偏好，为游客提供精准的个性化服务。通过数据分析和挖掘，企业针对不同的游客群体制定更加合适的服务策略，提高游客的满意度和忠诚度。这些优势帮助体育旅游企业提高运营效率和服务质量，增强游客的体验感和满意度。② 数字化技术创新了体育旅游产业的商业模式和营销方式。传统的体育旅游商业模式主要依赖线下实体店和门票销售，而数字化技术的应用实现了线上线下的融合，拓展了新的商业领域和盈利模式。线上销售可以降低企业的销售成本，提高销售效率，也为游客提供更加便捷的购买方式。数字化技术可以实现精准营销和个性化推荐，增强营销效果，提高用户转化率。通过大数据分析用户的消费习惯和兴趣爱好，为用户推荐更适合的旅游产品和服务，提供更加个性化的体验。这些优势帮助体育旅游企业拓展市场、提高销售效率、增加用户黏性，实现体育旅游产业数字化商业模式的创新和升级。③ 数字化技术提高了体育旅游产业的附加值和竞争力。数字化技术的应用可以帮助体育旅游企业实现资源优化配置，提高资源利用效率，推动可持续发展，从而更好地服务国家发展战略。数字化技术还帮助体育旅游企业树

立品牌形象、提高知名度和社会影响力,从而更好地吸引客源和拓展市场。这些优势帮助体育旅游企业在激烈的市场竞争中获得更大的优势和市场份额。

2. 消费行为理论依据

消费行为理论是指消费者在购买和使用产品或服务的过程中所表现出来的心理和行为特点的理论。数字化技术的应用对消费行为具有重要影响,也为体育旅游产业数字化的发展提供了新的机遇。① 数字化技术帮助体育旅游企业更好地了解消费者的需求和偏好。通过数据分析和挖掘,企业了解消费者的消费习惯、兴趣爱好、购买意愿等信息,从而为消费者提供更加精准的个性化服务。通过分析消费者的浏览记录和购买记录,企业可以预测消费者的下一步购买行为,从而为其推荐更加合适的产品和服务。这些优势帮助体育旅游企业更好地满足消费者的需求和偏好,提高消费者的满意度和忠诚度。② 数字化技术改善了消费者的购买体验,增加了其购买意愿。通过线上销售、移动支付等方式,消费者可以更加便捷地购买产品和服务,也能享受更多的促销和优惠活动。此外,数字化技术还为消费者提供更加多样化的产品和服务选择,从而满足不同消费者的需求和偏好。这些优势增加了消费者的购买意愿和购买频次,提高了企业的销售额和市场占有率。③ 数字化技术提高了消费者的满意度和忠诚度。通过建立数字化客户关系管理系统,提供智能化客服等服务措施,加强与客户间的沟通交流,了解客户的需求与建议,积极解决客户所遇到的问题,并为客户提供更快速、更贴心的服务,进而提高客户的满意度与忠诚度,并为企业创造更多的潜在客户价值,促进企业的长期发展,提高企业的市场竞争力,实现企业的可持续发展目标。这些优势帮助体育旅游企业建立良好的品牌形象和口碑效应,吸引更多的潜在客户。

3. 数字经济理论依据

数字经济理论是指数字技术和信息技术的运用对于经济增长和社会发展所产生的重要影响的理论。在数字经济时代背景下,体育旅游产业的发展也面临着新的机遇和挑战。① 数字经济促进体育旅游产业数字化的创新和发展。数字技术和信息技术的运用推动了体育旅游产业的科技创新和管理创新,提高了企业的核心竞争力。人工智能技术在体育旅游产业中的应用,帮助企业提高运营效率和服务质量,也为游客提供更加精准的个性化服务,从而促进产业的创新和发展。② 数字经济拓展了体育旅游产业的市场空间和市场竞争力。在数字经济时代背景下互联网技术和移动通信技术的应用,打破了时间和空间的限制,为消费者提供更加便捷的产品和服务,也为企业拓展了更加广阔的市场空间。在线旅游平台的兴起吸引了更多的消费者,也为相关企业提供了更加广阔的销售渠道和市场空间。此外,数字经济还能促进跨行业融合和发展,在数字经济时代背景下各个产业之间的联系越来越紧密,跨行业融合和发展已经成为一种趋势。在体育旅游产业中,数字技术和信息技术的运用促进了与其他产业的融合和发展。

(二)体育旅游产业数字化的政策依据

1. 国家政策支持依据

国家政策在推动体育旅游产业数字化发展方面发挥了重要作用。政府出台了一系列支持体育旅游产业数字化发展的政策,为数字化技术在体育旅游产业中的应用提供了有力支持。国家"十四五"规划和2035年远景目标纲要明确提出,要"深入发展智慧旅游,创新旅游产品体系",为体育旅游产业的数字化发展提供了明确的方向。此外,国家还出台了一系列支持数字经济发展的政策,为体育旅游产业数字化发展提供了良好的政策环境。政府还通过提供财政支持、税收优惠等措施来鼓励体育旅游企业积极开展数字化建设,促进产业的转型升级。政府还为企业提供数字化建设专项资金支持,鼓励企业引入数字化技术和设备;为企业提供税收优惠政策,鼓励企业加大对数字化技术的研发和应用力度。

2. 产业政策推动依据

除了国家政策支持外,产业政策也是推动体育旅游产业数字化发展的重要力量。在国家政策的引导下,各级政府和相关部门制定了一系列支持体育旅游产业数字化发展的产业政策。政府鼓励体育旅游企业加大对数字化技术的研发和应用力度,推动体育旅游产业与互联网、大数据等数字技术的融合发展。政府实施为企业提供技术研发资金支持、设立技术转移中心等措施,促进企业与科研机构之间的合作与交流,加速数字化技术的推广和应用。政府通过提供市场准入、税收优惠等措施,鼓励体育旅游企业积极拓展市场、开展数字化营销。政府为企业提供市场准入便利,简化审批程序;还为企业提供税收优惠政策,鼓励企业拓展市场、开展数字化营销。

(三)体育旅游产业数字化的实践依据

1. 以消费者需求为导向依据

在体育旅游产业数字化的发展过程中,以消费者需求为导向是实践依据的重要方面。通过深入了解消费者的需求和行为,旅游企业可以更好地把握市场趋势,提供更符合消费者需求的产品和服务。① 旅游企业通过大数据技术对消费者行为进行分析。通过分析消费者的搜索记录、购买记录、浏览记录等,了解消费者的兴趣爱好、偏好和需求,从而提供更个性化的产品和服务。② 旅游企业通过人工智能技术对消费者需求进行预测。通过机器学习算法对消费者行为进行分析,预测消费者的需求和偏好,从而提供更精准的产品和服务。③ 旅游企业通过物联网技术为消费者提供更智能、更便捷的服务。通过智能导航和导览系统,为游客提供更直观、更便捷的旅游体验;通过智能支付和线上预订系统,为消费者提供更快捷、更方便的服务。

2. 以提高运营效率为目标依据

在体育旅游产业数字化的发展过程中,提高运营效率是实践依据的重要目标。数字化转型通过技术手段提高旅游企业的管理效率和服务质量,从而实现成本降低、效益提升的目标。① 数字化转型通过大数据技术对旅游企业的运营数据进行全面分析。通过对景区客流量、消费者行为、销售数据等进行全面分析,更好地把握市场趋势和消费者需求,为旅游企业的决策提供更准确的数据支持。② 数字化转型通过人工智能技术提高旅游企业的管理效率和服务质量。通过智能排班系统,合理安排员工的工作时间和任务分配;通过智能客户服务系统,提供更快捷、更方便的客户服务。③ 数字化转型通过物联网技术提高旅游企业的设施管理和维护效率。通过智能设施管理系统实时监测设施的运行状态和使用情况,及时进行维护和维修;通过智能安防系统提高景区的安全监控水平和管理效率。

3. 以创新发展为动力依据

在体育旅游产业数字化的发展过程中,以创新发展为动力是实践依据的重要方面。数字化转型通过技术创新不断推动体育旅游产业的升级和发展,从而满足市场和消费者的需求。① 技术创新推动体育旅游产业的产品创新。利用虚拟现实技术为消费者提供沉浸式的运动体验或者利用增强现实技术,为消费者提供互动式的运动乐趣,从而推出更受消费者欢迎的体育旅游产品。② 技术创新推动体育旅游产业的服务创新。利用人工智能技术为消费者提供智能化的导游服务或者利用大数据技术,为消费者提供个性化的推荐服务,从而提升消费者的服务体验和质量。③ 技术创新推动体育旅游产业的模式创新。利用物联网技术实现景区资源的共享和协同管理或者利用区块链技术,实现体育旅游产业的去中心化和信任机制,从而改变传统的体育旅游产业模式,推动产业的升级和发展。

第三节　体育旅游产业数字化的背景

一、体育旅游产业数字化的创新发展

(一)体育旅游产业数字化的发展机遇

1. 产业发展进入新时代

(1)数字化技术驱动产业升级

数字化技术的不断革新为体育旅游产业提供了前所未有的发展机遇。人工智能技术的发展也为体育旅游产业提供了新的机遇。智能导游、智能导览等服务为游客提供更加便捷、个性化的体验；虚拟现实技术让游客远程体验各种体育赛事和活动，提升观赏体验；智能穿戴设备实时监测游客的身体状况和运动数据，为游客提供更加科学的健身指导。互联网的普及为体育旅游产业提供了更广阔的市场空间。线上平台的建设拓展了更多的销售渠道和合作伙伴，提高了品牌影响力。互联网也为游客提供了更加便捷的预订、支付和评价服务，提高了游客的满意度。

（2）产业融合推动持续发展

体育旅游产业的深度融合是持续发展的重要特征之一。通过跨领域的合作与交流，体育和旅游两个领域得以相互促进、共同发展。通过合作开发体育旅游线路、联合举办体育赛事和活动等方式，实现资源共享、优势互补，提高整个产业的竞争力和效益。融合不仅有助于提升游客的体验质量，还进一步拓展体育旅游市场的空间，吸引更多的游客和投资者。此外，随着全球化和互联网的普及，体育旅游产业也在不断拓展国际市场。通过与国外企业合作、引进国外品牌等方式，引入更多的国际先进理念和技术，提升本土产业的品质和水准。国际合作还能促进文化交流、增进友谊，有助于提升我国在国际体育旅游领域的影响力和地位。

（3）创新战略引领未来发展

创新成为推动体育旅游产业发展的关键因素，涵盖技术创新、管理创新、模式创新等多个方面。通过不断创新，企业可以提升自身的核心竞争力，抢占市场先机。通过开发新的旅游产品和模式，满足游客不断变化的需求；通过运用新的管理理念和技术手段，提高企业的运营效率和服务质量；通过探索新的商业模式和市场渠道，拓展企业的盈利空间和发展空间。为了实现创新引领发展，企业需要具备强烈的创新意识、开放的创新心态和创新化的组织架构。政府也需要营造良好的创新环境和政策支持体系，鼓励企业进行创新实践和创新投资。只有通过不断的创新和突破，体育旅游产业才能保持其活力和竞争力，实现持续、健康的发展。

2. 需求发展进入新时代

（1）多样化与个性化需求

随着人们生活水平的提高和健康意识的增强，对于体育旅游的需求也呈现出多样化的趋势。传统的体育旅游以观赏型为主，如观看体育赛事、游览体育场馆等；而如今，体验式、参与式、冒险式等多样化的体育旅游产品受到更多游客的青睐，例如户外探险、滑雪、潜水等体验式体育旅游产品受到了广大游客的欢迎。参与式体育旅游，如骑行、跑步、健身等也成为越来越多人的选择。多样化的需求为体育旅游产业的数字化发展提供了广阔的空间和机遇。数字化技术的普及和应用为满足游客的个性化需求提供了有力支持。大数据技术的应用有助于分析游客的行为习惯和需求偏好，为游客提供更加精准的个性化服务。智能推荐系统根据游客的浏览记录和购买记录，为其推荐适合的体育旅游产品，提高游客的满意度。人工智能技术的应用也为满足游客的个性化需求提供了便利。智能客服随时为游客提供在线咨询和解答服务,提高游客的体验质量;智能导览为游客提供定制化的游览路线和解说服务,让游客更深入地了解体育文化。

(2) 便捷化需求

互联网和物联网的普及为满足游客的便捷化需求提供了有力支持。互联网平台的搭建为游客提供了在线预订、支付、评价等一站式服务,使得游客更加方便快捷地完成体育旅游行程的安排。物联网技术的应用也使得体育设施、旅游景点等资源的智能化管理和监控成为可能,提高了运营效率和服务质量。智能门禁系统实现了远程开门、预约入园等功能,提高了游客的便利性和安全性。

(3) 消费者需求的变化

随着社会经济的发展和人们生活水平的提高,消费者对体育旅游的需求发生了显著的变化。① 消费者对体育旅游产品的需求更加多样化,不再满足于传统的体育赛事观赏和旅游景点游览,还追求更加个性化和多元化的体验。消费者对户外运动、极限挑战、主题赛事等新兴体育旅游项目的需求不断增加。② 消费者对体育旅游服务的需求更加高品质化,更加注重服务的细节、专业性和个性化,对旅游过程中的吃、住、行、游、购、娱等各个环节都要求高品质的服务体验。消费者对智能导游、智能导览等数字化服务的需求不断增加,对旅游过程中的安全保障和健康管理也更加关注。③ 消费者对体育旅游的社交需求更加突出,不再满足于单纯的体育赛事观赏和旅游景点游览,更追求在体育旅游过程中与他人互动、交流和分享。社交媒体在体育旅游中的应用越来越广泛,消费者通过社交媒体分享自己的旅游经历和体验,与他人交流和互动。

(4) 市场供给的创新

面对消费者需求的变化,体育旅游市场的供给也在不断创新和升级。① 体育旅游产品供给的创新是市场创新的重要方面之一。新兴的体育旅游产品不断涌现,包括户外运动、极限挑战、主题赛事等,满足了消费者对个性化和多样化的需求。传统的体育赛事和旅游景点也在不断创新和升级,推出更加具有吸引力和竞争力的产品和服务。② 数字化技术在体育旅游服务供给中的应用取得了显著进展。智能导游、智能导览等数字化服务为消费者提供了更加便捷、个性化的体验;互联网和物联网技术的应用实现了体育设施、旅游景点等资源的智能化管理和监控,提高了运营效率和服务质量;虚拟现实和增强现实技术的应用让消费者可以远程体验各种体育赛事和活动,提升了观赏体验。③ 社交媒体在体育旅游中的应用也促进了市场供给的创新。通过社交媒体平台,消费者与他人互动、交流和分享自己的旅游经历和体验,这为体育旅游市场的推广和营销提供了新的渠道和手段。社交媒体也为体育旅游企业提供了更多的数据来源和分析工具,帮助企业更好地了解消费者需求和市场趋势。

(5) 未来创新发展的需求

消费者需求的变化和市场供给的创新为体育旅游产业的未来发展提供了广阔的市场空间和机遇。未来,体育旅游产业的需求发展将更加多元化、个性化、高品质化,数字化技术在体育旅游产业中的应用也将更加广泛和深入。社交媒体在体育旅游中的应用也将继续扩大和深化,为消费者提供更加便捷、个性化的服务体验。为了满足消费者需求的变化和市场供给的创新,体育旅游企业需要加强产品创新和服务升级,提高自身的核心竞争力;还需要加强数字化技术的研发和应用,提高企业的运营效率和服务质量,加强与社交媒体平台的合作和营销推广,扩大企业的品牌影响力和市场占有率。

3. 融合发展进入新时代

(1) 体育与旅游的深度融合

体育与旅游的深度融合是体育旅游产业融合发展的核心。融合打破了传统体育和旅游的界限,将体育元素和旅游元素有机地结合在一起,形成了新的体育旅游产品和服务。户外运动、极限挑战、主题赛事等新兴体育旅游项目,既包含了体育的竞技和健身元素,又融入了旅游的休闲和观光元素。体育与旅游的深度融合还体现在管理和运营层面的合作。通过跨领域的合作和交流,体育和旅游两个领域得以相互促进、共同发展。

(2) 数字化技术的推动作用

数字化技术是推动体育旅游产业融合发展的重要力量。大数据、人工智能、互联网和物联网等技术的应用,使得体育旅游产业能够更好地了解游客需求、优化资源配置、提升服务效率和质量。大数据技术的应用可以更好地了解游客的需求和行为习惯,为游客提供更加精准的服务。通过对大数据的分析,企业更加准确地把握市场趋势和资源状况,优化资源配置,提高效率。人工智能技术的发展也为体育旅游产业提供了新的机遇。物联网技术的应用可以实现对体育设施、旅游景点等资源的智能化管理和监控,提高运营效率和服务质量。物联网还可以促进不同领域之间的信息共享和协同合作,推动体育旅游产业的深度融合和创新发展。

(3) 政策支持与人才培养

政府对体育旅游产业的政策支持和人才培养也是推动融合发展的重要因素。政府通过制定相关政策、提供资金支持等方式,鼓励和支持体育旅游产业的融合发展。政府还通过加强市场监管、优化营商环境等方式,为体育旅游产业的发展提供良好的环境。在人才培养方面,政府通过加强高校和专业机构的建设,培养更多的体育旅游专业人才。企业也通过内部培训、专业培训等方式,提高员工的专业技能和服务水平。只有通过政策支持和人才培养的双重保障,才能够为体育旅游产业的融合发展提供有力的支撑。

4. 数字化创新进入新时代

(1) 数字化技术推动产业创新

数字化技术是推动体育旅游产业创新的重要力量。① 数字化技术帮助企业进行产品创新和升级。利用大数据和人工智能技术,企业对市场需求进行精准分析,从而开发出更加符合消费者需求的产品和服务。数字化技术还帮助企业进行产品的智能化升级,提高产品的质量和竞争力。② 数字化技术帮助企业进行管理和运营的创新。利用物联网和云计算技术,企业实现对体育设施、旅游景点等资源的智能化管理和监控,提高运营效率和服务质量。数字化技术还帮助企业进行营销推广的创新,实现其精准营销和个性化推广,提高企业的市场竞争力。

(2) 数字化创新促进产业升级

数字化创新不仅推动了体育旅游产业的快速发展,还促进了产业的升级和转型。① 数字化创新推动了体育旅游产业的智能化发展。智能导游、智能导览等数字化服务提高了旅游服务的智能化水平,让消费者更加便捷、个性化地体验旅游景点;智能健身设备和健康管理平台等数字化产品提高了健身和健康管理的智能化水平,满足了消费者对科学健身和健康生活的追求。② 数字化创新还促进了体育旅游产业的绿色发展。数字化技术帮助企业实现资源节约和环境保护,推动绿色旅游的发展;数字化技术还帮助企业进行生态环境的监测和保护,促进体育旅游产业的可持续发展。

(二)体育旅游产业数字化的新时代

1. 体育旅游产业消费升级

(1) 数字化技术推动体育旅游产业消费升级

① 数字化技术为消费者提供了更加便捷的体育旅游消费体验。在数字化时代,消费者通过互联网和移动设备随时随地查找和预订体育旅游产品,包括赛事门票、旅游路线、健身课程等。数字化技术还为体育旅游消费者提供个性化的推荐和服务,根据体育旅游消费者的兴趣和需求,推荐适合体育旅游消费者的产品和服务。② 数字化技术提高了体育旅游产品的品质和附加值。通过数字化技术,企业实现了对体育旅游产品进行精细化管理,提高产品的质量和附加值。利用大数据分析,企业可以了解体育旅游消费者的需求和行为习惯,为体育旅游消费者提供更加精准的产品和服务。数字化技术还为体育旅游消费者提供更加全面的信息和评价,帮助体育旅游消费者作出更加明智的消费决策。③ 数字化技术还为体育旅游消费者提供了更加多样化的支付方式和安全保障。

(2) 数字化技术推动体育旅游产业消费体验升级

数字化技术的应用使得体育旅游的消费者体验得到了大幅提升。通过互联网和移动设备,体育旅游消费者可以随时随地获取各种体育旅游信息,包括赛事预告、景点介绍、健身课程等。数字化技术提供的在线预订、电子票务、智能导游等功能，使得体育旅游消费者的出行更加便捷，提升了体育旅游消费者的旅游体验。在数字化时代，体育旅游消费者的个性化需求得到了更好的满足。通过大数据和人工智能技术，体育旅游企业能够对消费者的行为和需求进行分析，为体育旅游消费者提供更加精准的产品和服务；根据体育旅游消费者的兴趣和偏好，为消费者推荐适合的赛事和景点，提供定制化的健身计划和旅游路线，满足消费者对高品质、个性化的需求。数字化技术还为体育旅游消费者提供了更加多样化的支付方式和安全保障。通过支付宝、微信等电子支付方式，体育旅游消费者更加便捷地进行消费结算。数字化技术提供的在线客服、保险服务等安全保障措施，为体育旅游消费者的权益和安全提供了更好的保障。

(3) 数字化技术推动体育旅游产业消费形态与需求升级

在体育旅游产业数字化的新时代，体育旅游消费者的消费形态发生了显著的变化。传统的以线下实体为主的消费方式逐渐被线上消费所取代。体育旅游消费者越来越倾向于通过互联网和移动设备进行产品的查询、预订和支付，这使得线上消费的比例逐年增加。体育旅游消费者的线上消费行为也变得更加多元化，从最初的单纯门票预订到现在的全方位、个性化的定制服务，显示出明显的消费升级趋势。体育旅游消费者的消费需求也在不断升级。体育旅游消费者对产品的品质和个性化服务越来越重视，对产品的体验和感受提出了更高的要求，更倾向于追求高品质、个性化的体育旅游产品和服务，以满足自身的多元化需求。消费需求的升级也推动了体育旅游产业的不断发展和创新。

2. 体育旅游产业构成要素

(1) 数字化技术对体育旅游产业构成要素的特点

在数字化时代，体育旅游产业的构成要素发生了显著的变化，呈现出新的特点。① 数字化技术使得体育旅游产业的参与主体更加多样化。除了传统的旅行社和景点外，各种在线旅游平台、社交媒体和内容创作者等新型主体也加入了体育旅游产业链。这些主体通过数字化技术为消费者提供更加个性化的产品和服务，满足消费者对高品质、个性化的需求。② 数字化技术使得体育旅游产业的客体也更加多样化。这些新型产品和服务通过数字化技术为消费者提供更加便捷、个性化的消费体验，也为体育旅游产业带来了新的增长点。③ 数字化技术使得体育旅游产业的媒介也发生了变化。传统的旅行社和导游不再是消费者获取信息和服务的唯一渠道，各种在线平台、社交媒体和移动应用成为消费者获取信息和消费的主要途径。这些新型媒介通过数字化技术为消费者提供更加便捷、高效的服务，也为体育旅游产业带来了新的竞争格局。

(2) 数字化技术对体育旅游产业构成要素的影响

数字化技术的应用使得体育和旅游产业两个领域的界限变得模糊，推动了产业的融合和交叉创新。通过数字化技术，各种新型的体育旅游产品和服务不断涌现，定制化赛事、虚拟现实体验、在线健身课程等。这些新型产品和服务不仅满足了消费者的多样化需求，也推动了体育旅游产业的多元化发展。数字化技术也促进了不同产业之间的融合，文化、科技、教育等领域的元素被越来越多地融入体育旅游产业，为消费者提供了更加丰富的产品和服务。数字化技术的应用使得体育旅游产品的品质和附加值得到了提升。通过大数据分析，企业了解消费者的需求和行为习惯，为消费者提供更加精准的产品和服务。数字化技术也使得产品的制作和传播变得更加高效和便捷，降低了企业的运营成本，提高了产品的质量和附加值。此外，数字化技术还为消费者提供了更加个性化的服务体验，包括智能导游、在线客服等，提高了消费者的满意度和忠诚度。数字化技术为体育旅游产业的营销推广带来了创新。传统的广告宣传和推广活动已经不再是唯一的选择，数字化营销手段如搜索引擎优化（SEO）、社交媒体营销、内容营销等已经成为企业进行推广的主要途径。这些数字化营销手段具有成本低、传播速度快、覆盖面广等优点，提高了企业的市场竞争力。数字化技术也可使消费者更加方便地进行信息查询和决策制定，提高了消费者的参与度和满意度。

（3）数字化技术推动体育旅游产业构成要素的变革

在数字化时代，体育旅游产业资源也得到了数字化的发展。各种体育场馆、赛事活动、旅游景点等资源都通过数字化技术实现了在线查询、预订和支付。消费者通过互联网和移动设备可以方便地获取体育旅游资源的信息，提高了资源的利用效率和增强消费者的出行体验感。数字化技术还推动了体育旅游产业服务的数字化。各种在线客服、电子票务、智能导游等数字化服务为消费者提供了更加便捷和高效的服务体验。消费者通过智能导游应用了解景区的详细信息，通过电子票务系统预订赛事门票，通过在线客服解决旅游过程中遇到的问题。数字化技术也推动了体育旅游产业营销的数字化。企业通过互联网、社交媒体等渠道进行在线营销和推广，实现精准营销和个性化推广。通过大数据分析消费者的行为和需求，推送个性化的广告和促销信息；通过社交媒体与消费者互动，提高品牌的知名度和美誉度。

（4）数字化技术对体育旅游产业构成要素的体验

① 在数字化时代，体育场馆和赛事活动仍然是体育旅游产业的核心要素。消费者通过在线预订和电子票务等方式参与各种体育赛事和活动，体验激烈的比赛氛围和独特的文化魅力。数字化技术使得体育场馆的运营更加智能化和高效化，为消费者提供更加便捷和舒适的体验。② 在数字化时代，旅游景点和旅游路线也成了体育旅游产业的重要构成要素。消费者通过在线查询和预订等方式游览各种旅游景点，包括自然风光、人文景观等。数字化技术也使得旅游路线的规划更加智能化和个性化，为消费者提供更加高品质的旅游体验。③ 在数字化时代，健身课

程和健康管理也成了体育旅游产业的重要构成要素。消费者通过在线预订和参与健身课程,提高了身体素质和健康水平。数字化技术也使得健康管理更加智能化和个性化,为消费者提供更加全面和个性化的健康服务。

3. 体育旅游产业高质量融合

(1) 数字化技术推动体育旅游产业高质量融合

① 技术创新促进融合。数字化技术的应用为体育旅游产业的融合提供了新的契机。通过大数据、人工智能、物联网等数字化技术,企业可以更好地了解和掌握消费者的需求和行为习惯,为消费者提供更加精准的产品和服务,从而开发出更加符合市场需求的产品和服务。数字化技术还帮助企业提高运营效率和管理水平,推动产业的可持续发展。此外,数字化技术还为企业的业务拓展和创新提供了新的机遇,促进了体育旅游产业的多元化发展。② 跨界合作推动融合。数字化技术推动了体育旅游产业的跨界融合发展,使得体育和旅游两个领域的界限变得模糊,推动了两个产业的融合和交叉创新。数字化技术也促进了不同领域之间的合作,如科技、文化、健康等,为体育旅游产业提供了更加广阔的发展空间和资源支持。数字化技术的应用使得体育旅游产业的界限变得更加模糊,推动了跨界合作的发展。在数字化时代,企业需要不断拓展业务范围,提供更加多元化的产品和服务,满足消费者对高品质、个性化的需求。通过跨界合作,企业实现资源的共享和优化配置,提高产业的附加值和竞争力。③ 智能化产业链整合和深度融合。数字化技术推动了体育旅游产业的智能化发展。通过物联网、智能设备等技术,企业对体育旅游设施进行智能化管理,提高设施的运营效率和安全性。数字化技术还帮助企业进行智能化决策和处理,提高企业的竞争力和市场适应性。数字化技术的应用有助于企业实现产业链的整合和深度融合。通过数字化技术,企业更好地掌握消费者的需求和行为习惯,优化产品设计和服务流程,提高产业链的协同效应和效率。

(2) 数字化技术推动体育旅游产业高质量融合升级

① 提升产业价值链。体育旅游产业高质量融合推动了产业价值链的提升。通过数字化技术的应用,企业可以更好地掌握市场需求和消费者行为,开发出更加符合市场需求的产品和服务,提高产业的附加值和竞争力。数字化技术还帮助企业进行精细化管理和智能化决策,提高企业的运营效率和管理水平。② 提升产业附加值。体育旅游产业高质量融合提高了产业的附加值,通过数字化技术的应用和跨界合作,企业为消费者提供更加多元化、个性化的产品和服务,满足消费者对高品质、个性化的需求。企业还通过数字化技术实现资源的共享和优化配置,提高产业链的协同效应和效率,进一步增加产业的附加值。③ 优化资源配置。体育旅游产业高质量融合推动了资源配置的优化,数字化技术的应用使得企业更好地了解市场需求和消费者行为,掌握更全面的资源信息,从而进行更精准的资源配置和

决策。数字化技术还可以促进不同领域之间的合作和交流,推动资源的共享和优化配置。④增强产业竞争力。体育旅游产业高质量融合增强了产业的竞争力,通过数字化技术的应用和跨界合作,企业实现资源的共享和优化配置,提高产业的附加值和竞争力。数字化技术还帮助企业实现业务的智能化处理和决策的科学化,提高企业的运营效率和竞争力。各因素共同作用,使得体育旅游产业的竞争力得到大幅提升。⑤促进绿色发展。体育旅游产业高质量融合也促进了产业的绿色发展。通过数字化技术实现资源的节约和环境的保护是数字化时代的重要趋势之一。通过数字化技术对景区内的环境进行实时监测和管理,实现景区的可持续发展。利用智能设备对健身场馆进行节能减排和绿色运营管理,实现健身行业的绿色发展,这些措施有助于推动整个体育旅游产业的绿色发展。消费者也将更加注重自身的权益维护和安全保障,推动企业提高服务质量和安全保障水平。企业的合作模式将更加多样化,如创新共享经济平台化发展等推动产业的发展和升级。此外,企业还需要不断进行数字化技术的研发和应用、品牌建设和市场推广等方面的工作,提高自身的竞争力和市场占有率。绿色发展的重要性将更加凸显未来体育旅游产业的绿色发展,企业也需要更加注重资源的节约和环境的保护,消费者也将更加注重绿色消费和环保生活方式的追求。

4. 体育旅游产业数字化创新

(1) 创新商业形式

在体育旅游产业中,数字化技术推动着商业模式的创新。传统的商业形式在信息获取、服务提供和资源分配等方面,都存在着效率低下的问题。而数字化技术的应用,使得企业能够更好地了解和掌握消费者的需求和行为习惯,为消费者提供更加精准的产品和服务。数字化技术还为企业提供了在线预订、电子票务、智能导游等功能,使得企业的商业模式更加多元化和创新。基于大数据和人工智能技术的个性化推荐系统,根据消费者的兴趣和历史行为,为其推荐最合适的体育旅游路线和产品,从而提高消费者的满意度和忠诚度。

(2) 创新产品开发

数字化技术的应用也推动了体育旅游产品的创新。通过大数据和人工智能技术,企业对消费者的需求和行为习惯进行分析,为消费者提供更加精准的产品和服务。利用大数据分析,企业能够了解消费者的购买偏好和运动习惯,开发出更加符合消费者需求的产品和服务。数字化技术还帮助企业进行产品的优化和升级,提高产品的附加值和市场竞争力。

(3) 创新服务体验

数字化技术的应用帮助企业优化服务。通过大数据分析,企业能够了解消费者的需求和行为习惯,为消费者提供更加个性化、高品质的服务。数字化技术还帮助企业实现资源的优化配置和决策的智能化处理,提高企业的运营效率和竞争力。

通过智能化的管理系统,企业实时监控旅游资源的状态和需求情况,及时调整产品和服务的供应策略,提高产品质量和服务效率。数字化技术的应用还帮助企业进行服务体验的创新。通过互联网和移动设备,消费者可以更加便捷地获取各种旅游服务信息,包括交通、住宿、餐饮等。数字化技术提供的在线客服、保险服务等安全保障措施,为消费者的权益和安全提供了更好的保障。这些创新服务体验为消费者提供了更加个性化、高效的产品和服务,提高了消费者的满意度和忠诚度。

(4) 创新品牌市场

数字化技术帮助企业提升品牌形象和市场推广效果。通过互联网和社交媒体等渠道,企业可以更加便捷地进行品牌宣传和营销推广,提高品牌的知名度和美誉度。数字化技术还帮助企业实现营销的精准化和个性化,提高市场推广的效率和效果。通过数据分析和人工智能技术,企业可以精准地识别目标消费者群体,为其提供定制化的营销信息和优惠活动,从而提高消费者的参与度和购买意愿。

(三) 体育旅游产业数字化供给侧结构性改革

1. 增加体育旅游产业数字化供给侧结构性改革总量

(1) 增加体育旅游产业数字化供给侧结构性改革总量的重要性

① 满足消费者需求。随着消费者需求的不断升级,对于体育旅游产品的品质和体验感的要求越来越高,增加体育旅游产业数字化供给侧结构性改革总量,提供更加多元化、高品质的体育旅游产品和服务,可以满足消费者的多元化需求。② 提高产业附加值。增加体育旅游产业数字化供给侧结构性改革总量,可以提高产业的附加值。通过优化资源配置、提高生产效率、促进创新等方式,增加体育旅游产品的供给量,进一步增加产业的附加值。通过技术创新和智能化管理,提高体育场馆的使用效率和运营水平,提供更多高品质的健身服务和产品,提高健身行业的附加值和盈利能力。③ 推动产业升级和发展。增加体育旅游产业数字化供给侧结构性改革总量,可以推动产业的升级和发展。通过数字化技术的应用和创新,增加体育旅游产品的供给量,促进产业的融合发展、多元化发展和绿色发展。增加体育旅游产业数字化供给侧结构性改革总量也可促进相关产业的发展,包括体育器材制造、旅游服务等,推动整个产业链的发展和升级。

(2) 增加体育旅游产业数字化供给侧结构性改革总量的途径

① 拓展体育旅游产业数字化资源供给。数字化技术的应用可以帮助企业拓展体育旅游产业数字化资源的供给。通过大数据分析和虚拟现实等技术,企业能更好地了解和掌握体育旅游产业数字化资源的分布和特点,为消费者提供更加多元化、个性化的产品和服务。数字化技术还可以帮助企业实现资源的优化配置和决策的智能化处理,提高企业的运营效率和竞争力,进一步增加体育旅游产业数字

化的供给总量。② 促进体育旅游产业数字化融合发展。数字化技术的应用可以促进体育旅游产业数字化融合发展,进一步增加体育旅游产业数字化产品的供给总量。通过数字化技术,企业将体育赛事、旅游景点和健身场所等资源进行整合和创新,提供更加多元化、个性化的产品和服务,满足消费者对高品质、个性化的需求。数字化技术还帮助企业实现跨行业合作和平台化发展,推动产业的多元化发展和融合发展,增加体育旅游产业数字化的供给总量。③ 提升体育旅游产业数字化附加值。数字化技术的应用可以帮助企业增加体育旅游产业数字化的附加值,进一步增加体育旅游产业数字化的供给总量。通过大数据分析和技术创新,企业为消费者提供更加个性化、高品质的健身服务和产品,从而提高健身行业的附加值和盈利能力。数字化技术还可以帮助企业实现品牌的推广和营销的精准化,提高企业的品牌价值和市场竞争力,增加体育旅游产业数字化产品的供给总量。④ 优化体育旅游产品供给结构。体育旅游产业数字化供给侧结构性改革通过优化体育旅游产品供给结构,来增加体育旅游产业数字化供给侧结构性改革总量。通过大数据分析和人工智能等技术,企业可以精准地了解消费者的需求和行为习惯,为消费者提供更加个性化、高品质的产品和服务。企业还通过数字化技术实现资源的优化配置和决策的智能化,提高企业的运营效率和竞争力,进一步增加体育旅游产业数字化的供给总量。⑤ 创新体育旅游产业数字化组织模式。体育旅游产业数字化供给侧结构性改革通过创新体育旅游产业数字化组织模式,来增加体育旅游供给侧结构性改革总量。通过共享经济和平台化发展等模式,企业实现了跨行业合作和资源共享,为消费者提供更加多元化、个性化的产品和服务,满足消费者对高品质、个性化的需求。新的组织模式还帮助企业降低成本和提高效率,进一步增加体育旅游产业数字化的供给总量。⑥ 加强体育旅游产业数字化技术创新。体育旅游产业数字化供给侧结构性改革通过加强体育旅游产业数字化技术创新,来增加体育旅游供给侧结构性改革总量。利用物联网和区块链等技术,企业实现了景区管理和健身场所运营的智能化和高效化;利用虚拟现实和增强现实等技术,企业为消费者提供更加沉浸式和交互式的体验和服务。这些技术创新帮助企业提高产品和服务的质量和效率,进一步增加体育旅游产业数字化的供给总量。

2. 提高体育旅游产业数字化供给侧结构性改革质量

(1) 提高体育旅游产业数字化供给侧结构性改革质量的重要性

① 提升消费者体验。提高体育旅游产业数字化供给侧结构性改革质量,可以提升消费者的体验。通过优化产品和服务的质量,企业能够提供更加高品质、个性化的体育旅游产品和服务,满足消费者的需求和期望。提高体育旅游产业数字化供给侧结构性改革质量还可以增加消费者的满意度和忠诚度,为企业的长期发展奠定坚实的基础。② 增强产业竞争力。提高体育旅游产业数字化供给侧结构性改革质量,可以增强产业的竞争力。在数字化时代,体育旅游产业的竞争越来越激

烈,企业需要通过提高产品和服务的质量来增加自身的竞争力。通过数字化技术的应用和创新,企业可以提高自身的运营效率、降低成本和提高产品质量,从而在竞争中获得优势。③ 促进产业升级和发展。提高体育旅游产业数字化供给侧结构性改革质量,促进产业的升级和发展。通过提高产品和服务的质量,企业增加自身的附加值和盈利能力,并进一步推动体育旅游产业数字化的升级和发展。提高体育旅游产业数字化供给侧结构性改革质量,可促进相关产业的发展,如体育器材制造、旅游服务等,推动整个产业链的发展和升级。

(2) 提高体育旅游产业数字化供给侧结构性改革质量的途径

① 数字化技术的深入应用和创新。数字化技术的深入应用和创新是提高体育旅游产业数字化供给侧结构性改革质量的重要途径。通过数字化技术,企业能够更好地了解和掌握消费者的需求和行为习惯,为消费者提供更加精准的产品和服务。数字化技术还可以帮助企业优化产品和服务,提升品牌形象和市场推广效果,提高企业的运营效率和竞争力。基于大数据和人工智能技术的个性化推荐系统,根据消费者的兴趣和历史行为记录,为其推荐最合适的旅游路线和产品,从而提高消费者的满意度和忠诚度。② 优化资源配置和管理模式。优化资源配置和管理模式是提高体育旅游产业数字化供给侧结构性改革质量的必要手段。企业需要合理配置资源和管理模式,以提高产品生产效率和质量。通过智能化管理系统和数据分析技术,企业实时监控资源的状态和需求情况,及时调整产品和服务的供应策略,提高产品质量和服务效率。优化管理模式可以降低成本和提高效率,为企业的发展提供更多的动力和支持。③ 加强品牌建设和市场推广。加强品牌建设和市场推广是提高体育旅游产业数字化供给侧结构性改革质量的重要环节。通过加强品牌建设和提升服务质量,消费者的信任度和忠诚度增强,提高了企业自身的市场竞争力。通过市场推广活动的策划和实施,消费者的参与度和购买意愿增加,进一步扩大市场份额和提高收益水平。通过互联网营销、社交媒体推广、线下活动等方式进行品牌宣传和市场推广,增加了企业在目标消费群体中的知名度和影响力。④ 加强数字化技术的研究和应用。加强数字化技术的研究和应用是提高体育旅游产业数字化供给侧结构性改革质量的关键途径。企业应该注重数字化技术的研究和应用,包括人工智能、大数据、云计算等新兴技术,以推动产品创新和服务升级。利用人工智能技术对消费者行为进行分析和预测,为消费者提供更加精准的个性化推荐;利用大数据技术对市场趋势进行预测和分析,为企业的决策提供科学依据;利用云计算技术搭建云服务平台,为消费者提供更加便捷的在线服务和体验。⑤ 提升服务质量和用户体验。提升服务质量和用户体验是提高体育旅游产业数字化供给侧结构性改革质量的内在要求。企业应该注重提高服务人员的专业素质和服务水平,为消费者提供更加专业化、规范化的服务;加强设施设备的维护和更新,保证设施设备的完好率和安全性;通过线上线下的方式与消费者进行互动

和交流,了解消费者的需求和反馈意见,及时改进服务质量和提升用户体验;通过建立会员制度、积分兑换等方式加强与消费者的互动和黏性;通过定期回访、满意度调查等方式了解消费者的需求和反馈意见,及时改进服务质量和提升用户体验等。

3. 调整体育旅游产业数字化供给侧结构性改革结构

(1) 调整体育旅游产业数字化供给侧结构性改革结构的重要性

① 提高产业效益和竞争力。调整体育旅游产业数字化供给侧结构性改革结构,可以提高产业效益和竞争力。企业通过优化资源配置、提高生产效率、促进创新等方式,降低成本、提高效率,进一步增强产业的效益和竞争力。调整体育旅游产业数字化供给侧结构性改革结构还可以帮助企业更好地了解和掌握市场需求和消费者行为,为消费者提供更加个性化、高品质的产品和服务,提高消费者的满意度和忠诚度。② 促进产业升级和发展。调整体育旅游产业数字化供给侧结构性改革结构,可以促进产业的升级和发展。数字化技术的应用和创新可以推动企业的产品研发、管理模式、运营方式等方面的创新,进一步推动整个产业的升级和发展。调整体育旅游产业数字化供给侧结构性改革结构还可以促进企业之间的合作和资源整合,推动产业的融合发展、多元化发展和绿色发展,进一步推动整个产业的升级和发展。③ 满足消费者对高品质、个性化的需求。调整体育旅游产业数字化供给侧结构性改革结构,可以满足消费者对高品质、个性化的需求。

(2) 调整体育旅游产业数字化供给侧结构性改革结构的途径

① 供给侧结构调整和优化。企业需要结合数字化技术对体育旅游产业数字化供给侧结构进行调整和优化。一是企业需要优化产品研发和设计流程,提高产品的质量和创新性。二是企业需要优化管理模式和运营方式,提高服务质量和效率。利用物联网技术实现设备的实时监控和维护,提高设备的运行效率和安全性。② 加强品牌建设和管理。数字化技术的应用可以帮助企业加强体育旅游产业数字化品牌建设和管理。数字化技术可以提高产品品质和服务质量,提升企业的品牌形象和信誉度。例如,利用社交媒体平台进行品牌推广和营销;利用客户管理系统提高客户的满意度和忠诚度;利用数字化技术对市场趋势进行分析和预测,为企业决策提供科学依据。通过对相关数据的分析和挖掘识别潜在的市场机会和风险因素,帮助企业作出科学决策,提高企业的竞争力和可持续发展能力。③ 优化资源配置结构。优化资源配置结构是提高体育旅游产业数字化与供给侧结构性改革结构调整质量的内在要求。企业应该注重优化资源配置,通过数字化技术的应用和创新,企业能够更好地了解市场需求和消费者行为的变化,优化资源配置。例如,利用大数据技术对市场趋势进行预测和分析,优化产品研发和营销策略;利用智能化技术提高生产效率和质量检测水平等。

4. 补齐体育旅游产业数字化供给侧结构性改革短板

（1）补齐体育旅游产业数字化供给侧结构性改革短板的重要性

① 增强供给侧响应能力。在体育旅游产业数字化中，供给侧结构性改革的主要目标是提高供给侧对需求侧的响应能力，即提高旅游产品和服务对消费者需求的满足程度。数字化技术的应用帮助企业更好地了解和掌握消费者需求，提高供给侧的响应能力。通过大数据技术对消费者行为进行分析和预测，企业能够更加精准地了解消费者需求，为消费者提供更加个性化的产品和服务。② 提升产业竞争力。数字化技术的应用可以提高体育旅游产业数字化的竞争力和可持续发展能力。数字化技术可以帮助企业优化产品研发、管理模式、运营方式等，提高生产效率和服务质量。数字化技术还可以促进企业之间的合作和资源整合，推动产业的升级和发展。例如，利用人工智能技术帮助企业进行智能推荐和个性化定制，提高企业的差异化竞争能力；利用云计算技术搭建云服务平台，实现资源的共享和高效利用。③ 保障消费者权益和提高满意度。数字化技术的应用可以保障体育旅游产业数字化消费者权益和提高满意度。数字化技术可以帮助企业实现透明化和规范化管理，保障消费者的权益和安全。数字化技术还可以增强消费者的体验感和参与感，提高消费者的满意度和忠诚度。例如，利用区块链技术实现溯源管理，保障产品的真实性和安全性；利用虚拟现实技术为消费者提供沉浸式体验，增强消费者的体验感和参与感。

（2）补齐体育旅游产业数字化供给侧结构性改革短板的途径

① 加强数字化基础设施建设。加强数字化基础设施建设是补齐体育旅游产业数字化供给侧结构性改革短板的基础。企业应该加强数字化基础设施建设，包括网络设施、数据中心、云计算平台等，以提高数字化技术的应用能力和服务水平。政府出台相关政策鼓励和支持企业加强数字化基础设施建设，推动体育旅游产业的数字化进程。② 培养数字化人才队伍。培养数字化人才队伍是补齐体育旅游产业数字化供给侧结构性改革短板的关键。企业应该注重数字化人才的培养和引进建立完善的人才培养和管理机制，培养一批具备数字化技能和素质的人才队伍。政府出台相关政策鼓励和支持企业培养数字化人才队伍，促进人才的流动和共享，推动体育旅游产业的数字化进程。③ 加强与相关产业的合作和资源整合。加强与相关产业的合作和资源整合是补齐体育旅游产业数字化供给侧结构性改革短板的重要途径。企业应该加强与相关产业的合作和资源整合，实现优势互补和协同发展，推动体育旅游产业数字化的升级和发展。与旅游、文化、娱乐等相关产业进行合作，共同开发高品质的体育旅游产品和服务，提高消费者的满意度和忠诚度，进而促进产业的升级和发展。

二、体育旅游产业数字化的需求

(一)体育旅游产业数字化结构优化升级的需求

1. 技术驱动下的产业融合与业态创新

随着信息技术的迅速发展,尤其是大数据、云计算、物联网、人工智能等技术的广泛应用,体育旅游产业逐渐进入数字化新时代。数字化技术对体育旅游产业的影响深远,它不仅改变了消费者的需求和行为模式,也推动了体育旅游产业数字化的融合发展与业态创新。一是数字化技术推动了体育旅游产业数字化的融合发展。通过大数据、云计算等技术,实现体育旅游信息的共享和整合,优化了资源配置,提高了体育旅游产业数字化的运行效率。物联网技术使得体育旅游产业数字化设施的智能化管理成为可能,提升了服务质量。人工智能的应用则使得体育旅游产品的定制化服务得以实现,满足了消费者日益多元化的需求。二是数字化技术推动了体育旅游产业的业态创新。在数字化技术的驱动下,出现了许多新的体育旅游产业数字化业态,包括在线健身、虚拟赛事、智能旅游等。体育旅游产业数字化新业态的出现,不仅满足了消费者的新需求,也提高了体育旅游产业数字化的竞争力。

2. 消费升级下的品质提升与模式转变

随着经济的发展和消费者收入的提高,消费者对体育旅游产业数字化的需求也发生了变化。消费者不再满足于传统的、单一的旅游产品和服务,而是追求更加个性化和高品质的产品和服务。因此,消费升级下的品质提升与模式转变,成为体育旅游产业数字化结构优化升级的需求依据之一。① 消费者对体育旅游产品的品质要求提高。在数字化技术的推动下,消费者可以更加便捷地获取旅游信息,也能够更加全面地了解旅游产品的特点和服务质量。消费者对体育旅游产品的选择更加多元化和个性化,对产品的品质要求也相应提高。② 消费者对体育旅游产业数字化服务的需求模式发生了转变。在数字化技术的支持下,消费者可以更加自主地选择体育旅游产业数字化服务的方式和内容,也可以更加灵活地安排旅游行程的时间和路线。新的消费模式要求体育旅游产业数字化进行相应的转变和创新,以适应消费者的需求。

3. 政策引导下的结构调整与转型升级

政府对体育旅游产业数字化的发展提出了新的要求和目标。在政策引导下,体育旅游产业数字化需要进行结构调整和转型升级,以适应新的市场环境和政策环境。① 政策引导下的结构调整。政府提出了"体育强国、健康中国"的战略目标,对体育旅游产业的发展提出了更高的要求,通过制定相关政策和规划,引导体育旅游产业进行结构调整，推动体育旅游产业数字化的健康发展。政府通过制定相关政策鼓励企业加大对体育旅游产业数字化的投入，推动体育旅游产业的融合发展。② 政策引导下的转型升级。政府通过制定相关政策鼓励企业进行技术创新和模式创新，推动体育旅游产业数字化的转型升级；鼓励企业加大对数字化技术的研发和应用力度，提高体育旅游产品的品质和服务质量；鼓励企业进行模式创新，推动体育旅游产业数字化的转型升级；鼓励企业开展线上线下融合的体育旅游产业数字化服务模式等。

（二）实现体育旅游产业数字化发展战略的需求

1. 技术驱动：数字化技术是推动体育旅游产业数字化发展的关键

随着信息技术的飞速发展，数字化技术已经成为推动体育旅游产业数字化发展的关键因素。数字化技术可以帮助体育旅游产业数字化实现资源的优化配置、提高生产效率、降低成本、提升服务质量等多种目标。数字化技术还可以为消费者提供更加便捷、个性化和高品质的体育旅游产品和服务，满足消费者的需求。① 数字化技术帮助体育旅游产业数字化实现资源的优化配置。通过数字化技术，企业实现对体育旅游产业数字化资源的全面管理和监控，对资源进行合理的调配和利用，提高资源的利用效率。这不仅可以降低企业的成本，也可以提高企业的竞争力。② 数字化技术可以提高体育旅游产业数字化生产效率和服务质量。通过数字化技术，企业可以实现自动化和智能化生产，提高生产效率和服务质量。通过人工智能和机器学习等技术，企业开发出更加智能的体育旅游产业数字化推荐系统和客户服务系统，提高客户满意度和忠诚度。③ 数字化技术可以满足消费者的个性化需求。通过数字化技术，企业可以实现对消费者行为的全面分析和预测，为消费者提供更加个性化和高品质的体育旅游产业数字化的产品和服务。通过大数据和云计算等技术，企业可以开发出更加智能的体育旅游产业数字化服务系统，为消费者提供更加便捷和高效的服务体验。

2. 市场驱动：数字化战略是应对市场变化和竞争压力的必然选择

随着市场的不断变化和竞争压力的增加，体育旅游产业数字化需要制定数字化战略，以应对市场变化和竞争压力。数字化战略可以帮助体育旅游产业更好地了解市场需求和趋势，提高企业的市场敏感度和反应速度，增强企业的竞争力。① 数字化战略帮助体育旅游产业数字化更好地了解市场需求和趋势。通过数字化技术，企业可以实现对消费者行为的全面分析和预测，了解消费者的需求和偏好，为消费者提供更加个性化和高品质的体育旅游产品和服务。数字化技术还可以帮助企业更好地掌握市场趋势和变化，及时调整自身的战略和业务模式。② 数字化战略可以提高企业的市场敏感度和反应速度。在数字化时代，信息的传递和处理速度非常快，企业需要快速响应市场的变化和需求。数字化战略可以帮助企业提高自身的市场敏感度和反应速度,及时调整自身的战略和业务模式,适应市场的变化和需求。③ 数字化战略可以增强企业的竞争力。通过数字化技术,企业可以提高生产效率和服务质量,降低成本,提高企业的竞争力。数字化技术还可以帮助企业开发出新的产品和服务,拓展新的市场和业务领域,增加企业的收入来源和市场份额。

3. 政策驱动:数字化发展是政府推动体育旅游产业升级的重要方向

随着政府对体育旅游产业数字化的重视和支持力度的增加,数字化发展成了政府推动体育旅游产业数字化升级的重要方向。政府通过制定相关政策和规划,引导和支持体育旅游产业数字化的数字化发展。① 政府通过制定相关政策和规划,引导和支持体育旅游产业数字化发展。政府出台相关政策鼓励企业加大对数字化技术的研发和应用力度,推动体育旅游产业数字化发展。政府还通过资金扶持等方式支持体育旅游产业数字化发展,为其提供必要的保障和支持。② 政府通过监管和规范市场的行为促进体育旅游产业数字化的健康有序发展。政府加大对市场的监管力度,规范企业的行为,推动体育旅游产业数字化的健康有序发展。政府还通过建立相关的评价机制评估体育旅游产业数字化发展水平和成果,为其提供必要的指导和帮助。

(三) 加强体育旅游产业数字化推广与普及的需求

1. 数字化推广与普及是体育旅游产业数字化发展的必然趋势

随着信息技术的不断发展,数字化推广与普及已经成为体育旅游产业数字化发展的必然趋势。数字化推广与普及可以促进体育旅游产业数字化的创新发展,提高产业的核心竞争力,满足消费者的多元化需求,推动体育旅游产业数字化的可持续发展。① 数字化推广与普及促进体育旅游产业数字化的创新发展。数字化技术可以帮助体育旅游企业实现资源的优化配置,提高生产效率和服务质量,推动产业的技术创新和模式创新。通过人工智能、大数据等技术,企业可以开发出更加智能化的旅游服务系统,提高客户满意度和忠诚度。② 数字化推广与普及可以提高产业的核心竞争力。数字化技术可以帮助体育旅游企业提高自身的市场敏感度和反应速度,更好地了解市场需求和趋势,为消费者提供更加个性化和高品质的体育旅游产品和服务。③ 数字化推广与普及可以满足消费者的多元化需求。在数字化时代,消费者的需求和行为模式发生了很大转变,更加注重个性化和高品质的产品和服务。数字化推广与普及可以帮助体育旅游企业更好地了解消费者的需求和行为模式,为消费者提供更加个性化和高品质的体育旅游产品和服务,满足消费者的多元化需求。

2. 加强数字化推广与普及是政府推动体育旅游产业数字化升级的重要方向

政府对体育旅游产业数字化的重视和支持力度增加,数字化推广与普及成为政府推动体育旅游产业数字化升级的重要方向。政府通过制定相关政策和规划，引导和支持体育旅游产业数字化的数字化推广与普及。政府还通过监管和规范市场的行为，促进体育旅游产业数字化的健康有序发展。

3. 加强数字化推广与普及是企业应对市场竞争压力的重要手段

随着市场竞争的加剧，体育旅游企业需要加强数字化推广与普及，以提高自身的市场竞争力。数字化推广与普及可以帮助企业提高自身的市场敏感度和反应速度，更好地了解市场需求和趋势，为消费者提供更加个性化和高品质的体育旅游产业数字化产品和服务，从而增强企业的核心竞争力应对市场竞争压力。数字化推广与普及还可以帮助企业拓展新的市场和业务领域，增加企业的收入来源和市场份额提高企业的经济效益和社会效益。

三、体育旅游产业数字化的具备条件

（一）管理创新驱动

1. 管理理念创新：以消费者为中心，构建体育旅游产业数字化生态系统

在数字化时代，消费者的需求和行为模式发生了很大转变，更加注重个性化和高品质的产品和服务。因此，体育旅游企业需要转变管理理念，以消费者为中心，构建全新的体育旅游产业数字化生态系统。① 企业需要了解消费者的需求和行为模式，通过数据分析和挖掘，深入了解消费者的偏好和需求，为消费者提供更加个性化和高品质的体育旅游产品和服务。企业需要与消费者建立紧密的联系，及时获取消费者的反馈和意见，不断优化产品和服务，提高消费者的满意度和忠诚度。② 企业需要构建全新的体育旅游产业生态系统，将体育旅游产业数字化的相关要素和资源进行全面整合，包括旅游资源、体育设施、休闲娱乐设施、酒店餐饮等，形成相互依存、相互促进的生态系统。企业需要与各相关产业进行深度合作，共同开发新的产品和服务，拓展新的市场和业务领域，实现产业的协同发展。

2. 管理模式创新：体育旅游产业数字化管理模式的构建和完善

数字化管理模式是实现体育旅游产业数字化的重要基础和保障。数字化管理模式可以帮助企业实现资源的优化配置，提高生产效率和服务质量，推动产业的融合升级。① 企业需要建立数字化管理系统，将体育旅游产业数字化的相关要素和资源进行全面管理和监控，包括旅游资源、体育设施、休闲娱乐设施、酒店餐饮等。数字化管理系统需要与企业内部的管理系统进行对接，实现信息的共享和数据的互通，提高企业的管理效率和服务质量。② 企业需要建立数字化营销模式，通过互联网、社交媒体等渠道，实现精准营销和个性化营销。数字化营销模式可以帮助企业更好地了解消费者的需求和偏好，为消费者提供更加个性化和高品质的体育旅游产业数字化产品和服务。数字化营销模式还可以帮助企业降低营销成本和提高营销效果。③ 企业需要建立数字化安全管理体系,保障体育旅游产业数字化的安全和稳定。数字化安全管理体系可以帮助企业及时发现和防范安全风险,保障企业和消费者的权益和安全。数字化安全管理体系还可以帮助企业提高自身的社会形象和声誉。

3. 人才管理创新:数字化时代的人才培养和管理新模式

在数字化时代,体育旅游产业数字化需要的是具备创新思维和数字化技能的人才。因此,企业需要创新人才管理模式,培养和管理具备创新思维和数字化技能的人才。企业需要建立完善的人才培养机制,通过内部培训和外部引进的方式,培养人才。企业需要建立人才库和人才流动机制,吸引和留住优秀的人才为企业服务,建立以能力和业绩为导向的人才管理制度。通过科学的评估和激励机制,激发员工的积极性和创造力,提高员工的工作效率和服务质量。企业需要建立良好的企业文化和管理氛围,为员工提供良好的工作环境和发展空间。

(二) 转变传统观念

1. 转变对数字化的观念

在传统的体育旅游产业中,人们往往把数字化只作为一种工具或手段,而没有充分认识到数字化的核心价值。要实现体育旅游产业数字化的转型,必须转变对数字化的认知观念,充分认识到数字化的核心价值,即以数据为驱动,以消费者为中心,以个性化服务为重点,以提高生产效率和服务质量为目标。① 要认识到数字化是体育旅游产业发展的必然趋势。在信息时代,消费者对体育旅游的需求和行为模式发生了很大的变化,更加注重个性化和高品质的产品和服务。数字化可以帮助体育旅游企业更好地了解消费者的需求和行为模式,为消费者提供更加个性化和高品质的体育旅游产品和服务,满足消费者的多元化需求。② 要认识到数字化是提高生产效率和服务质量的重要手段。数字化可以帮助体育旅游企业实现资源的优化配置,提高生产效率和服务质量,推动产业的融合升级。数字化还可以帮助企业开发出新的产品和服务,拓展新的市场和业务领域,增加企业的收入来源和市场份额。③ 要认识到数字化是以消费者为中心的个性化服务的重要支撑。数字化可以帮助体育旅游企业更好地了解消费者的需求和行为模式,为消费者提供更加个性化和高品质的体育旅游产品和服务,提高消费者的满意度和忠诚度。

2. 转变对数据应用的观念

在传统的体育旅游产业中,人们往往把数据作为一种辅助性的工具或手段,而没有充分认识到数据的核心价值。要实现体育旅游产业数字化的转型,必须转变对数据的应用观念,充分认识到数据的核心价值,即以数据为驱动,实现精准营销、个性化服务、智能化决策等。① 要认识到数据是体育旅游产业发展的重要资源。在数字化时代,数据已经成为一种重要的资源,可以帮助企业更好地了解市场需求和趋势,为消费者提供更加个性化和高品质的产品和服务。数据还可以帮助企业开发出新的产品和服务,拓展新的市场和业务领域,增加企业的收入来源和市场份额。② 要认识到数据是提高生产效率和服务质量的重要依据。数据可以帮助体育旅游企业更好地了解消费者的需求和行为模式,为消费者提供更加个性化和高品质的体育旅游产品和服务,提高消费者的满意度和忠诚度。数据还可以帮助企业实现资源的优化配置,提高生产效率和服务质量,推动体育旅游产业数字化的融合升级。③ 要认识到数据是智能化决策的重要基础。在数字化时代,数据已经成为一种重要的决策依据,帮助企业实现智能化决策和精细化管理。通过数据的分析和挖掘,及时发现市场变化和风险,为企业提供更加准确和及时的决策支持。

3. 转变对数据价值的观念

在传统的体育旅游产业中,数据往往被视为简单的统计和记录工具,而忽视了其潜在的价值和作用。然而,数据已经成为体育旅游产业数字化发展的重要资源和要素。因此,转变对数据价值的认知观念是实现体育旅游产业数字化的重要保障。① 要认识到数据的全面性和客观性。在数字化时代,数据的收集和分析已经成为一项重要的工作。企业需要通过多种渠道全面收集数据,并对数据进行深入分析和挖掘,从而更好地了解市场需求、消费者行为以及产业发展趋势等信息。企业还需要注重数据的客观性和准确性,避免因为数据的不准确而产生误导和决策失误。② 要认识到数据的共享和合作的重要性。在数字化时代,数据的共享和合作已经成为一种趋势和发展方向。企业需要积极与相关产业进行合作交流,通过数据的共享和整合更好地实现产业的协同发展,也可提高企业的竞争力和创新能力。③ 要认识到数据的安全性和隐私保护的重要性。在数字化时代数据的泄露和滥用已经成为一个严重的问题,企业需要建立健全的数据安全保障机制保护消费者的隐私和权益,也可以提高企业的社会形象和声誉。

(三)资源配置优化

1. 优化资源配置,提升效率

数字化技术可以帮助体育旅游产业数字化实现资源的优化配置,提高生产效率和服务质量。通过数字化技术,实现自动化和智能化的生产和管理,减少人工干预和错误率,提高生产效率和服务质量。数字化技术还可以帮助体育旅游产业数字化实现资源的共享和优化配置,提高资源的利用效率,降低成本并提高收益。通过数字化技术,体育旅游产业数字化可以实现对体育场馆、旅游景点等资源的智能化管理。通过智能化的监控和管理,体育旅游产业数字化更好地了解资源的实时状况和使用情况,实现资源的优化配置和合理调配。数字化技术还可以帮助体育旅游产业数字化实现与政府部门、合作伙伴之间的信息共享和协同工作,提高工作效率和服务质量。

2. 数据驱动决策,提高决策准确性

数字化技术可以帮助体育旅游产业数字化实现数据驱动的决策,提高决策的准确性和有效性。通过数字化技术,体育旅游产业数字化收集和分析各种数据,包括消费者行为数据、业务数据、市场数据等,为决策提供全面、准确的数据支持。数字化技术还可以帮助体育旅游产业数字化实现数据分析和预测,为决策提供更加准确和可靠的数据支持。通过数字化技术,体育旅游产业数字化可以实现对消费者行为的数据分析和挖掘。通过分析消费者的购买行为、偏好、反馈等信息,体育旅游产业数字化可以更好地了解消费者的需求和偏好,为消费者提供更加个性化和高品质的体育旅游产品和服务。数字化技术还可以帮助体育旅游产业数字化实现市场趋势的预测和分析,为企业的战略制定和决策提供更加准确和可靠的数据支持。

3. 创新商业模式,拓展市场空间

数字化技术可以帮助体育旅游企业体育旅游产业数字化创新商业模式,拓展市场空间。通过数字化技术,体育旅游产业数字化开发新的产品和服务,拓展新的市场和业务领域,实现体育旅游产业数字化商业模式的创新和升级。数字化技术还可以帮助体育旅游产业数字化实现精准营销和个性化服务。体育旅游产业数字化通过数字化技术建立电商平台或移动应用平台,拓展线上销售渠道和市场份额。体育旅游产业数字化还可以通过大数据分析和人工智能技术实现精准营销和个性化服务,提高营销效果和收益。此外,数字化技术还可以帮助体育旅游产业数字化开发智能推荐系统等创新产品和服务,满足消费者的个性化需求并提高用户体验。

综上所述,体育旅游产业数字化具备条件依据的资源配置优化主要表现在优化资源配置提升效率、数据驱动决策提高决策准确性以及创新商业模式拓展市场空间等方面。在数字化技术的运用和创新发展思路的引领下,未来体育旅游产业数字化将会呈现更加高效、智能、便捷的发展前景。

四、体育旅游产业数字化的理论与现实视野

(一)理论视野

1. 产业融合理论视野

产业融合理论是指不同产业之间相互渗透、融合、交叉、整合,形成新的产业形态和经济增长点的过程。在体育旅游产业数字化的发展过程中,产业融合理论具

有重要的指导作用。① 体育旅游产业数字化是体育产业与旅游产业的深度融合。在数字化技术的推动下,体育产业和旅游产业之间的界限逐渐模糊,形成了相互渗透、融合的发展趋势。通过数字化技术,体育赛事与旅游景点相结合,形成体育旅游综合体,满足消费者多样化的需求。② 产业融合理论还为体育旅游产业数字化提供了发展方向和思路。在数字化时代,体育旅游产业需要不断拓展自身的边界和领域,与其他产业进行深度融合和创新合作,形成新的产业形态和经济增长点。体育旅游产业与互联网、大数据、人工智能等新兴技术领域进行融合,开发新的产品和服务,拓展市场空间和收益模式。

2. 平台经济理论视野

平台经济是指通过互联网平台或实体平台提供商品或服务的交易、流通、共享等经济活动。在体育旅游产业数字化的发展过程中,平台经济理论具有重要的指导作用。① 平台经济理论可以为体育旅游产业数字化提供了新的商业模式和收益模式。通过互联网平台和移动应用平台的建设,体育旅游企业能够拓展线上销售渠道和市场份额,实现精准营销和个性化服务,提高营销效果和收益。平台经济还可以通过共享经济、社交电商等模式实现资源的优化配置和共享利用,降低成本并提高效率。② 平台经济理论还可以为体育旅游产业数字化提供了发展方向和思路。在数字化时代,体育旅游产业需要不断创新自身的商业模式和收益模式,积极探索和实践平台经济的发展模式和路径。体育旅游企业通过建设电商平台、移动应用平台、社交媒体平台等途径实现与消费者的直接对接和互动交流,提高用户体验和服务质量。

3. 创新驱动发展理论视野

创新驱动发展是指通过创新技术、创新制度、创新管理等手段推动经济发展和社会进步的过程。在体育旅游产业数字化的发展过程中,创新驱动发展理论具有重要的指导作用。① 创新驱动发展理论为体育旅游产业数字化提供了动力和支持。在数字化时代,新技术、新应用、新模式不断涌现,为体育旅游产业的创新发展提供了无限可能。大数据技术可以帮助企业实现消费者行为的数据分析和挖掘;人工智能技术可以帮助企业实现智能推荐和服务升级;区块链技术可以帮助企业实现透明化和信任机制的建设等。这些新技术和新应用为体育旅游产业的创新发展提供了强大的动力和支持。② 创新驱动发展理论还为体育旅游产业数字化提供了发展方向和思路。在数字化时代,体育旅游产业需要不断创新自身的产品和服务,满足消费者多样化的需求并提高市场竞争力。通过创新技术和应用模式的结合,体育旅游企业开发智能化的产品和服务;通过创新制度和文化建设的结合,营造良好的市场环境和文化氛围;通过创新管理和营销模式的结合,提升企业的运营效率和品牌形象等。

(二)现实视野

1. 消费者需求的变化

随着社会经济的发展和人们生活水平的提高,消费者对体育旅游产业数字化产品的需求也发生了变化。个性化服务包括定制化的健身计划、智能化的旅游路线规划、个性化的赛事观赏体验等。通过满足消费者的需求和偏好,企业吸引更多的消费者并提高市场占有率。

2. 市场竞争的加剧

随着体育旅游市场的不断扩大和竞争的加剧,数字化技术已经成为企业提高竞争力的重要手段。数字化技术可以帮助企业实现智能化管理和运营,提高生产效率和服务质量。数字化技术还可以帮助企业实现商业模式创新和市场拓展。企业通过数字化技术建立电商平台或移动应用平台,拓展线上销售渠道和市场份额。数字化技术还可以帮助企业开发智能推荐系统等创新产品和服务,满足消费者的个性化需求并提高用户体验。通过数字化技术的运用,未来体育旅游产业将会呈现更加高效、智能、便捷的发展前景,从而在激烈的市场竞争中获得更多的优势。

3. 政策的推动和支持

政策的推动和支持也是体育旅游产业数字化的现实视野依据之一。政府对体育旅游产业的重视和支持,可以促进产业的快速发展和数字化转型。政府出台相关政策鼓励体育旅游企业进行数字化升级和创新发展,对数字化体育旅游产品和服务给予一定的政策和资金支持。此外,政府还加强体育旅游产业数字化的基础设施建设。互联网覆盖、智能化的体育设施建设等为数字化体育旅游产业的发展提供更好的条件和支持。

第四节 体育旅游产业数字化的要求

一、体育旅游产业数字化的主观要求

(一)增强数字化意识,树立数字化转型的核心理念

随着数字化时代的到来,体育旅游产业面临着新的挑战和机遇。为了适应数字化趋势,体育旅游企业需要增强数字化意识,树立数字化转型的核心理念。① 企业需要认识到数字化技术对体育旅游产业的影响和作用,理解数字化转型的

重要性和必要性。② 企业需要积极探索数字化技术在体育旅游领域的应用,把握数字化转型的方向和路径。③ 企业还需要建立数字化转型的团队和机制,为数字化转型提供有力的人才保障和制度保障。

(二)深入挖掘数字化潜力,提升体育旅游的服务品质

数字化技术为体育旅游产业带来了巨大的潜力。为了提升服务品质,体育旅游企业需要深入挖掘数字化潜力。① 企业利用大数据技术对游客的行为和偏好进行分析,为游客提供更加精准的个性化旅游服务。通过分析游客的搜索记录和购买记录,为其推荐更加合适的旅游产品和服务。② 企业利用人工智能技术,提高客户服务的效率和质量。通过智能客服系统自动回答游客的问题和需求,提高客户服务的响应速度和满意度。③ 企业还利用虚拟现实和增强现实技术,为游客提供沉浸式、体验式的旅游服务,增强游客的感知和体验。

(三)加强数字化安全管理,保障体育旅游的信息安全

数字化技术为体育旅游产业带来便利,也带来了安全风险。为保障体育旅游的信息安全,企业需要加强数字化安全管理。① 企业需要建立完善的网络安全体系,防范网络攻击和数据泄露等安全风险。② 企业需要加强与政府部门和相关机构的合作,建立健全的法律法规和标准体系,为数字化安全管理提供有力的法律保障。③ 企业还需要加强内部管理和人员培训,增强员工的安全意识和防范能力。

二、体育旅游产业数字化的客观要求

(一)适应数字化趋势,积极推进体育旅游产业的数字化转型

随着数字化技术的快速发展,体育旅游产业面临着数字化转型的客观要求。为适应这一趋势,体育旅游企业需要积极推进数字化转型。① 企业需要认识到数字化技术对体育旅游产业的影响和作用,明确数字化转型的重要性和必要性。② 企业需要制定数字化转型的战略规划,明确数字化转型的目标和路径。③ 企业需要加强数字化转型的团队建设和技术支持,为数字化转型提供有力的人才和技术保障。

(二)加强数据整合与分析,提高体育旅游产业的管理水平和决策能力

数字化技术帮助体育旅游企业实现数据整合与分析,提高管理水平和决策能力。通过大数据技术,企业收集和分析游客的行为和偏好数据、市场数据和内部管

理数据等,为企业的管理决策提供科学依据。企业利用人工智能技术对数据进行深度挖掘和分析,预测市场趋势和游客需求,提高企业的预测能力和决策能力;帮助企业更好地了解市场和消费者需求,优化资源配置和提高效率,提升企业的竞争力和市场地位。

(三)保障数据安全和隐私保护,建立体育旅游产业的信任机制

数字化技术为体育旅游产业带来便利的同时也带来了数据安全和隐私保护的问题。为建立体育旅游产业的信任机制,企业需要保障数据安全和隐私。① 企业需要建立完善的数据安全保障机制,防范数据泄露和网络攻击等安全风险。② 企业需要加强隐私保护的管理和技术措施,确保游客的个人信息和隐私得到充分保护。③ 企业还需要加强与政府部门和相关机构的合作,建立健全的法律法规和标准体系,为数据安全和隐私保护提供有力的法律保障。数字化技术帮助企业建立信任机制,提高游客的满意度和忠诚度,促进体育旅游产业的可持续发展。

第五节 体育旅游产业数字化的理论基础

一、区位理论

(一)区位理论的概述

区位理论是一种研究地理位置对经济、商业、交通等方面影响的理论,它主要关注地理位置对某些活动经济因素的影响。该理论认为地理位置对企业的发展具有重要影响,特别是对于制造业等需要物流、配送等环节的企业。区位理论的核心内容包括交通运输的重要性、地理位置对市场的影响、劳动力成本与素质等。区位理论为企业制定战略、规划及经营决策提供了重要参考,旨在解释人类经济活动的空间分布及其相互关系,并关注如何优化区位以降低成本和提高效率。区位理论的应用范围广泛,包括工业区位、农业区位、商业区位等。

(二)区位理论在体育旅游产业数字化中的应用

1. 体育旅游目的地的选择

体育旅游目的地是体育旅游产业的核心,其选择直接影响到体育旅游产业的发展和竞争力。区位理论为体育旅游目的地的选择提供重要的指导。① 地理位

置选择。体育旅游目的地的地理位置选择需要考虑到交通便利性、可进入性、周边旅游资源等多个因素。若一个体育旅游目的地距离主要交通枢纽较近,那么将吸引更多的游客前来,也方便游客在旅游期间进行其他活动。② 自然环境选择。体育旅游目的地的自然环境选择需要考虑当地的气候、地形、水文等多个因素。若一个体育旅游目的地拥有优美的自然风光和独特的地理环境,那么将吸引更多的户外运动爱好者前来。③ 市场需求选择。体育旅游目的地的市场需求选择需要考虑当地的经济状况、人口规模、消费习惯等多个因素。若一个体育旅游目的地拥有庞大的年轻人口和发达的消费市场,那么将吸引更多的体育品牌和赛事前来举办。

2. 体育旅游服务的数字化升级

随着数字化技术的不断发展,体育旅游服务也需要进行数字化升级,以提高服务质量和效率。区位理论为体育旅游服务的数字化升级提供重要的指导。① 在线预订和支付系统。体育旅游服务的在线预订和支付系统可方便游客进行预订和支付,也可提高景区的信息化水平和游客体验。通过互联网或移动应用等渠道,游客可以预订门票、住宿、餐饮等多个服务项目,并在线支付相关费用。② 智能导览系统。体育旅游景区的智能导览系统可以提供更加便捷和个性化的导览服务,也可提高景区的智能化水平。通过人工智能和大数据技术,游客可以获得更加个性化的导览服务,包括实时语音导览、虚拟导游等多个功能。③ 电子竞技平台。电子竞技是体育旅游产业的一个重要组成部分,其平台的选择和建设需要考虑到多个因素。电子竞技平台需要拥有稳定的技术支持和丰富的赛事资源,还需要提供更加便捷的支付方式和优质的客户服务。通过区位理论的应用,可以更好地选择电子竞技平台的建设地点和服务对象,提高平台的竞争力和市场占有率。

3. 体育旅游市场的拓展与营销

体育旅游市场的拓展与营销是体育旅游产业发展的关键环节之一,其成功与否直接影响到体育旅游产业的发展和效益。区位理论为体育旅游市场的拓展与营销提供重要的指导。① 目标市场的选择。体育旅游目标市场的选择需要考虑到不同地区、不同年龄、不同消费习惯等多个因素。② 营销渠道的选择。体育旅游营销渠道的选择需要考虑到不同渠道的受众群体和宣传效果等多个因素。若一个体育旅游产品主要面向年轻人群体,那么可以选择在社交媒体、网络论坛等年轻人较为集中的渠道进行宣传和推广。③ 数字化营销手段的应用。数字化营销手段的应用可以提高体育旅游营销的效果和效率。通过互联网广告、移动广告、电子邮件营销等多个数字化营销手段,可以更加精准地触达目标客户群体,提高营销效果和客户满意度。

二、增长理论

(一) 增长理论的概述

增长理论是研究经济增长和发展问题的理论,主要探讨一个国家或地区经济如何实现长期、持续的增长。它涉及经济增长的源泉、路径、机制和政策等多个方面。经济增长通常被定义为在一个较长的时间跨度内,一个国家或地区的总体产出或人均产出的持续增加。增长理论关注的是经济增长的内在机制和推动因素,包括资本积累、劳动力投入、技术进步、制度变革等。在增长理论的发展历程中,出现了多个流派和模型,如哈罗德-多马经济增长模型、新古典经济增长理论、内生增长理论等。这些模型从不同的角度解释了经济增长的源泉和机制,提出了各自的增长策略和政策建议。哈罗德-多马经济增长模型强调了资本积累和储蓄率对经济增长的重要性,认为经济增长取决于储蓄率和资本产出比例。新古典经济增长理论则强调了技术进步和人力资本积累对经济增长的作用,认为经济增长是技术进步和人力资本积累的函数。内生增长理论则强调了经济体内的内生因素,以及技术进步、人力资本积累等对经济增长的作用。

(二) 增长理论在体育旅游产业数字化的应用

1. 推动体育旅游产业数字化的增长和发展

增长理论强调了经济增长的重要性,认为经济增长是一个国家或地区发展的关键。在体育旅游产业数字化中,增长理论同样具有指导作用。通过数字化技术的应用,推动体育旅游产业的增长和发展。① 提高体育旅游目的地的竞争力。体育旅游目的地是体育旅游产业的核心,其竞争力直接影响到整个产业的发展。通过互联网或移动应用等渠道,游客可以更加便捷地了解体育旅游目的地的信息和服务,从而提高目的地的知名度和吸引力。② 优化体育旅游服务。体育旅游服务是体育旅游产业的重要组成部分,其质量和效率直接影响到游客的体验和满意度。通过在线预订和支付系统,游客更加便捷地预订门票、住宿、餐饮等服务项目,并在线支付相关费用。通过智能导览系统,游客可以获得更加个性化的导览服务,提高游览体验。③ 拓展体育旅游市场。体育旅游市场的拓展和营销是体育旅游产业发展的关键环节之一。通过互联网广告、移动广告、电子邮件营销等多种数字化营销手段,可以更加精准地触达目标客户群体,提高营销效果和客户满意度。

2. 促进体育旅游产业数字化的创新和升级

增长理论不仅关注经济增长的数量,还关注经济增长的质量和可持续性。在体育旅游产业数字化中,促进创新和升级是实现高质量和可持续发展的重要途径。

① 推动体育旅游产业的创新。创新是推动体育旅游产业持续发展的关键因素之一。数字化技术的应用推动了体育旅游产业的创新。通过大数据分析和人工智能等技术，企业可以更加深入地了解游客的需求和行为，从而开发出更加符合市场需求的产品和服务。数字化技术也提高了体育旅游产业的创新能力，通过虚拟现实技术、增强现实技术等，帮助企业开发出更加具有创意和吸引力的产品和服务。
② 促进体育旅游产业的升级。体育旅游产业的升级是提高产业竞争力和可持续发展的重要途径。数字化技术的应用促进了体育旅游产业的升级。通过互联网或移动应用等渠道，将传统的体育旅游资源与现代科技相结合，开发出更加具有创意和特色的产品和服务。数字化技术提高体育旅游产业的效率和质量，通过智能管理系统、物联网等技术，提高运营效率和服务质量。

3. 实现体育旅游产业数字化的协调和可持续发展

增长理论强调了经济增长的协调性和可持续性。在体育旅游产业数字化中，实现协调和可持续发展是最终目标之一。① 实现体育旅游产业数字化的协调发展。协调发展是实现体育旅游产业可持续发展的关键因素之一。数字化技术的应用实现体育旅游产业的协调发展。通过数字化技术实现不同部门、不同地区之间的信息共享和资源整合，提高整个产业的协同效应和综合效益。数字化技术也促进不同产业之间的融合和发展，如文化创意产业、健康养生等与体育旅游产业的融合和发展。② 实现体育旅游产业数字化的可持续发展。可持续发展是实现体育旅游产业长期发展的关键因素之一。数字化技术的应用实现体育旅游产业的可持续发展。数字化技术可以提高资源的利用效率和管理水平，减少对环境的破坏和污染。数字化技术也可以促进社会参与和社会共享发展成果的实现机制及保障体系等发展理念的进步。另外，随着数据采集、存储、分析、挖掘等技术的不断发展，以及大数据技术应用范围的不断扩大，对运动员个人特征、运动项目特征、赛事特征等的认识会越来越精确和深入，为运动训练过程、竞赛组织过程及运动技能的学习与提升等带来前所未有的变革，推动竞技体育的持续发展及运动水平的不断提高；大数据技术将为大众体育的发展提供新的思路和方法，帮助人们更好地理解和参与体育运动，促进运动技能学习的普及化和运动健身的个性化，推动全民健身的持续发展。

三、点轴开发理论

（一）点轴开发理论的概述

点轴开发理论是一种区域开发和规划理论，旨在通过集中建设一个或几个"点"来影响和带动周围地区的经济发展。该理论认为，由于资金的有限性，要开发和建设一个地区,不能全面铺开,而要集中建设一个或几个"点",这些点是各级中心城市,也是重点建设的工业区或城市。点轴开发理论的核心是实现区域经济由"点"到"轴"的渐进式扩散。在区域规划和区域发展中,分析和确定"点""轴"的位置与等级是至关重要的。通过选择合适的"点"和"轴",引导资源和要素的有效流动,优化区域经济布局,推动区域经济的持续发展。

点轴开发理论在实践中具有广泛的应用价值,在城市群或区域发展规划中,通过培育和建设核心城市或城市群,以点带面地促进整个区域的发展。在城市或区域交通规划中,通过构建便捷、高效的交通干线和通道,连接各个重要节点和区域,促进沿线地区的经济活动和产业联动。

(二)点轴开发理论在体育旅游产业数字化的应用

1. 以点带面,促进体育旅游产业数字化发展

在体育旅游产业数字化中,点轴开发理论起到以点带面的作用。通过选择具有代表性的城市或地区作为"点",打造体育旅游产业数字化示范区,带动周边地区的体育旅游产业数字化发展。"点"是具有较大影响力和辐射力的中心城市或重点发展的旅游区。在这些地区,集中投入资金和技术力量,建设数字化体育旅游设施和项目,打造具有特色的数字化体育旅游产品和服务。通过这些"点"的示范效应,吸引更多的投资和游客,促进周边地区的体育旅游产业数字化发展。

2. 优化资源配置,提升体育旅游产业效率

点轴开发理论的核心是实现资源的优化配置和经济的持续发展。在体育旅游产业数字化中,通过分析和确定"点""轴"的位置与等级,引导资源和要素的有效流动,优化体育旅游产业的布局和发展。通过对市场需求、交通条件、资源禀赋等因素的综合分析,选择合适的地区作为"点",建设数字化体育旅游设施和项目。通过"轴"的连接作用,将各个"点"有机地联系起来,形成体育旅游产业发展的联动效应。这样可以使资源得到更加合理的配置和利用,提升了体育旅游产业的效率和竞争力。

3. 促进产业协同发展,推动体育旅游产业升级

点轴开发理论强调区域内的产业协同发展。在体育旅游产业数字化中,通过与其他相关产业的协同发展,推动体育旅游产业的升级和转型。通过与智能制造、文化创意等产业的协同发展,为体育旅游产业提供更加优质的产品和服务。通过数字化技术的应用和创新,促进体育旅游产业的转型升级,推动其向高端化、智能化方向发展。

4. 加强区域合作,实现体育旅游产业共赢

点轴开发理论也强调区域间的合作和联动。在体育旅游产业数字化中,加强与其他地区的合作和联动,实现共赢和协同发展。通过建立跨地区的体育旅游合作机制和平台,加强信息共享和资源整合。通过共同开发和推广数字化体育旅游产品和线路,扩大市场规模和影响力,实现共同发展和共赢。

5. 推动创新驱动发展,提升体育旅游产业竞争力

点轴开发理论强调创新驱动发展。在体育旅游产业数字化中,推动创新驱动发展,提升产业的竞争力和可持续发展的能力。通过引入创新人才和技术力量,推动数字化技术在体育旅游产业中的应用和创新。通过加强与高校、科研机构的合作和创新平台的搭建,促进科技成果的转化和应用,提升体育旅游产业的科技水平和竞争力。

四、可持续发展理论

(一)可持续发展理论的概述

可持续发展理论是指既满足当代人的需要,又不对后代人满足其需要的能力构成危害的发展,以公平性、持续性、共同性为三大基本原则。它旨在追求经济、社会和环境的协调和平衡发展,以确保人类和地球的可持续性。可持续发展理论源于环境保护和资源管理领域,但随着时间的推移,其概念和范围逐渐扩大,涵盖了经济、社会、环境等多个方面。该理论的目标是实现共同、协调、公平、高效、多维的发展,以保障人类的生活质量和生存环境的可持续性。可持续发展理论在实践中具有广泛的应用价值。它被应用于国家发展战略、城市规划、产业发展、企业社会责任等多个领域,成为推动全球可持续发展的重要指导思想和行动框架。可持续发展理论也在不断发展和完善中,以适应时代的需求和变化。可持续发展理论的意义在于它提供了一种新的发展思路和方法,将人类的发展与环境保护相结合,强调在满足人类需求的基础上保护地球的生态环境和资源,以确保人类社会的持续发展和繁荣。它也强调了全球合作和共同发展的重要性,以实现全球范围内的可持续发展。

(二)可持续发展理论在体育旅游产业数字化的应用

1. 指导体育旅游产业数字化发展方向

在体育旅游产业数字化过程中,可持续发展理论为产业发展指明了方向。① 可持续发展理论要求体育旅游产业数字化必须考虑环境因素,确保在推进数字化的过程中不对环境造成过度破坏。在建设数字体育设施和项目时,应选择环保、可持续的建筑材料和设备,减少对环境的影响。② 可持续发展理论要求体育旅游产业数字化必须考虑社会因素,确保数字化进程能够促进社会公平与社会福利制度的完善。通过数字化手段提高体育旅游资源的可及性,让更多人能够享受到体育旅游的乐趣,推动社会的公平和进步。③ 可持续发展理论要求体育旅游产业数字化必须考虑经济因素,确保数字化能够促进经济的可持续发展。通过数字化手段提高体育旅游产品和服务的品质和效率,吸引更多游客和投资,带动相关产业的发展,以实现经济的可持续发展。

2. 推动体育旅游产业数字化创新发展

可持续发展理论鼓励创新和进步,这为体育旅游产业数字化提供了强大的动力。① 可持续发展理论鼓励体育旅游产业数字化技术的创新。通过研发和应用新的数字化技术,推动体育旅游产业的升级和转型。运用人工智能、大数据等先进技术为游客提供更加个性化、智能化的服务,提高游客的满意度和体验感。② 可持续发展理论鼓励体育旅游产业数字化模式的创新。通过探索新的数字化商业模式和合作模式,推动体育旅游产业的多元化和协同发展。通过线上线下相结合的方式吸引更多的游客参与体育旅游活动,促进体育旅游产业的多元化发展。③ 可持续发展理论鼓励体育旅游产业数字化管理的创新。通过引入数字化管理手段和工具,提高体育旅游产业的管理效率和水平。利用数字化平台进行资源整合和管理,提高资源的利用效率和管理效率。

3. 促进体育旅游产业数字化的协同发展

可持续发展理论强调协同发展,这为体育旅游产业数字化提供了重要的思路和方法。① 可持续发展理论要求体育旅游产业数字化必须考虑与其他产业的协同发展。通过与其他产业智能制造、文化创意等的协同发展,为体育旅游产业提供更加优质的产品和服务。通过与智能制造企业合作开发智能化的体育设施和装备,提高体育旅游的科技水平和体验感。② 可持续发展理论要求体育旅游产业数字化必须考虑区域间的协同发展。通过加强地区间的合作和联动,实现资源共享和优势互补。通过建立跨地区的体育旅游合作平台和机制,加强信息共享和资源整合,推动共同发展和共赢。③ 可持续发展理论要求体育旅游产业数字化必须考虑与政府、企业、社会组织等多元主体的协同发展。通过多元主体的协同合作,推动体育旅游产业的多元化和包容性发展。政府与企业合作推动数字化基础设施建设和服务平台建设等。

4. 提升体育旅游产业数字化的可持续性

可持续发展理论强调可持续性,这为体育旅游产业数字化提供了重要的目标和要求。① 可持续发展理论要求体育旅游产业数字化必须考虑长期发展目标,确保数字化的可持续性。在建设数字体育设施和项目时,应考虑长远的发展需求和技术趋势,确保设施和项目的可持续利用和发展。② 可持续发展理论要求体育旅游产业数字化必须考虑资源利用的可持续性。通过合理利用资源和管理资源循环利用等措施确保资源的可持续利用和发展。推广可再生能源和节能技术等措施来减少对环境的影响,并确保资源的可持续利用和发展。③ 推动国际合作实现互利共赢以及全球可持续发展。可持续发展是当今广泛认同的社会发展理念,它以人与自然和谐共处为核心内容,并指明了人类社会的发展方向。它又是指导当代世界发展的普遍原则,并成为各国制定社会经济发展战略与规划的重要依据。

五、产业链集群理论

(一)产业链集群理论的概述

产业链集群理论是一种产业组织形式,它强调了某一特定行业领域中,多数竞争优势或者多数优势企业所集中的区域。理论认为,产业集群是指某相同或关联性很强的企业根据纵向专业化分工以及横向竞争和合作关系,大量集聚于某一特定地区而形成具有聚集经济性的产业组织。

产业链集群理论主要关注产业间的联系,但与产业链的概念略有不同。产业链主要侧重于产业间联系,而产业链集群则更加强调产业及其他相关机构间的联系,还强调空间的集聚。在产业链集群中,企业之间通常具有稳固和正式的投入产出关系,关系促进企业间的协同演化并提高集群整体的竞争优势。此外,产业链集群还包含一些非产业机构,如商会、协会、中介机构等,这些机构为企业提供支持和服务,进一步促进产业链集群的发展。

(二)产业链集群理论在体育旅游产业数字化的应用

1. 产业链集群有助于提升体育旅游产业数字化水平

产业链集群理论强调了产业间的联系和协同演化,这为体育旅游产业数字化提供了有力的支持。在体育旅游产业数字化过程中,通过形成产业链集群,将体育旅游相关的企业、机构、中介等紧密地联系在一起,形成聚集经济效应。聚集效应促进信息、资源、技术等方面的共享和交流,进而提升整个体育旅游产业的数字化水平。在产业链集群中,各企业之间可以建立信息共享和交流机制,促进信息流通和知识传递,这有助于企业之间相互学习、共同进步,提高整个产业的数字化水平。产业链集群可以促进体育旅游产业相关资源的整合和优化,实现资源共享和优势互补。产业链集群还可以促进技术创新和扩散,为企业提供技术支持和解决方案,这有助于企业实现技术升级和产品创新,提升整个产业的数字化竞争力。

2. 产业链集群有助于优化体育旅游产业结构与布局

产业链集群理论不仅关注产业间的联系,还强调空间的集聚。在体育旅游产业数字化过程中,通过形成产业链集群,优化产业结构与布局,提高整个产业的竞争力和可持续发展能力。在产业链集群中,各企业根据自身优势和市场需求进行专业化分工,形成合理的产业结构,这有助于提高整个产业的效率和竞争力,实现产业结构升级。产业链集群可以在地理上形成合理的产业布局,将不同类型的企业和机构集中于某一特定区域,实现资源共享和优势互补,这有助于降低企业成本、提高效率,推动整个产业的数字化发展。产业链集群还可以促进企业之间的合作与交流,推动技术创新和绿色发展,这有助于提高整个产业的可持续发展能力,实现经济效益和社会效益的统一。

3. 产业链集群有助于推动体育旅游产业与其他产业的融合发展

产业链集群理论还强调了产业间的联系和协同演化,这为体育旅游产业与其他产业的融合发展提供了有力的支持。在数字化时代背景下,体育旅游产业与其他产业的融合已经成为发展趋势。通过形成产业链集群,推动体育旅游产业与其他产业的融合发展,实现产业间的协同创新和共赢发展。在产业链集群中,不同类型的企业和机构相互合作,共同进行技术创新和产品研发,这有助于推动体育旅游产业与其他产业的融合发展,实现技术升级和产品创新。通过与其他产业进行融合,创新体育旅游产业的业务模式和商业模式,开发新的市场和商机,这有助于提高整个产业的竞争力和可持续发展能力,实现资源共享和优势互补,提高整个产业的效率和竞争力。例如,体育旅游产业与互联网、大数据等技术进行融合,以提高信息共享和数据处理能力;与金融业进行融合,以获得更多的投融资支持和风险管理手段等。

第二章 体育旅游产业数字化的现实条件

第一节 体育旅游产业数字化的价值意蕴

一、学术价值

(一)丰富和发展了体育旅游产业的研究领域

体育旅游产业数字化的研究是对体育旅游产业研究领域的有力拓展和推动。通过对数字化技术、互联网、大数据、人工智能等在体育旅游产业中的应用研究,进一步丰富和完善体育旅游产业的理论体系,为该产业的发展提供更加科学、有力的理论支撑。体育旅游产业数字化的研究还为其他相关领域的研究提供借鉴和参考,推动相关产业的数字化发展。

(二)为体育旅游产业的创新和发展提供实践指导

体育旅游产业数字化的研究紧密结合了体育旅游产业的发展实际和市场需求,为产业的创新和发展提供了具有针对性的实践指导。通过研究数字化技术在体育旅游产业中的应用,深入了解数字化技术对产业发展的影响和作用,为体育旅游企业提供具有可操作性的策略和建议。通过研究数字化营销、智能化管理和服务等方面的创新实践,为体育旅游产业的商业模式创新、服务质量提升等提供有益的参考和借鉴。

(三)促进学科交叉融合和跨领域合作

体育旅游产业数字化的研究涉及体育学、旅游学、计算机科学、管理学等多个学科领域,具有显著的学科交叉融合特点。通过跨学科的研究合作和学术交流,可以促进不同学科之间的相互理解和融合,推动相关学科的发展和创新。跨领域合作可以促进体育旅游产业与其他相关产业的协同发展,推动经济的高质量发展和社会的全面进步。跨学科、跨领域的合作和研究可以为学术界和业界提供更加全面、深入的视角和思路,为解决实际问题提供科学依据和支持。

二、应用价值

(一)提高体育旅游的运营效率和服务质量

数字化技术帮助体育旅游企业提高运营效率和服务质量。通过使用互联网、大数据、人工智能等技术,企业可以实现自动化管理和智能化服务,提高工作效率和准确性。利用大数据分析,企业可以更好地了解游客的需求和偏好,从而提供更加精准的旅游服务。数字化技术也提高了游客的体验和满意度,通过移动支付和在线预订系统,游客可以更加方便快捷地获取旅游服务。

(二)增强体育旅游的营销效果和创新力

数字化技术可以帮助体育旅游企业增强营销效果和创新力。通过互联网、社交媒体等渠道,企业可以更加广泛地宣传和推广旅游产品和服务,吸引更多的潜在客户。数字化技术也可以促进企业与游客的互动和沟通,使企业更好地了解游客的需求和反馈,从而改进产品和服务。此外,数字化技术还可以促进企业的创新和发展,通过人工智能和大数据分析,企业可以开发出更加智能化、个性化的旅游产品和服务,从而提高市场竞争力。

(三)优化安全与风险管理

数字化技术可以为体育旅游企业提供更强的安全和风险管理能力。通过数字化手段,企业可以更好地监控和管理游客的安全,使用智能监控系统、人脸识别等技术,确保游客的人身安全。数字化技术还可以帮助企业更好地预测和管理风险,通过大数据分析,预测游客流量和分布情况,制定科学的应急预案,确保游客的安全和企业的正常运营。

(四)创新商业模式与营销策略

数字化技术可以帮助体育旅游企业创新商业模式和营销策略。通过互联网平台和移动支付等手段,企业可以实现线上线下融合,拓展销售渠道和商业模式。通过线上预订和线下体验的方式,为消费者提供更便捷的旅游服务;或者通过社交媒体等平台,开展精准营销和互动营销,提高品牌知名度和用户黏性。此外,数字化技术还可以帮助企业更好地了解市场需求和竞争情况,制定更科学的营销策略和商业决策，提高企业的市场竞争力。

（五）培养高素质的体育旅游产业人才

体育旅游产业数字化的研究需要具备多学科背景和跨领域知识的人才参与。通过深入研究数字化技术在体育旅游产业中的应用和发展趋势，培养一批具备创新思维和实践能力的高素质人才。这些人才将具备对数字化时代的市场变化和消费者需求有更深入理解和分析的能力，能够为体育旅游产业的数字化发展提供智力支持。通过学术交流和研究合作，促进学术界和业界对体育旅游产业数字化的认识和理解，进一步推动高素质人才的培养和集聚。

（六）提升体育旅游的产业价值和市场竞争力

数字化技术可以提升体育旅游的产业价值和市场竞争力。随着人们生活水平的提高和消费观念的转变，体育旅游已经成为一种时尚和健康的消费方式。数字化技术的应用可以帮助体育旅游企业更好地满足消费者的需求和提高服务质量，增强企业的市场竞争力。数字化技术还可以实现跨产业的融合和创新，推动体育旅游产业的转型升级和高质量发展。

三、经济价值

（一）创新商业模式，提高经济效益

体育旅游产业数字化的发展为企业提供了全新的商业模式，提高了经济效益。数字化技术的应用使得企业更加精准地了解市场需求和消费者行为，从而推出更加符合消费者需求的产品和服务。精准营销的策略不仅提高了销售额，还降低了营销成本，提高了企业的盈利能力。数字化技术还可以帮助企业实现精细化管理，通过对大量数据的分析和挖掘，企业可以更加精准地掌握运营成本和收益情况，从而制定更加科学合理的定价策略，提高盈利能力。此外，数字化技术还为企业提供更多的商业机会，通过开展线上业务，拓展新的销售渠道，吸引更多的潜在客户，提高企业的市场份额和盈利能力。

（二）优化资源配置，降低运营成本

体育旅游产业数字化的发展使得企业更加科学合理地配置资源，降低运营成本。数字化技术的应用可以使企业实现自动化、智能化管理，提高了运营效率和质量。通过应用智能化管理系统，企业实现了对各项业务流程的自动化管理，降低了人力成本和时间成本。数字化技术还可以帮助企业实现资源共享和优化配置，提高了资源利用效率。通过应用物联网技术,企业实现了对体育场馆、设备等资源的实时监控和管理,确保资源的充分利用和有效维护。此外,数字化技术还为企业提供更加准确的数据和信息,帮助企业更加科学合理地制定预算和计划,避免资源浪费和不必要的支出,降低了运营成本。

(三)推动产业升级,增强竞争力

体育旅游产业数字化的发展,推动了整个产业的升级和转型,增强了企业的竞争力。数字化技术的应用推动了体育旅游产品的创新和升级。通过应用虚拟现实(VR)和增强现实(AR)技术,企业开发出更加新颖、有趣的体育旅游产品和服务,满足游客的多元化需求。数字化技术的应用还可以帮助企业拓展新的商业领域和合作伙伴关系。通过与其他产业进行合作,共同开发跨产业的体育旅游产品和服务,企业拓展了更多的商业机会和收入来源。此外,数字化技术还为企业提供了更加广阔的市场空间。通过应用大数据技术和人工智能技术,企业可以对全球市场进行分析和预测,制定出更加科学合理的市场战略和发展计划。

四、政治价值

(一)提升国家形象与国际地位

体育旅游产业数字化的发展有助于提升国家形象和国际地位。通过举办国际性的体育赛事和推广民族传统体育项目,展示国家的文化魅力,增进国际社会对中国的了解和认知。数字化技术的应用为体育旅游产业的推广和宣传提供了更广阔的舞台。通过社交媒体、短视频等新媒体平台,迅速传播体育赛事和旅游目的地信息,吸引更多的国际游客。这不仅有助于增加外汇收入,还能促进国际交流与合作,提升国家的国际地位。

(二)促进全民健身与健康中国建设

体育旅游产业数字化的发展对推动全民健身和健康中国建设具有重要意义。通过开发智能化的健身器材、运动监测系统等数字化产品,降低体育健身的门槛,提高大众的参与度和运动效果。数字化技术还为大众提供更加便捷、丰富的体育旅游服务,如在线预订、电子支付等,提高游客的旅游体验。这不仅能够增强人民的健康意识,还能推动体育旅游产业的持续发展,为健康中国建设贡献力量。

（三）推动产业升级与区域经济发展

体育旅游产业数字化的发展有助于推动产业升级和区域经济发展。通过应用大数据、云计算等数字化技术，对体育旅游市场进行精准分析，为产品开发、营销策略制定提供有力支持。数字化技术还可以推动体育旅游产业链的整合与创新，形成产业集群效应，提高整个产业的竞争力。此外，体育旅游产业的发展还能带动相关产业的发展，如餐饮、住宿、交通等，形成区域经济的良性循环。这不仅能够促进就业和税收增长，还能推动区域经济的均衡发展。

（四）推动政府治理能力与公共服务水平提升

体育旅游产业数字化的发展对提升政府治理能力和公共服务水平具有重要意义。通过应用大数据、云计算等数字化技术，政府可以更准确地掌握市场情况和企业需求，为政策制定提供科学依据。数字化技术还能推动政府服务的智能化和便捷化，提高公共服务效率和质量。此外，体育旅游产业的发展还能带动相关产业的发展，增加就业机会和税收收入，提高政府的财政收入水平和服务能力。

五、文化价值

（一）保护与传承民族传统文化

体育旅游产业数字化的发展有助于保护和传承民族传统文化。在全球化的大背景下，各民族文化的多样性和独特性面临着严峻的挑战。数字化技术为传统文化的保护和传承提供了新的途径和手段。通过数字化技术，将民族传统体育项目、民间体育游戏等文化遗产永久保存，并加以整理、分类和传承。这不仅避免传统文化的流失和消亡，还能为后人留下宝贵的文化遗产。此外，体育旅游产业数字化的发展还有助于推广和传播民族传统文化。通过将传统文化元素融入体育旅游产品中，增加游客对民族文化的了解和体验，促进民族文化的传播和交流。这不仅增强了民族文化的认同感和自豪感，还能为旅游产业创造独特的文化价值，促进文化多样性的发展。

（二）促进跨文化交流与多元文化融合

体育旅游产业数字化的发展有助于促进跨文化交流和多元文化融合。在全球化的大背景下，各国之间的文化交流和融合已经成为一种趋势。体育旅游产业作为全球经济的重要组成部分，其数字化发展为各国之间的文化交流和融合提供了更广阔的舞台。通过数字化技术，打破时空限制，让世界各地的游客来到中国体验中国的传统体育文化和民俗风情,也让中国的游客更加便捷地前往世界各地了解其他国家的体育文化和风土人情。跨文化交流和多元文化融合不仅促进各国之间的相互了解和友谊,还能促进不同文化之间的对话和沟通,增进人类文明的交流与进步。

(三)推动创新创意与文化产业升级

体育旅游产业数字化的发展有助于推动创新创意与文化产业的升级。数字化技术为体育旅游产品的创新和开发提供了更广阔的空间和无限的可能性。通过应用虚拟现实(VR)、增强现实(AR)、人工智能(AI)等技术,将传统体育项目和民间体育游戏等进行升级和创新,开发出更加新颖、有趣、刺激的体育旅游产品和服务。此外,数字化技术还能推动文化产业与科技、旅游等产业的深度融合,形成文化产业集群效应,提高整个产业的竞争力和附加值。例如,将民族传统文化元素融入体育旅游产品设计中,开发具有民族特色的文化创意产品,推动文化创意产业的发展。数字化技术还可以促进体育旅游产业的绿色发展,推动可持续发展战略的实施,为生态文明建设作出贡献。

六、生态价值

(一)优化资源配置与促进绿色发展

体育旅游产业数字化的发展有助于优化资源配置和促进绿色发展。数字化技术可以帮助企业更好地了解市场需求和消费者偏好,从而更加精准地配置资源,提高生产效率和管理水平。通过应用数字化技术,企业可以降低成本、减少浪费,为消费者提供更加优质、环保的产品和服务。此外,数字化技术还可促进体育旅游产业的绿色发展。通过开发智能化的健身器材和运动监测系统,引导人们更加科学、合理地进行健身和运动,减少不科学的运动方式和行为对身体健康的损害。数字化技术还可促进体育旅游产业的循环经济发展,推动可持续发展的实施,为生态文明建设作出贡献。

(二)促进生态保护与可持续发展

体育旅游产业数字化的发展有助于促进生态保护和可持续发展。数字化技术可以帮助企业更好地了解生态环境状况和自然资源的分布情况,从而更加合理地规划和管理体育旅游项目,减少对自然环境的破坏和污染。通过应用地理信息系统(GIS)和遥感技术,对体育旅游景区的生态环境进行实时监测和评估,为景区管理和保护提供科学依据。数字化技术还促进体育旅游产业的生态旅游发展。生态旅游是一种以保护生态环境为前提的旅游方式,具有可持续发展和生态保护的价值。数字化技术通过虚拟现实(VR)等技术让人们更加真实地感受自然风光和生态环境,增强人们对生态环境的保护意识和责任感。数字化技术还促进生态旅游景区的智能化管理,提高景区管理和保护的效率和质量。

(三)推动生态创新与产业升级

体育旅游产业数字化的发展有助于推动生态创新和产业升级。数字化技术可以促进企业不断探索新的产品和服务模式,推动了体育旅游产业的创新和发展。通过应用大数据、人工智能等技术,对体育旅游市场进行深入分析和预测,为企业决策提供科学依据和支持。数字化技术还可促进体育旅游产业的智能化发展,推动产业升级和创新。智能化的健身器材和运动监测系统等产品的开发和应用,可以带动相关产业的发展和创新,形成产业集群效应,提高整个产业的竞争力和附加值。此外,数字化技术还可促进体育旅游产业的生态化发展。通过应用生态材料和技术,建设更加环保、可持续的体育旅游设施和场所。数字化技术还可促进体育旅游产业的绿色交通和能源利用等方面的发展和创新,推动可持续发展的实施和创新发展模式的探索和实践。

七、绿色价值

(一)减少环境污染与保护生态环境

体育旅游产业数字化的发展有助于减少环境污染和保护生态环境。在传统的体育旅游行业中,由于缺乏有效的管理和监管,存在着一些不规范的行为和现象,如乱搭建、乱摆卖、乱扔垃圾等,给环境带来了不同程度的污染和破坏。而数字化技术的应用,使得体育旅游产业更加规范化和智能化,可以从源头上减少污染和破坏行为的发生。① 数字化技术帮助企业实现智能化管理,通过智能化的监控和管理系统,实现对景区、场馆等场所的全面监控和管理,及时发现和处理环境问题。② 数字化技术还可促进企业的绿色发展,通过应用环保材料和技术,建设更加环保、可持续的体育旅游设施和场所,减少对自然资源的消耗和浪费。此外,数字化技术还促进了企业的绿色交通发展,通过推广和应用电动汽车、自行车等绿色出行方式,减少机动车的使用和尾气排放,降低空气污染对环境的影响。

(二)促进节能减排与低碳发展

体育旅游产业数字化的发展还有助于促进节能减排和低碳发展。数字化技术帮助企业更加精准地管理和控制能源使用和碳排放量。通过应用智能化的能源管理系统,实现对能源使用情况的实时监控和管理,及时发现和解决能源浪费问题。数字化技术还可促进企业的低碳发展,通过应用清洁能源和低碳技术,减少碳排放量和对环境的影响。在体育场馆的建设中,应用太阳能、风能等清洁能源,降低场馆的能源消耗和碳排放量。此外,数字化技术还可促进企业的循环经济发展,通过推广和应用循环利用、再利用等技术,减少资源浪费和环境污染。

第二节 体育旅游产业数字化与政策的关系

一、体育旅游产业数字化与"体育强国"的关系

(一)体育旅游产业数字化与"体育强国"的密切关系

体育旅游产业的数字化发展与实现"体育强国"的目标之间存在着密切的关系。两者相互促进、相互影响,共同构建了现代体育产业的重要组成部分。① 体育旅游产业的数字化发展是实现"体育强国"战略目标的重要推动力。在数字化时代,体育旅游产业的发展已经离不开数字化技术的支持,从在线预订、电子票务到智能服务,每一个环节都离不开数字化技术的参与。通过数字化技术的应用,体育旅游产业提高了效率,提升了服务质量,更好地满足了消费者的需求,从而推动整个产业的快速发展。数字化技术还帮助体育旅游产业实现智能化管理、智能化运营和智能化服务,提高产业的智能化水平,进一步提升产业的竞争力和发展潜力。② 实现"体育强国"的战略目标也离不开体育旅游产业的数字化发展。体育强国是我国体育发展的战略目标,要实现这一目标就需要推动整个体育产业的升级和发展。其中,体育旅游产业的数字化发展是重要的一环。通过数字化技术的应用和创新,推动体育旅游产业的转型升级,从传统的旅游服务向智能化、个性化的服务转变,提高整个产业的附加值和竞争力。数字化技术还可帮助实现体育资源的优化配置和高效利用,促进体育产业与其他相关产业的融合发展,推动我国由"体育大国"向"体育强国"迈进。

此外,体育旅游产业的数字化发展还有助于提升我国体育产业在国际上的竞争力。在全球化时代,国际竞争已经不仅仅是传统意义上的经济竞争,还包括了文化、科技、教育等方面的竞争。其中,体育旅游产业的发展已经成为各国经济发展的重要组成部分。通过数字化技术的应用和创新,提升我国体育旅游产业的技术水平和创新能力,增强在国际市场上的竞争力,为我国体育产业的发展赢得更多的

机遇和空间。

综上所述,体育旅游产业数字化与"体育强国"之间存在着密切的关系。通过推动体育旅游产业的数字化发展,促进整个产业的升级和发展,提高效率和服务质量,满足消费者的需求,推动实现"体育强国"的战略目标。实现"体育强国"的战略目标也离不开体育旅游产业的数字化发展,需要借助数字化技术推动产业升级和发展。因此,需要加强数字化技术在体育旅游产业中的应用和创新,推动我国由"体育大国"向"体育强国"迈进。

(二)体育旅游产业数字化促进"体育强国"的落地

体育旅游产业的数字化发展对于促进"体育强国"战略目标的落地具有重要的作用。体育旅游产业的数字化发展有助于促进体育资源的优化配置,提升体育旅游产业的服务质量和效率,推动全民健身和体育产业的升级发展,从而为实现"体育强国"目标提供有力的支撑。

1. 数字化技术促进体育旅游资源优化配置

数字化技术的应用可以帮助实现体育旅游资源的优化配置。通过大数据分析和人工智能等技术,可以对体育旅游市场的需求和趋势进行精准预测和分析,从而为资源的配置提供科学依据。通过分析游客的行为数据和消费习惯,了解游客的需求和偏好,为企业提供个性化的产品和服务方案,实现资源的优化配置。

2. 数字化技术提升体育旅游产业服务质量

数字化技术的应用可以提升体育旅游产业的服务质量。通过智能化管理和服务,为消费者提供更高效、更个性化的服务体验。通过智能预订系统,消费者可以随时随地预订体育旅游产品和服务,无须通过传统渠道进行预订。这不仅方便了消费者,也提高了企业的销售效率和服务质量。数字化技术还可以帮助企业实现智能化运营和服务,提高服务质量和客户满意度。通过智能导游系统和智能酒店管理系统等数字化产品和服务,为游客提供更优质的旅游体验和服务质量。

3. 数字化技术推动全民健身和体育产业升级发展

数字化技术的应用可以推动全民健身和体育产业的升级发展。随着人们生活水平的提高和健康意识的增强,人们对于健康和健身的需求越来越高。数字化技术可以提供更方便、更科学的健身方式和健身设备,满足人们对于健康和健身的需求。通过开发智能健身设备和智能运动App等数字化产品,引导人们科学地健身和运动,提高全民健身的普及率和质量。数字化技术还可以帮助实现体育产业的升级发展。通过大数据分析和人工智能等技术,对体育产业的市场需求和趋势进行精准预测和分析,为产业的升级提供科学依据。通过分析体育市场的消费数据和趋势,了解消费者的需求和偏好,为体育产业提供个性化的产品和服务方案,推动产业的升级发展。

4. 数字化技术助力实现"体育强国"目标

实现"体育强国"目标需要全面提升体育旅游产业的发展水平和服务质量。数字化技术的应用帮助实现这一目标。① 数字化技术可以提高体育旅游产业的效率和服务质量，满足消费者对于高品质、个性化的需求。② 数字化技术可以推动全民健身和体育产业的升级发展，提高全民健身的普及率和质量。③ 数字化技术可以助力实现"体育强国"目标，为体育旅游产业的发展提供更广阔的空间和机遇。

（三）"体育强国"赋能体育旅游产业数字化建设

我国提出了"体育强国"的战略目标，这不仅是对体育事业发展的要求，也为体育旅游产业的数字化发展提供了重要的赋能。体育强国战略的实施，为体育旅游产业的数字化发展提供了政策支持和市场需求，也为数字化技术在体育旅游产业中的应用和创新提供了更广阔的空间和机遇。

1. 政策支持推动体育旅游产业数字化发展

"体育强国"战略的实施，为体育旅游产业的数字化发展提供了政策支持。政府出台了一系列政策措施，鼓励和支持体育旅游产业的数字化发展。政府加大了对体育旅游产业的投入，支持企业研发和应用数字化技术，提高服务质量和效率。政府还出台了相关政策，规范数字化技术在体育旅游产业中的应用和管理，保障消费者的权益和安全。这些政策的出台和实施，为体育旅游产业的数字化发展提供了有力的保障和支持。

2. 市场需求拉动体育旅游产业数字化创新

"体育强国"战略的实施，也为体育旅游产业的数字化发展提供了市场需求。随着人们生活水平的提高和健康意识的增强，对于高品质、个性化的体育旅游产品和服务的需求越来越高。这就要求体育旅游产业不断创新和发展，以满足消费者的不同需求。而数字化技术的应用和创新，可以帮助体育旅游产业实现这一目标。通过开发智能健身设备和智能运动 App 等数字化产品，满足消费者对健康和健身的需求；通过大数据分析和人工智能等技术，预测消费者的需求和趋势，为企业提供更精准的服务和产品方案。

3. 数字化技术提升体育旅游产业竞争力

"体育强国"战略的实施，要求体育旅游产业发展服务质量和效率，增强市场竞争力。一是数字化技术可提高服务质量和效率。通过智能化管理和服务，减少人工操作和提高服务效率；通过在线预订和支付等数字化手段，为消费者提供更便捷、更个性化的服务体验。二是数字化技术可提升产业附加值和创新能力。通过大数据分析和人工智能等技术，挖掘体育旅游资源的潜在价值和创新点；通过开发智能化产品和服务，拓展产业链和提高附加值。这些都有助于提升体育旅游产业的竞争力和发展潜力。

4. 体育旅游产业数字化发展的趋势

"体育强国"战略的实施将进一步推动体育旅游产业的数字化发展。未来,数字化技术将在体育旅游产业中发挥更加重要的作用。一方面,数字化技术将与体育旅游产品和服务深度融合,形成全新的产业形态和商业模式;另一方面,数字化技术将在产业内部和产业之间实现资源共享和协同创新,推动整个产业的升级和发展。随着技术的不断进步和应用场景的不断拓展,体育旅游产业数字化发展将呈现出更加多元化、智能化的趋势。虚拟现实、增强现实等技术将在体育旅游产品和服务中得到广泛应用;人工智能、区块链等技术将在产业内部和产业之间实现更深度的融合和创新。这些都将为体育旅游产业数字化发展提供更广阔的空间和机遇。

二、体育旅游产业数字化与"健康中国"的关系

(一)体育旅游产业数字化与"健康中国"的密切关系

体育旅游产业的发展与"健康中国"战略目标之间存在着密切的关系。随着人们生活水平的提高和健康意识的增强,体育旅游已经成为一种融合了健康、休闲和娱乐的综合性消费方式。而数字化技术的引入,更是为体育旅游产业的发展注入了新的动力,也为"健康中国"战略的实施提供了有力的支撑。

1. 体育旅游产业数字化促进全民健身和健康管理

数字化技术帮助体育旅游产业更好地服务于全民健身和健康管理。通过智能健身设备和运动 APP 等数字化产品的应用,人们可以更方便地进行健身和运动,提高全民健身的普及率和质量。数字化技术还可帮助人们更好地管理和监控自己的健康状况,通过智能手环、智能手表等设备监测心率、睡眠等生理指标,为人们提供个性化的健康管理和健身指导。

2. 数字化技术提升体育旅游产业的可持续发展能力

数字化技术的应用有助于提升体育旅游产业的可持续发展能力。① 数字化技术可以帮助企业更好地管理和保护自然资源,减少对环境的破坏和污染。通过引入智能环保设备和技术,实现能源的节约和废弃物的减少。数字化技术还可以帮助企业优化资源配置和提高资源利用效率,减少浪费现象的发生,为企业的可持续发展提供支持。② 数字化技术可以帮助企业拓展市场和发展新业务。通过数据分析和挖掘了解消费者的需求和行为特征,为企业提供精准的市场定位和发展策略。数字化技术还可帮助企业建立良好的品牌形象和社会声誉,为企业的发展提供长远的保障和支持,促进企业的可持续发展。③ 数字化技术可以帮助企业加

强与合作伙伴之间的协同和合作,通过信息共享和交流,建立良好的供应链和价值链,为企业提供更加稳定和可靠的合作伙伴关系,促进企业的可持续发展。

3. 数字化技术助力实现"健康中国"战略目标

数字化技术为"健康中国"战略的实施提供有力的支撑。① 数字化技术可以帮助人们更好地了解和掌握健康知识,通过互联网平台和社交媒体等渠道普及健康知识,增强人们的健康意识和素养,促进全民健康素养的提升。② 数字化技术可以帮助人们更好地管理和监控自己的健康状况,通过智能设备和 APP 等应用实时监测生理指标,并提供个性化的健康管理和健身指导,为人们的健康生活提供保障和支持。数字化技术还可帮助医疗机构提高服务效率和质量,通过数字化平台的建设实现医疗资源的共享和优化,提高医疗服务的可及性和质量,助力实现"健康中国"战略目标。

(二)体育旅游产业数字化促进"健康中国"的落地

随着科技的不断进步,数字化已经渗透到各行各业,体育旅游产业也不例外。体育旅游产业的数字化不仅为产业的发展注入新的活力,更为"健康中国"战略的落地提供有力的支撑。

1. 体育旅游产业数字化增强健康传播力度

在数字化时代,体育旅游产业的推广和宣传变得更加便捷、高效。通过各种数字化平台,如社交媒体、短视频、直播等,迅速传播健康理念、体育知识和旅游信息,覆盖更广泛的人群。数字化的传播方式不仅能增强公众的健康意识,还能激发更多人参与体育运动和旅游活动,从而促进全民健康。

2. 智能健身设备推动健康管理创新

智能健身设备的普及和应用是体育旅游产业数字化的重要体现。这些设备通过传感器、大数据分析等技术,实时监测用户的身体状况和运动数据,为用户提供个性化的健康管理建议。智能健身设备还能与医疗、保险等机构实现数据共享,为用户提供更加全面、便捷的健康服务。智能化的健康管理方式有助于提高公众的健康素养和自我管理能力,推动"健康中国"战略的落地。

3. 数字化平台优化体育旅游服务体验

数字化平台的建设和应用有助于大幅提升体育旅游服务的质量和效率。通过在线预订、智能导览、虚拟体验等功能,可以为游客提供更加便捷、舒适的旅游体验。数字化平台还能收集和分析游客的反馈和数据,及时发现和解决服务中的问题,持续提升服务水平。数字化的服务模式有助于吸引更多的游客参与体育旅游活动,推动产业的持续发展。

4. 虚拟现实技术丰富体育旅游体验内容

虚拟现实(VR)技术的应用为体育旅游产业带来了革命性的变革。通过 VR

技术,游客在家中就能体验到各种真实的运动场景和旅游景观,如滑雪、攀岩、潜水等。沉浸式的体验方式不仅能降低参与门槛,还能提高运动的趣味性和安全性。VR 技术还与健身设备结合,为用户提供更加智能化、个性化的运动方案。虚拟现实技术的应用有助于激发公众对体育旅游的热情和参与度,推动"健康中国"战略的落地。

5. 大数据挖掘助力精准健康管理和营销

大数据技术的应用可以帮助体育旅游产业更加精准地了解市场需求和消费者行为。通过对用户数据的挖掘和分析,发现消费者的偏好和需求,为产品和服务的设计和推广提供有力的支持。大数据技术还用于健康管理和疾病预防,通过对海量数据的分析和挖掘,发现健康风险和疾病趋势,为公共卫生政策的制定和实施提供科学依据。大数据挖掘的方式有助于提高健康管理和营销的精准性和有效性,推动"健康中国"战略的落地。

6. 跨界合作拓展体育旅游产业发展空间

体育旅游产业的数字化还可促进与其他产业的跨界合作和融合发展。与医疗、保险、教育等机构的合作为用户提供更加全面、个性化的健康服务和体验;与文化、娱乐等产业的合作开发出更加丰富多样的体育旅游产品和服务,满足消费者的多元化需求。跨界合作的方式有助于拓展体育旅游产业的发展空间,推动产业的转型升级和高质量发展,为"健康中国"战略的落地提供有力支撑。

(三)"健康中国"赋能体育旅游产业数字化建设

在新的时代背景下,"健康中国"战略的提出为体育旅游产业数字化建设提供了强大的动力。通过将"健康中国"的理念与体育旅游产业数字化建设相结合,推动全民健身和健康管理的发展,促进体育旅游产业的创新和优化,实现可持续发展,并助力实现"健康中国"的战略目标。

1. "健康中国"战略引领体育旅游产业数字化方向

"健康中国"战略强调全民健康素养的提升,通过加强健康教育、完善健康保障、发展健康产业等方式,推动全民健身和健康管理的发展。在体育旅游产业数字化建设中,应将"健康中国"的理念贯穿其中,以提升全民健康素养为目标,引导数字化建设的方向。应加强数字化技术在全民健身和健康管理领域的应用,通过智能健身设备和运动 App 等产品,普及健康知识,增强公众的健康意识和自我管理能力。应完善数字化平台建设,提供在线预约、智能导览、虚拟体验等服务,为游客提供更加便捷、舒适的旅游体验。应注重数据挖掘和分析,了解市场需求和消费者行为,为产品和服务的设计和推广提供支持。

2. "健康中国"战略促进体育旅游产业数字化技术创新和应用

"健康中国"战略的实施需要依托于数字化技术的不断创新和应用。一方面,应加强数字化技术在全民健身和健康管理方面的研究和应用,开发更加智能化、个性化的健身设备和健康管理应用。通过可穿戴设备、智能手环等设备,实时监测用户的身体状况和运动数据,为用户提供个性化的健身指导和健康管理建议。另一方面,应积极引入新兴的数字化技术,人工智能、大数据、物联网等,提升体育旅游产业的服务质量和效率。通过人工智能技术,实现智能化的体育设施管理和服务;通过大数据技术,挖掘和分析游客的行为数据和消费习惯,为精准营销和服务提供支持;通过物联网技术,实现体育设施的智能化管理和服务。

3. "健康中国"战略提升体育旅游产业数字化品牌的影响力

"健康中国"战略的实施需要打造具有国际影响力的体育旅游品牌。在体育旅游产业数字化建设中,应注重品牌的塑造和推广,提升品牌的知名度和影响力。① 应加强数字化平台的建设,通过互联网平台和社交媒体等渠道,加强与国际体育旅游组织和企业的交流与合作,分享经验和资源,共同推动国际体育旅游的发展和创新。数字化技术还可帮助我国在国际体育旅游领域中推广我国的标准和规范等,推动我国体育旅游产业的国际化发展。② 应积极引入新兴的数字化技术,提升体育旅游产业的创新能力和竞争力。通过虚拟现实、增强现实等技术开发出更加智能化、互动性更强的体育旅游产品和服务,满足消费者对于多元化、个性化的需求,提高运动的乐趣和体验感。③ 应加强数字化技术在体育旅游产业中的应用和发展,推动体育旅游产业与"健康中国"战略目标的相互促进和融合发展,为实现全民健康和社会进步作出更大的贡献。

三、体育旅游产业数字化与"乡村振兴"的关系

(一)体育旅游产业数字化促进"乡村振兴"的落地

体育旅游产业的发展已经成为推动农村经济发展的重要力量。数字化技术的引入,为体育旅游产业的创新和升级提供了强大的支持,也为"乡村振兴"战略的实施提供了新的思路和途径。

1. 数字化技术促进乡村经济发展

① 数字化技术可以提高体育旅游产业的管理效率和服务质量。通过数字化平台的建设,实现体育设施的智能化管理和服务,提高体育旅游产业的管理效率和服务质量。数字化技术还可帮助企业更好地了解市场需求和消费者行为,为企业的精准营销和服务提供支持。② 数字化技术可以推动体育旅游产业的创新和发展。通过引入虚拟现实(VR)、增强现实(AR)等技术,开发出更加智能化、互动性更强的体育旅游产品和服务,满足消费者对于多元化、个性化的需求。通过VR技术让游客身临其境地体验各种运动项目和赛事,提高运动的乐趣和体验感。

2. 数字化技术提升乡村社会文化发展

体育旅游产业数字化为乡村社会文化发展提供支持。① 数字化技术可以帮助人们更好地了解和传承乡村文化。通过互联网平台和社交媒体等渠道普及乡村文化知识,提高人们对乡村文化的认识和认同感,促进乡村文化的传承和发展。② 数字化技术可以帮助人们更好地管理和保护乡村文化遗产。通过数字化平台的建设实现文化遗产的数字化保护和传承,为乡村历史文化的传承和发展提供有力支撑。数字化技术还可帮助人们更好地展示和宣传乡村特色文化。通过虚拟展览和数字媒体等渠道展示乡村特色文化的魅力和价值,吸引更多的人前来了解和体验,促进乡村文化的传播和发展。③ 数字化技术可以帮助人们更好地加强乡村公共文化服务。通过数字化平台的建设,提供更加便捷高效的公共文化服务,在线阅读、数字图书馆等为乡村居民提供更加优质的文化生活和服务,提升乡村社会的文化素养和发展水平。

3. 数字化技术推动乡村生态环保建设

体育旅游产业数字化为乡村生态环保建设提供支持。① 数字化技术可以帮助人们更好地管理和保护乡村生态环境。通过智能化监测和管理等技术加强对乡村生态环境的监管和保护,减少对生态环境的破坏和污染,实现可持续发展。数字化技术还可帮助人们更好地开展乡村环境整治工作。通过数字化平台的建设实现对乡村环境的智能化管理和监控,为环境整治工作提供科学依据和支持,推动乡村环境的改善和发展。② 数字化技术可以帮助人们更好地开展乡村生态旅游。通过数字化平台的建设提供更加便捷高效的在线旅游服务,吸引更多游客前来参观和体验,促进乡村旅游的发展;也可加强对游客的管理和引导,减少对生态环境的破坏和污染,实现可持续发展。

4. 数字化技术助力实现"乡村振兴"战略目标

体育旅游产业数字化为"乡村振兴"战略的实施提供有力支撑。① 数字化技术可以帮助人们更好地了解和认识乡村振兴战略的意义和内涵。通过互联网平台和社交媒体等渠道普及乡村振兴战略的知识,提高人们对乡村振兴战略的认识和理解促进乡村振兴战略的实施和发展。② 数字化技术可以帮助人们更好地推动农村产业融合发展,通过数字化平台的建设,打通产业链条,促进不同产业之间的融合发展,推动农村经济的多元化发展,实现乡村振兴的目标。

(二)"乡村振兴"赋能体育旅游产业数字化建设

"乡村振兴"战略的提出为体育旅游产业的数字化建设提供了强大的动力和支持。通过将"乡村振兴"的理念与体育旅游产业数字化建设相结合,推动农村经济的创新和发展,实现可持续发展,并助力实现"乡村振兴"的战略目标。

1. "乡村振兴"战略引领体育旅游产业数字化方向

"乡村振兴"战略强调乡村的创新和发展,通过加强乡村基础设施建设、促进乡村产业融合发展等方式,推动乡村经济的繁荣和振兴。在体育旅游产业数字化建设中,应将"乡村振兴"的理念贯穿其中,以推动乡村经济发展为目标,引导数字化建设的方向。应加强数字化技术在乡村基础设施建设中的应用。通过数字化技术改善和提高乡村基础设施的服务水平和效率,智能化交通管理、在线教育等,为乡村居民提供更加便捷高效的服务。数字化技术还为乡村旅游开发提供支持,智能化旅游导览、在线预订等服务,提高游客的体验和满意度。应促进数字化技术与乡村产业融合发展相结合。通过数字化技术推动农业与旅游业的融合发展,实现农业与旅游业的良性互动。通过互联网平台和社交媒体等渠道宣传和推广乡村旅游产品和服务,吸引更多游客前来参观和体验;将农业与旅游业相结合,开发出更加多元化、个性化的旅游产品和服务,如农家乐、民宿等,满足消费者对于多元化、个性化的需求。

2. "乡村振兴"战略促进体育旅游产业数字化技术创新和应用

"乡村振兴"战略的实施需要依托于数字化技术的不断创新和应用。在体育旅游产业数字化建设中,应注重数字化技术的创新和应用,推动产业的升级和优化。一方面,应加强数字化技术在乡村基础设施建设中的应用。通过物联网技术实现对农村基础设施的智能化管理和监控,提高基础设施的服务水平和效率;通过大数据技术挖掘和分析乡村基础设施使用情况和游客行为数据等,为基础设施的规划和建设提供科学依据和支持等。另一方面,应积极引入新兴的数字化技术推动体育旅游产业的创新和发展。虚拟现实、增强现实等技术开发出更加智能化、互动性更强的体育旅游产品和服务,提高运动的乐趣和体验感;人工智能技术应用于乡村旅游导览、在线预订等领域,提高服务质量和效率;通过互联网平台和社交媒体等渠道,加强与国际体育旅游组织和企业的交流与合作,分享经验和资源,共同推动国际体育旅游的发展和创新等。

3. "乡村振兴"战略与体育旅游产业数字化建设的融合发展

"乡村振兴"战略与体育旅游产业数字化建设应相互促进、融合发展为实现全面振兴作出更大贡献。一方面,通过数字化技术推动乡村基础设施建设和公共服务水平的提升,为乡村旅游的发展提供更好的环境和条件;另一方面,通过开发具有特色的体育旅游产品和服务吸引更多的游客前来消费,促进乡村经济的发展和繁荣;积极引入新兴的数字化技术推动体育旅游产业的创新和发展,提升产业的竞争力和发展水平,为实现乡村振兴作出更大贡献。

第三节 体育旅游产业数字化的作用与类型

一、体育旅游产业数字化的作用

（一）协同性作用

1. 政府与企业之间的协调性作用

体育旅游产业数字化的政府与企业之间的协调性作用主要体现在政策和规划的制定上。政府需要了解企业的需求和困难，制定出更加符合实际需求的政策和措施。企业则需要认真贯彻落实政府的政策和措施，积极响应数字化旅游发展的号召。政府与企业之间需要建立良好的沟通和合作机制，共同推动数字化旅游的发展。

2. 企业与市场之间的协调性作用

体育旅游产业数字化的企业与市场之间的协调性作用主要体现在产品和服务的设计和推广上。企业需要了解市场的需求和变化，设计和开发符合市场需求的产品和服务。市场则需要发挥自身的调节作用，促进资源的优化配置和市场的公平竞争。企业与市场之间需要建立密切的联系和合作机制，共同推动数字化旅游市场的发展和完善。

3. 政府与市场之间的协调性作用

体育旅游产业数字化的政府与市场之间的协调性作用主要体现在对市场的监管和管理上。政府需要通过制定政策和规划来推动数字化旅游的发展，还需要加强对市场的监管，保障市场的公平竞争和消费者的权益。政府与市场之间需要建立良好的沟通和协作机制，共同推动数字化旅游市场的健康发展。

（二）高效性作用

1. 优化资源配置

数字化技术通过互联网、大数据、人工智能等技术手段，优化了体育旅游产业的资源配置，提高了资源的利用效率。数字化技术可以实现对旅游资源的实时监测和数据分析，使企业能够更加精准地掌握市场需求和消费者行为，从而更好地调配资源和优化产品和服务。通过数字化技术，企业可以实时了解旅游景区的游客数量、游览情况等信息，进而优化景区管理和提高游客体验。

2．提高信息共享

数字化技术可以实现信息的实时共享和交流，提高了体育旅游产业的信息透明度和协同作战能力。数字化技术可以打通企业之间、部门之间的信息壁垒，实现信息的共享和协同作业，提高整个产业的效率和效益。通过数字化技术，企业可以及时了解其他企业的需求和供应情况，实现信息共享和业务协同。

3．加强供应链管理

数字化技术通过智能化、自动化的方式，加强了体育旅游产业的供应链管理，提高了供应链的效率和效益。数字化技术可以实现采购、生产、物流等环节的智能化和自动化，提高供应链的响应速度和准确性。通过数字化技术，企业实现库存自动补货、订单自动处理等智能化管理，提高供应链的效率和效益。

4．降低运营成本和提高效率

数字化技术通过自动化、智能化的方式降低了体育旅游产业的运营成本和发展效率。数字化技术可以实现自动化处理和智能化管理，降低企业的劳动成本和提高工作效率。通过数字化技术企业实现自动排班智能化的库存管理和自动化订单处理等，从而提高整个产业的效率和效益，降低企业的运营成本，进而提高企业的竞争力和收益水平。

（三）低风险性作用

1．降低市场风险

数字化技术可以降低体育旅游产业市场的风险，提高企业的竞争力和生存能力。数字化技术可以实现对游客行为的实时监测和分析，帮助企业更好地掌握市场需求和消费者行为，从而更好地应对市场变化和风险。通过数字化技术，企业可以及时了解旅游市场的变化趋势和游客的消费习惯，进而调整产品和服务策略，降低市场风险。

2．减少投资风险

数字化技术可以减少体育旅游产业的投资风险，提高企业的投资回报率。数字化技术可以实现智能化、自动化的管理和运营，降低企业的劳动成本和物资投入，提高投资回报率。通过数字化技术，企业可以实现自动化的景区管理和智能化的酒店预订等，减少对人力和物资的依赖，降低投资风险。

3．降低安全风险

数字化技术可以降低体育旅游产业的安全风险，提高游客的旅游安全和体验。数字化技术可以实现智能化、自动化的管理和监测，提高旅游安全和体验。通过数字化技术，企业可以实现智能化的景区管理和安全预警等，及时发现和处理安全问题，保障游客的安全和增强体验感。

4. 降低财务风险

数字化技术可以降低体育旅游产业的财务风险,提高企业的财务稳健性和透明度。数字化技术可以实现财务数据的智能化管理和自动化处理,提高财务数据的准确性和透明度。通过数字化技术,企业可以实现自动化的财务报账和审计等,及时发现和处理财务风险,保障企业的财务稳健性和透明度。

二、体育旅游产业数字化的类型

(一)政府主导型

1. 规划与政策制定

政府通过对体育旅游产业的深入了解和研究,制定出数字化发展的整体规划和发展战略,包括确定数字化发展的目标、重点任务和实施路径等,为体育旅游产业的数字化转型提供明确的方向和指导。政府还通过制定相关政策来引导和推动数字化的发展,包括财政政策、税收政策、人才政策等,以鼓励企业加大对数字化技术的投入和应用。例如,政府给予投资数字化旅游项目的企业一定的税收优惠或资金支持,激发企业的积极性和创造力。

2. 投入与建设

为了推动数字化转型,政府往往需要投入大量的资源,包括资金、技术和人力等。这些投入主要用于数字化旅游平台的建设、旅游 App 的开发和推广、数字化服务的提供等。政府对基础设施建设的投入也是必不可少的。政府投资建设高速互联网、移动通信网络等基础设施,提高网络覆盖率和速度,为数字化旅游提供良好的基础条件。此外,政府还通过政策引导和支持,鼓励企业进行数字化技术的研发和创新,推动体育旅游产业的科技创新和发展。

3. 引导与推动

政府通过制定数字化旅游发展规划、标准和政策等,引导和推动体育旅游产业的数字化转型。政府出台相关政策鼓励企业开发和推广数字化旅游产品和服务,提供税收优惠、资金扶持等政策支持。此外,政府还通过制定行业标准和规范,推动体育旅游产业的规范化发展。政府制定旅游网站建设标准、旅游 App 开发规范等,确保数字化旅游产品的质量和安全性。通过这些政策引导和推动措施,政府可以有效地推动体育旅游产业的数字化转型和发展。

4. 监管与优化

政府通过加强对数字化体育旅游的监管和管理,确保数字化体育旅游产品的质量和安全性,保障消费者的权益。政府通过加强对体育旅游网站的监管,确保其信息真实可靠;加强对体育旅游 App 的审核和管理,防止不良 App 对用户造成损失。政府还需要根据市场反馈和评估结果,对数字化体育旅游的发展进行优化和调整,包括对数字化体育旅游平台的优化和升级,提升其服务质量和用户体验;对数字化体育旅游产品的创新和优化,以满足市场的需求和变化。政府还通过建立数字化体育旅游的评价体系,对数字化体育旅游的发展进行评估和监督,推动其持续改进和发展。

(二)企业主导型

1. 市场导向与创新驱动

企业在体育旅游产业数字化转型中,以市场需求为导向,根据市场需求和趋势进行产品研发和创新,包括开发数字化体育旅游产品、提供定制化服务等,以满足消费者的需求和期望。在市场导向和创新驱动的推动下,企业不断探索和尝试新的数字化技术和商业模式,推动体育旅游产业的创新和发展。企业可以利用大数据技术对消费者行为进行分析,以实现精准营销和个性化服务;通过引入虚拟现实、增强现实等技术,为消费者提供沉浸式的旅游体验等。

2. 投资与资源整合

企业在数字化转型中需要大量的资金投入和资源整合,包括对数字化技术的研发和引进、数字化旅游产品的设计和推广等,这都需要企业进行大量的投资和资源整合。为实现资源整合和优化配置,企业之间也进行合作和联盟。企业通过战略合作、合资等方式,共享资源和技术,实现优势互补和协同发展。此外,企业还通过资本市场进行融资,吸引更多的投资支持,推动数字化转型和发展。

3. 质量与服务提升

企业在数字化转型中注重提高产品质量和服务水平,以提升市场竞争力。企业也注重对消费者需求的挖掘和研究,以提供更加个性化和差异化的服务。例如,企业通过社交媒体等渠道与消费者进行互动,了解消费者的需求和反馈,不断优化产品和服务;通过引入智能化技术,为消费者提供更加便捷和高效的服务体验等。

(三)市场主导型

1. 需求导向与市场响应

在市场主导型下,体育旅游产业的数字化发展以市场需求为导向,通过敏锐地捕捉消费者的需求和偏好,及时调整和优化数字化旅游产品和服务。以市场为导向的模式使得数字化旅游能够迅速响应市场需求,提供更符合消费者期望的产品和服务。随着消费者对个性化、定制化旅游服务的需求不断增加,旅游企业根据市场需求,推出了定制旅行服务。消费者通过企业提供的在线平台,自主选择旅游路线、酒店、交通方式等,实现个性化旅游体验。以市场需求为导向的模式有助于满足消费者的个性化需求,提升企业的市场竞争力。

2. 竞争驱动与技术创新

在市场主导型下,企业之间的竞争压力会促使其不断进行技术创新和产品升级。通过技术创新,企业提升自身的核心竞争力,提供更优质的产品和服务,满足消费者的需求。旅游企业为了在激烈的市场竞争中脱颖而出,不断加大对技术研发的投入,推出了一系列智能化的旅游产品和服务。企业通过引入人工智能、大数据分析等技术,优化了旅游产品的设计,并提升了服务质量,为消费者提供了更加便捷、高效的旅游体验。

3. 行业协同与合作发展

在市场主导型下,企业不仅关注自身的利益和发展,也注重与其他企业之间的协同合作。通过合作发展,实现资源共享、优势互补,提高整个行业的竞争力和创新力。旅游企业与酒店、航空公司等合作伙伴建立了紧密的合作关系,共同提供数字化旅游产品和服务。企业通过建立行业联盟、共享资源等方式,实现互利共赢的局面。通过协同合作,企业降低了成本、提高了效率,为消费者提供了更优质的服务体验,也有助于推动整个体育旅游产业的可持续发展。

第四节 体育旅游产业数字化的必要性与可行性

一、体育旅游产业数字化的必要性

(一)满足消费者多元化需求

随着生活质量的提高和消费观念的转变,消费者对体育旅游产品和服务的需求日益多元化和个性化。传统的体育旅游产品和服务模式往往难以满足这些需求,而数字化技术则为消费者提供更加多元化、个性化的选择。通过数字化平台,消费者能便捷地获取各种体育赛事、活动信息,并根据自己的兴趣和时间进行定制化的旅游安排。这不仅满足了消费者的需求,也提高了企业的市场竞争力。

(二)提升运营效率和管理水平

数字化技术能显著提高体育旅游产业的运营效率和管理水平。通过自动化、智能化的管理系统,企业可以实现对各项业务流程的实时监控和数据分析,从而更加精准地掌握市场需求和消费者行为。这不仅有利于企业制定更加合理的产品和服务策略,还能减少决策失误和资源浪费。数字化技术还能优化企业的内部管理流程,提高协同办公效率,降低运营成本。

(三) 推动产业升级和创新发展

数字化技术是体育旅游产业实现产业升级和创新发展的重要驱动力。通过运用大数据、人工智能等先进技术,企业对市场进行深度挖掘和精准定位,开发出更具创新性和竞争力的产品和服务。基于大数据分析的智能推荐系统为消费者提供更加个性化的旅游建议;虚拟现实和增强现实技术为消费者带来沉浸式的运动体验;智能化的旅游平台为消费者提供更加便捷、高效的预订服务,不仅能满足消费者的需求,也为企业带来更大的商业价值。

(四) 拓展市场空间和商业机会

数字化技术可以帮助体育旅游产业拓展更广阔的市场空间和商业机会。通过线上营销和社交媒体推广,企业扩大了品牌知名度和影响力,吸引了更多的潜在客户。数字化技术还可帮助企业拓展国际市场,实现全球化发展。通过国际化的在线预订平台和多语种服务,企业可以吸引来自世界各地的游客,提高收益水平。

(五) 提高产业透明度和公信力

数字化技术帮助提高体育旅游产业的透明度和公信力。通过公开、透明的信息发布平台,消费者更加全面地了解企业的产品和服务质量,减少信息不对称和欺诈行为的发生。数字化技术还可以提高企业的信誉度和口碑效应,增强消费者对企业的信任和忠诚度。这不仅有利于企业树立良好的品牌形象,也有利于促进整个产业的健康发展。

二、体育旅游产业数字化的可行性

(一) 技术可行性

目前,数字化技术已经非常成熟,并被广泛应用于各个领域。体育旅游产业借助现有的数字化技术,实现产业升级和创新发展。通过大数据分析,企业可以了解游客的行为和偏好,从而制定更加个性化的产品和服务策略;通过人工智能和机器学习技术,企业可提高客户服务和营销效果,实现精准营销和个性化推荐;通过云计算和物联网技术,企业可实现高效的资源管理和运营管理,提高运营效率和管理水平。

(二) 经济可行性

数字化技术的运用可以为体育旅游产业带来显著的经济效益。数字化技术还可以降低企业的成本。通过自动化管理和运营,企业减少了对人力和物资的依赖,降低了人力成本和物资成本。数字化技术可以提高企业的营销效果和客户满意度,降低营销成本和客户维护成本;还可以提高企业的资源利用效率和管理水平,进一步降低成本。这些成本效益优势使企业在激烈的市场竞争中获得更大的优势。

（三）市场可行性

数字化技术的运用满足了消费者对体育旅游产品和服务的需求。随着消费者对个性化、便捷性和参与感的需求不断增加,数字化技术为企业提供更加多元化、个性化的选择。通过智能化的旅游平台,消费者可以便捷地了解各种体育赛事、活动信息,并根据自己的兴趣和时间进行定制化的旅游安排;通过虚拟现实技术,消费者可以身临其境地感受各种运动场景,增强旅游的趣味性和参与感。这些产品和服务满足了消费者的需求,提高了市场竞争力。

（四）社会可行性

数字化技术的运用得到了社会各界的高度关注和支持。政府出台了一系列政策措施鼓励体育旅游产业的数字化发展;消费者对数字化技术的接受度不断提高,对便捷、个性化的产品和服务需求不断增加,为体育旅游产业的数字化提供了有力的支持。数字化技术可以提高体育旅游产业的透明度和公正性,减少不良信息和欺诈行为的发生,提高社会公信力和信任度。

（五）环境可行性

数字化技术的运用还为体育旅游产业带来环境方面的效益。数字化技术优化了体育旅游产业链的结构和管理水平,提高了资源的利用效率和管理效果;通过智能化的旅游平台和线上预订系统,企业可以实现精确的资源管理和调度,减少浪费和污染;通过虚拟现实和增强现实技术,可以让消费者更加深入地了解运动文化和景区文化,增强环保意识和生态意识,进一步增强了体育旅游产业的可持续性和发展潜力。

第五节　体育旅游产业数字化的现状分析

一、体育旅游产业数字化的现状及问题

(一) 体育旅游产业数字化的现状

1. 数字化技术应用不断拓展

在数据采集与分析方面,大数据技术得到了广泛应用。体育旅游产业通过收集和分析游客的行为数据、消费数据等,实现对游客需求的精准把握,为制定营销策略、优化产品设计等提供了重要依据。人工智能技术也逐步应用于数据分析,通过机器学习和深度学习等技术手段,提高数据挖掘的效率和准确性。物联网技术在体育旅游设施建设与运营方面发挥了重要作用,通过智能传感器、RFID等技术手段,实现对体育旅游设施的实时监测和远程控制,提高了设施的运营效率和安全性。智能化的体育场馆利用物联网技术对场馆内的设施进行远程维护和更新,提高场馆的运营效率和服务质量。此外,虚拟现实(VR)和增强现实(AR)技术也在体育旅游领域取得了广泛应用。通过这些技术手段,游客可以更加深入地体验异地旅游项目,提高旅游的沉浸感和趣味性。利用VR技术为游客提供虚拟的比赛观赏体验,或者利用AR技术在旅游景点为游客提供导览服务等。

2. 业务模式不断创新与优化

数字化技术的应用不仅推动了体育旅游产业的技术创新,也催生了业务模式的不断优化和变革。数字化技术使得体育旅游产业的边界逐渐模糊,出现了更多的跨界合作和创新模式。线上预订平台与线下实体景点的合作,实现了资源的优化配置和互利共赢。数字化技术也使得体育旅游产业的商业模式更加多元化和个性化。基于大数据分析的精准营销、个性化推荐等服务模式,提高了游客的满意度和忠诚度。数字化技术也推动了体育旅游产业的智能化升级,通过人工智能、物联网等技术手段,实现了对游客需求的精准把握和资源的智能调度。利用人工智能技术对游客的行为进行分析,为其提供个性化的旅游服务和产品;利用物联网技术对体育旅游设施进行智能化升级改造,提高设施的运营效率和安全性。

3. 数字化治理与安全保障体系逐步完善

随着数字化技术的广泛应用,体育旅游产业的数字化治理和安全保障体系也逐步完善。一方面,政府和相关部门加强了对体育旅游产业的数字化监管和规范

力度,推动产业的健康发展。通过制定一系列针对在线旅游平台的监管政策和标准,保障游客的合法权益。另一方面,体育旅游企业也加强了自身的数字化治理能力建设,提高了服务质量和安全性。通过建立完善的数据安全保障体系,确保游客个人信息的保密性和完整性;通过加强网络安全防护措施,保障在线交易的安全可靠等。

4. 跨界合作与创新不断涌现

跨界合作与创新也是体育旅游产业数字化发展的一个重要趋势。随着技术的不断进步和市场竞争的加剧,单一的旅游企业已经难以满足游客的多元化需求和市场变化。因此,跨界合作与创新成为必然选择。一方面,体育旅游企业与科技企业的合作不断深化。一些旅游企业与互联网公司合作开发智能旅游产品和服务;一些景区与科技公司合作引入虚拟现实、增强现实等技术提升游客体验等。合作不仅有助于提高旅游企业的技术水平和服务能力,也为跨界创新提供了更多可能性。另一方面,体育旅游企业与其他产业的合作也在不断拓展。一些旅游企业与健康产业合作开发健康旅游产品;一些景区与文化机构合作举办文化活动和展览等。跨界合作不仅有助于丰富体育旅游产品的种类和提升服务质量,也为整个产业的发展带来了新的动力和增长点。

5. 数字化基础设施建设阶段

当前,体育旅游产业数字化正处在数字化基础设施建设阶段。这一阶段的主要特点是体育旅游产业在积极构建和完善各种数字化设施和工具,以便更好地满足游客的需求,提升服务质量。一方面,体育旅游产业积极推广智能化门禁系统、数字化导览系统和虚拟现实展示系统等数字化设施。这些设施的应用极大提高了游客的旅游体验,通过数字化导览系统,游客轻松地了解景点的历史文化、特色风情等信息,通过虚拟现实展示系统,游客可以身临其境地感受景点的人文景观和自然风光。这些数字化设施的应用还能提高景点的运营效率和管理水平,通过智能化门禁系统快速准确地统计进出人数和车辆流量等数据,为景点的管理和规划提供科学依据。另一方面,线上旅游平台也在不断优化和升级,为游客提供更多个性化的服务和产品,满足游客的多样化需求。通过大数据和人工智能技术对游客的行为和喜好进行分析,为其推荐最符合需求的旅游产品和服务;通过线上评价和反馈系统收集游客的意见和建议,及时改进服务质量;通过线上预订和支付系统方便游客的出行和消费等。

6. 数据驱动的个性化服务阶段

在数字化基础设施建设的基础上,体育旅游产业正进入数据驱动的个性化服务阶段。这一阶段的主要特点是利用大数据和人工智能技术对游客的行为和喜好进行分析,以便提供更加精准和个性化的服务。一方面,通过对游客的搜索记录、购买记录和浏览记录等数据进行深入挖掘和分析,为其推荐最符合需求的旅游产品和服务。根据游客的搜索记录和购买记录,推荐与其兴趣相符的景点、酒店、餐饮等;根据游客的浏览记录,推荐相关的旅游攻略、游记等。这些个性化的推荐和服务大大提高了游客的旅游体验和满意度。另一方面,利用人工智能技术还可以对游客的需求进行预测,提前做好服务准备,提高服务质量。通过分析游客的历史消费记录和行为习惯,预测其未来的消费需求和偏好,提前为其推荐相关的旅游产品和服务;通过分析景点的历史客流量和天气等数据,预测未来的客流量和天气情况,提前做好接待准备和服务安排等。这些预测和分析帮助体育旅游企业更好地满足游客的需求,提高服务质量和管理水平。

7. 线上线下融合的智慧旅游阶段

未来,体育旅游产业将进入线上线下融合的智慧旅游阶段。这一阶段的主要特点是利用互联网、物联网和云计算等技术实现线上线下的深度融合,打造智慧旅游生态圈。一方面,游客通过手机 App、微信公众号、官方网站等多种渠道进行预订、支付和导览等操作,享受更加便捷的服务。通过手机 App 预订景点门票、酒店住宿等;通过微信公众号了解景点的最新动态、活动信息等;通过官方网站进行在线咨询、投诉等操作。这些渠道可以为游客提供更加便捷、快速、个性化的服务体验。另一方面,线下实体设施也将借助智能化技术进行升级改造,提高运营效率和服务质量。智能化的旅游车辆根据游客的需求进行动态调度,提高运输效率;智能化的旅游景区根据游客的行为进行环境监测和调控,提高游客的体验等。这些智能化设施的应用提高了体育旅游产业的运营效率和服务质量,为游客提供更加舒适、安全、便利的旅游环境。此外,智慧旅游阶段还将注重与其他产业的融合发展,与健康、文化、教育等产业的融合将为体育旅游产业带来新的发展机遇和增长点。跨界融合将有助于推动体育旅游产业的多元化发展,与健康产业的融合推出健康旅游产品和服务,如健身、瑜伽、疗养等;与文化产业的融合推出文化旅游产品和服务。

(二)体育旅游产业数字化存在的问题

1. 思想观念落后问题

① 缺乏全局观和深入思考。许多体育旅游从业者对数字化的理解还停留在简单的技术应用层面,认为数字化只是将传统业务转移到线上。片面的认识导致在数字化转型中缺乏全局观念和深入思考,难以充分发挥数字化的潜力。没有意识到数字化不仅改变了消费者的行为和需求,还重塑了整个产业的价值链和市场格局。缺乏全局观和深入思考会导致企业在数字化转型中失去方向,难以实现真正的转型。② 过于关注短期效益,忽视长期发展。一些体育旅游企业在数字化转型过程中,过于关注短期效益,忽视了数字化转型对企业的长期影响。短视行为可能导致企业在数字化过程中迷失方向,甚至陷入困境。数字化转型需要企业投入

大量的资源和精力,短期内可能不会带来明显的回报。但是,长期来看,数字化可以提高企业的竞争力,提升消费者体验,拓展市场空间,从而实现企业的可持续发展。因此,企业需要具备长远的眼光,关注数字化转型的长期效益,制定可持续发展的战略。③ 惧怕变革,缺乏创新精神。由于体育旅游产业长期以来处于相对稳定的状态,一些从业者对数字化带来的变革感到恐惧,害怕失去既得利益。例如缺乏创新精神,对新技术和新模式持保守态度,不愿尝试新的发展路径。这种心态不仅限制了企业的创新能力和市场竞争力,还可能导致企业在数字化浪潮中被淘汰。企业需要具备创新精神,积极拥抱变革,探索新的业务模式和技术应用,以适应市场的变化和满足消费者的需求。

2. 协同发展不顺问题

① 信息孤岛现象严重。在当前的体育旅游产业中,尽管数字化技术已经得到了广泛的应用,但信息孤岛现象仍然十分严重。各个企业、组织之间缺乏统一的信息平台,导致信息无法有效流通与共享。这不仅造成了资源的浪费,还限制了体育旅游产业整体的发展速度。一个体育活动的组织者可能不知道另一个地方的场地空缺,而一个潜在的参与者也可能因为信息不畅而无法参与到活动中。② 合作机制与信任危机。协同发展的核心是合作,但在体育旅游产业数字化进程中,合作机制并不完善。很多企业担心与他人分享数据和资源会损害自身利益,因此对合作持保留态度。不信任的氛围导致了合作难以达成,即使有好的合作机会也可能因为缺乏信任而丧失。③ 技术标准与规范的不统一。由于体育旅游产业涉及多个领域,如体育、旅游、信息技术等,每个领域都有自己的技术标准和规范。在数字化协同发展的过程中,这些不同的标准和规范成了一个巨大的障碍。这不仅增加了企业之间的合作成本,还可能导致市场的碎片化,不利于产业的健康发展。一个体育旅游的 App 可能因为不符合某地区的技术标准而无法在该地区上线,这无疑限制了其市场潜力。

3. 安全监管不足问题

① 数据安全难以保障。在数字化时代,数据被誉为"新石油",其重要性不言而喻。然而,在体育旅游产业数字化进程中,数据的收集、存储、传输和处理等环节都存在安全风险。一方面,企业可能因技术缺陷或管理不善导致数据泄露,使用户隐私暴露;另一方面,黑客攻击、恶意软件等外部威胁也可能窃取或篡改数据,给企业和用户造成损失。② 网络攻击风险加大。随着体育旅游产业的数字化程度不断提升,其对网络的依赖度也在不断增加。然而,网络安全问题并没有得到足够的重视。DDoS 攻击、SQL 注入、跨站脚本等常见的网络攻击手段都可能对体育旅游产业的数字化系统造成严重影响,甚至导致服务瘫痪或数据泄露。③ 合规性挑战大。体育旅游产业在数字化进程中需要遵守各种法律法规和标准要求,如《个人信息保护法》《网络安全法》等。然而,由于该领域涉及多个行业和地区,合规性要求

复杂多变,给企业带来了巨大的挑战。一旦违规,企业可能面临法律责任和财务损失。④ 供应链管理存在安全隐患。体育旅游产业的数字化进程往往涉及多个供应商和合作伙伴,如技术提供商、支付服务商等。这些供应商和合作伙伴的安全水平直接影响整个产业链的安全。然而,在实际操作中,供应链管理往往被忽视,导致安全隐患丛生。⑤ 安全意识薄弱。在体育旅游产业中,从业人员和用户的安全意识往往相对薄弱。一些企业可能为了追求便捷性和成本效益而忽视了安全问题;一些用户则可能因为缺乏安全知识或麻痹大意而遭受损失。安全意识薄弱的问题不仅加大了安全风险,也制约了安全监管工作的有效开展。

4. 品牌定位不准问题

① 品牌定位与市场需求脱节。在体育旅游产业数字化进程中,很多企业对于目标市场缺乏清晰的认识。可能过于追求数字化技术的先进性和创新性,而忽略了目标市场的实际需求和特点。不明确的目标市场定位会导致企业的数字化产品或服务与市场需求脱节,难以满足消费者的需求,进而影响品牌的定位和市场竞争力。一些企业忽视了市场需求的变化,仍然坚持原有的品牌定位。这些做法导致企业的产品和服务与市场需求脱节,无法满足消费者的需求。由于市场竞争的加剧,定位不准的品牌形象可能使企业在市场中失去竞争优势。② 缺乏专业的品牌管理团队。在体育旅游产业数字化转型中,专业的品牌管理团队对于企业的品牌建设至关重要。然而,许多企业在这方面存在不足,缺乏专业的品牌管理团队,无法有效地进行品牌定位和形象塑造。这可能导致企业在数字化转型中失去方向,无法有效地提升品牌价值和市场竞争力。品牌的传播策略是至关重要的。然而,很多企业缺乏有效的传播策略,导致品牌定位不准确、传播效果不佳。例如,过于依赖传统的营销手段,而忽略了数字化时代的网络营销和社交媒体等新兴渠道的作用。缺乏创新的传播策略会导致品牌难以在数字化时代脱颖而出,影响其市场占有率和竞争力。③ 品牌形象不清晰。在体育旅游产业数字化进程中,品牌形象是塑造企业形象和吸引消费者的重要因素。然而,很多企业对于自身的品牌形象缺乏清晰的认识和定位。企业可能追求多元化的发展,希望在多个领域都取得成功,但"大而全"的战略往往导致品牌形象模糊,缺乏独特的个性和竞争优势。许多体育旅游企业对于数字化的理解还停留在表面,认为数字化只是关于技术的问题,只要引入先进的技术和设备就能实现数字化转型,却忽略了数字化转型中品牌定位的重要性。在数字化时代,品牌形象和用户体验是决定企业竞争力的关键因素,而许多企业在这方面缺乏深入的思考和规划。

二、体育旅游产业数字化的现实困境

(一)产业基础发展较弱,经济结构转型缓慢

在体育旅游产业数字化的发展中,产业基础发展较弱成为制约其壮大的重要问题。许多地区的体育旅游产业缺乏完善的政策体系、基础设施建设以及专业人才队伍等方面的支持,导致数字化业务发展受到限制。为了解决这些问题,需要加强产业基础建设,建立健全的政策体系和法规制度,加大对体育旅游产业基础设施建设的投入力度,完善通信网络、数据中心、云计算平台等基础设施,提高数字化业务的支撑能力。培养和引进具备高素质的技术人才和管理人才也是加强产业基础发展的关键环节。只有通过全面提升产业基础水平,才能推动体育旅游产业数字化的发展迈向更高层次。

在体育旅游产业数字化的发展中,经济结构转型缓慢成为制约发展的关键问题。许多体育旅游企业仍固守传统旅游业务模式,对数字化转型的认知和应用不足,缺乏创新和转型升级的动力。这导致产业结构不合理,传统旅游业务占据过大比重,而数字化旅游业务的比重偏低。这种状况使得体育旅游产业难以实现转型升级和高质量发展,迫切需要加快经济结构转型,加大对新兴数字化旅游业务的投入和开发力度,推动传统旅游业务与数字化业务的融合发展,以适应新时代的发展需求。

(二)行政壁垒阻碍发展,区域协同机制缺乏

体育旅游产业数字化的行政壁垒是阻碍发展的重要问题。由于各地区之间的政策、法规和标准不一,导致数字化技术在体育旅游产业的应用和发展受到限制。行政壁垒不仅增加了企业的运营成本,还影响了市场的统一和竞争的公平性。为了解决这一问题,需要加强跨地区的合作和协调,建立统一的政策体系和标准规范,消除行政壁垒和地区壁垒,推动体育旅游产业的数字化转型和高质量发展。政府出台相关政策鼓励和支持企业之间的合作,促进跨地区的协同创新和发展。此外,行业协会和中介组织也发挥积极作用,组织开展技术交流、业务合作等活动,推动企业之间的协作和联动。通过消除行政壁垒,促进体育旅游产业的数字化转型和发展,提升整个产业的竞争力和可持续发展能力。

体育旅游产业数字化的区域协同机制缺乏,导致各地企业之间难以形成有效的合作和联动。缺乏协同机制的问题不仅限制了企业之间的信息共享和资源整合,还影响了整个产业的协同发展和竞争力提升。为了解决这一问题,需要建立跨地区的体育旅游产业数字化合作平台,促进各地企业之间的信息交流和资源共享,

推动区域间的协同创新和发展。政府出台相关政策,鼓励和支持企业之间的合作,推动体育旅游产业的数字化转型和高质量发展。此外,行业协会和中介组织也发挥桥梁和纽带作用,组织开展技术交流、业务合作等活动,促进企业之间的协作和联动。通过建立区域协同机制,可以推动体育旅游产业的数字化转型和区域协同发展,提升整个产业的竞争力和可持续发展能力。

(三)供需矛盾凸显,特色产品开发不足

体育旅游产业数字化的供需矛盾日益凸显。在数字化转型过程中,企业往往只注重提供数字化服务,而忽视了市场需求的变化和消费者对数字化服务的需求。供需矛盾导致了企业提供的数字化服务与市场需求不匹配,消费者对数字化服务的满意度下降,影响了整个产业的可持续发展。为了解决这一问题,企业需要深入了解市场需求和消费者需求,根据需求变化调整数字化服务的策略和内容,提供符合消费者需求的数字化服务和体验。政府和行业协会也提供支持和引导,推动整个产业的供需平衡和协调发展。通过解决供需矛盾,提升体育旅游产业的数字化水平和市场竞争力,为消费者提供更好的服务和体验。

体育旅游产业数字化的特色产品开发不足,导致市场上的产品同质化现象严重,缺乏独特的吸引力和竞争力。为了解决这一问题,企业需要深入挖掘体育旅游产业的特色和优势,结合数字化技术进行创新和开发,打造具有独特魅力和市场价值的特色产品。开发具有地域特色的数字化旅游线路和体验产品,利用虚拟现实技术提供沉浸式的运动体验和旅游体验,或者利用人工智能技术提供个性化的运动和旅游建议。通过开发特色产品,提升体育旅游产业的吸引力和竞争力,吸引更多的游客前来体验,推动产业的数字化转型和高质量发展。政府和行业协会也提供支持和引导,鼓励企业进行特色产品的研发和创新,推动整个产业的创新和发展。

(四)管理模式落后,专业化人才匮乏

体育旅游产业数字化的管理模式落后,成为制约该领域进一步发展的关键因素。许多企业仍然沿用传统的管理模式,缺乏数字化管理的意识和能力,导致数字化技术在体育旅游产业的应用和发展受到限制。为了解决这一问题,企业需要更新管理理念,增强数字化管理的意识和能力,建立适应数字化时代的管理模式。企业通过引入大数据分析技术,对市场和消费者需求进行深入挖掘和分析,为企业的决策提供科学依据;利用云计算技术实现资源的共享和协同,提高企业的效率和竞争力;利用人工智能技术实现流程自动化和智能化,提高企业的生产力和效率。通过更新管理模式,推动体育旅游产业的数字化转型和高质量发展,提升整个产业的竞争力和可持续发展能力。政府和行业协会也应提供支持和引导,鼓励企业进行

管理模式创新和升级,推动整个产业的数字化转型和发展。

体育旅游产业数字化的专业化人才匮乏,导致企业在数字化转型过程中难以获得足够的技术支持和专业指导。人才匮乏的问题不仅限制了企业数字化转型的进度和效果,还影响了整个产业的创新和发展。为了解决这一问题,企业需要加强与高校和研究机构的合作,培养和引进具备数字化技术和管理能力的专业人才。政府通过出台相关政策鼓励和支持高校和研究机构开设与体育旅游产业相关的数字化专业和课程,为产业发展提供更多的人才支持。此外,行业协会和中介组织也应发挥积极作用,组织开展技术培训和人才交流活动,促进企业之间的协作和联动。通过解决专业化人才匮乏的问题,推动体育旅游产业的数字化转型和发展,提升整个产业的竞争力和可持续发展能力。

(五)旅游环境污染,可持续发展受阻

随着数字化技术的普及,游客通过各种数字化平台了解旅游信息、预订旅游服务,但由于缺乏统一的规划和管理,导致资源浪费、环境污染等问题日益严重。为了实现可持续发展,需要采取综合措施。① 政府应该加强管理和监管,制定数字化旅游发展的总体规划和管理制度,促进资源的优化配置和环境的保护。② 企业也需要积极采取措施,推广绿色旅游、提高资源利用效率、减少环境污染等。也需要加强社会监督和参与,鼓励公众对数字化旅游发展进行监督和评价,促进可持续发展。通过政府、企业和社会的共同努力,推动体育旅游产业的数字化转型和高质量发展,实现经济、社会和环境的可持续发展。

三、体育旅游产业数字化的 SWOT 分析

(一)优势分析(S)

1. 降低产业主体的创新成本

① 数字化技术降低企业的信息获取成本。在传统模式下,企业需要花费大量时间和人力来收集市场信息、了解消费者需求等。通过数字化技术,企业可以快速、准确地获取这些信息,从而更好地把握市场动态和消费者需求。利用大数据分析工具,企业对海量的用户数据进行挖掘和分析,获取用户的消费习惯、兴趣爱好等信息,从而制定更加精准的市场营销策略。这不仅能提高企业的营销效果,还可以降低企业在市场调研和消费者调查等方面的成本。② 数字化技术可以降低企业的研发成本。在传统的体育旅游产业中,企业需要投入大量资金和人力资源进行产品研发和设计,而数字化技术的应用帮助企业缩短研发周期、减少研发成本。通过 3D 打印技术,企业快速地制作出样品,进行测试和改进。这不仅能减少企业

的研发成本,还可以提高产品的质量和生产效率。③ 数字化技术可以降低企业的营销成本。在传统的体育旅游产业中,企业需要投入大量资金和人力来进行市场营销和推广。而数字化技术的应用可以帮助企业提高营销效果、降低营销成本。通过社交媒体和短视频平台,企业与消费者进行直接互动和交流,提高品牌知名度和用户黏性。数字化技术还可以帮助企业进行精准营销和个性化推荐,提高消费者的满意度和忠诚度。通过云计算和人工智能技术,企业实现数据集中存储和处理、自动化管理和智能化决策等。这不仅能提高企业的运营效率和管理水平,还可以降低企业的运营成本和管理成本。

2. 加快数字化产品技术开发

① 数字化技术可以帮助企业快速开发出新产品和服务。在传统的体育旅游产业中,企业开发新产品和服务需要经过漫长的研发周期和大量的资金投入。而数字化技术的应用加速了这个过程,提高了研发效率。利用虚拟现实(VR)和增强现实(AR)技术,企业可以在短时间内开发出沉浸式体验的产品和服务,满足消费者的需求。数字化技术还可以帮助企业进行快速原型制作和测试,缩短产品上市时间。② 数字化技术可以帮助企业优化产品和服务的设计。在传统的体育旅游产业中,产品和服务的设计往往依赖于设计师的经验和灵感。而数字化技术的应用使得设计变得更加精确和高效。利用人工智能和机器学习技术,企业可以对大量用户数据进行分析和挖掘,了解消费者的需求和行为习惯,从而进行更加精准的产品和服务设计。这不仅提高了产品的质量和性能,还降低了产品的成本和缩短了上市时间。③ 数字化技术可以帮助企业实现产品的智能化和个性化。在传统的体育旅游产业中,产品和服务往往是一成不变的,不能满足消费者的个性化需求。而数字化技术的应用使得产品和服务变得更加智能化和个性化。利用大数据分析和人工智能技术,企业对消费者的行为和需求进行预测和分析,为消费者提供更加个性化的产品和服务。这不仅能提高消费者的满意度和忠诚度,还能为企业带来更多的商业机会和收益。④ 数字化技术可以帮助企业实现产品的自动化和智能化。在传统的体育旅游产业中,产品的生产和运营往往需要大量的人工干预和管理。而数字化技术的应用使得产品生产和运营变得更加自动化和智能化。利用物联网(IoT)技术,企业实现了设备的自动化控制和智能化管理,提高了生产效率和质量。利用人工智能技术,企业进行智能化决策和自动化管理,提高了企业的管理效率和决策水平。

3. 促进产业主体的协同发展

① 数字化技术可以帮助企业实现信息共享和资源整合。在传统的体育旅游产业中,企业之间的信息共享和资源整合往往受到限制,难以实现互利共赢。而数字化技术的应用打破这种局面,帮助企业实现信息共享和资源整合。利用云计算和大数据技术,企业搭建一个共享平台,将各个企业的信息、资源等进行整合和共

享,实现资源的优化配置和信息的互通有无。这不仅能提高企业的运营效率和服务质量,还可以促进企业之间的合作和协同发展。② 数字化技术可以帮助企业实现业务协同和流程优化。在传统的体育旅游产业中,企业之间的业务协同和流程优化往往存在瓶颈和障碍。而数字化技术的应用可以消除这些瓶颈和障碍,帮助企业实现业务协同和流程优化。利用物联网(IoT)和人工智能技术,企业实现对旅游景区的全面监控和管理,优化景区运营流程和游客体验。这不仅能提高景区的管理效率和游客满意度,还可以促进景区、旅行社、酒店等企业之间的合作和协同发展。③ 数字化技术可以帮助企业实现商业模式创新和价值共创。在传统的体育旅游产业中,企业的商业模式往往比较单一,难以实现价值共创。而数字化技术的应用为企业带来更多的商业机会和价值空间。利用互联网和移动支付等技术,企业搭建一个平台,实现 C2C、B2C、B2B 等多种商业模式,为消费者提供更加便捷、个性化的服务体验。这不仅能提高企业的收益和盈利能力,还可以促进企业与消费者之间的合作和协同发展。④ 数字化技术可以帮助企业实现生态构建和产业升级。在传统的体育旅游产业中,企业之间的竞争往往比较激烈,难以实现生态构建和产业升级。而数字化技术的应用为企业带来更多的合作机会和商业价值。利用大数据分析和人工智能技术,企业挖掘出消费者的潜在需求和行为习惯,为消费者提供更加精准的个性化产品和服务推荐。这不仅能提高企业的市场占有率和竞争力,还可以促进企业之间的合作和协同发展。

4. 降低创新发展的风险

① 数字化技术可以帮助企业降低市场风险。在传统的体育旅游产业中,企业往往需要投入大量资金和人力资源进行市场调研和预测,以降低市场风险。而数字化技术的应用可以为企业提供更加准确、及时的市场信息和趋势分析,帮助企业作出更加精准的市场决策,从而降低市场风险。利用大数据分析和人工智能技术,企业对市场数据进行深入挖掘和分析,预测市场趋势和消费者需求,为企业的市场决策提供更加准确的数据支持。② 数字化技术可以帮助企业降低技术风险。在体育旅游产业中,技术的创新和发展是不可避免的。然而,技术的研发和应用往往存在一定的技术风险,如技术实现难度、技术成本、技术安全性等问题。而数字化技术的应用可以为企业提供更加先进、可靠的技术支持和解决方案,帮助企业降低技术风险。利用云计算和大数据技术,为企业搭建一个高效、安全的技术平台,为企业的技术创新和发展提供稳定的技术支持。③ 数字化技术可以帮助企业降低财务风险。在体育旅游产业中,企业的财务状况是至关重要的。然而,财务的运营和管理往往存在一定的财务风险,如资金流动性、成本控制、预算管理等问题。而数字化技术的应用可以为企业提供更加全面、精细的财务管理和运营支持,帮助企业降低财务风险。利用互联网和移动支付等技术,企业搭建一个高效、安全的支付平台,为企业的财务运营和管理提供更加便捷、高效的解决方案。④ 数字化技术

可以帮助企业降低人才风险。在体育旅游产业中,人才是至关重要的资源。然而,人才的引进、培养和管理往往存在一定的人才风险,如人才流失、人才素质不高等问题。而数字化技术的应用可以为企业提供更加全面、精准的人才支持和解决方案,帮助企业降低人才风险。利用大数据分析和人工智能技术,企业对人才数据进行深入挖掘和分析,预测人才需求和趋势,为企业的招聘和管理提供更加准确、及时的数据支持。

(二)劣势分析(W)

1. 法规不健全与权益缺乏保障

法规不健全是数字化体育旅游产业面临的一个突出问题。随着数字化技术的不断发展,体育旅游产业也在不断探索新的商业模式和创新服务方式。然而,相关的法规和政策却往往滞后于这些变化,导致一些新兴领域缺乏明确的法规指导和监管。在这种情况下,企业往往面临较大的法律风险和不确定性,如数据保护、网络安全、消费者权益保护等方面的问题。如果不能得到有效的解决,不仅会影响企业的正常运营,也会损害整个行业的健康发展。

权益缺乏保证是数字化体育旅游产业面临的另一个重要问题。在数字化时代,信息的传播和分享变得更加便捷和快速,但这也带来了信息权益保护方面的问题。一些企业可能会通过数字化技术获取消费者的个人信息和消费行为数据,但在缺乏明确法规和标准的情况下,这些信息的权益往往得不到有效的保障。此外,数字化技术也给知识产权保护带来了新的挑战,如盗版、侵权等问题。如果不能有效地解决这些问题,将严重损害企业的创新动力和消费者的合法权益。

2. 缺乏管理与科技人才

体育旅游产业数字化的发展已成为一种趋势,然而,在数字化发展进程中也暴露出一些劣势,其中之一便是缺乏管理与科技人才。体育旅游产业数字化需要具备专业知识和技能的人才来支持,具体而言,该行业需要的人才主要包括具有数字化技术背景和管理经验的专业人才,以及能够熟练掌握各种数字化工具和平台的技术人才。然而,目前市场上具备这种背景和经验的人才供给相对较少。这主要有两个方面的原因:一是体育旅游产业的数字化发展相对较晚,因此在人才培养方面还没有形成完善的体系;二是数字化技术的发展速度很快,市场需要更多具备持续学习和更新能力的人才。管理与科技人才的缺乏给体育旅游产业数字化的发展带来了一系列的问题。一方面,缺乏管理人才导致企业在进行数字化转型时难以制定科学有效的战略和计划,从而影响企业的运营效率和市场竞争力;另一方面,缺乏科技人才意味着企业在技术研发和应用方面存在瓶颈,难以实现数字化技术的创新和升级。

3. 短期内产业主体利益降低

数字化技术的引入和应用，使得体育旅游产业在产品推广、市场营销、服务提升等方面具备了更高的效率和更好的体验。然而，这种转型需要企业投入大量的资金和人力资源，还需要面对新兴领域带来的风险和不确定性。这些因素都可能导致企业在短期内面临较大的经济压力和不确定性，从而使得产业主体利益降低。一方面，数字化转型需要企业投入大量的资金和人力资源。企业需要购买和更新数字化设备和软件，建立和完善数字化平台，培训和招聘数字化人才等。这些都需要企业投入大量的资金和人力资源，并且可能需要长时间才能收回投资。在短期内，这可能会导致企业的经济压力增大，从而使得产业主体利益降低。另一方面，数字化转型需要企业面对新兴领域带来的风险和不确定性。数字化技术的应用带来了新的商业模式和服务方式，但也带来了新的风险和不确定性。数据安全问题、网络安全问题、消费者隐私保护问题等都可能给企业带来巨大的经济损失。此外，新兴领域的竞争格局也可能导致企业在短期内难以获得足够的回报，企业在短期内面临较大的经济压力和不确定性，从而使得产业主体利益降低。

4. 产业协同创新意识不强

① 行业主体对数字化技术的认知和理解不足，缺乏对数字化转型的清晰思路和战略规划。认为数字化技术只是单纯的互联网应用或者电子商务，而忽略了数字化技术对业务流程、管理模式和商业模式的重塑和优化。这种对数字化技术的理解不强导致在数字化转型中缺乏创新意识，难以形成具有协同效应的数字化战略。② 行业主体缺乏跨部门、跨行业的协同创新思维。在数字化时代，体育旅游产业与其他产业之间的界限逐渐模糊，跨部门、跨行业的合作变得越来越重要。然而，一些企业和行业主体仍然固守原有的思维模式，缺乏与其他产业主体协同创新的意识和能力，限制了行业主体在数字化转型中的创新空间和可能性。③ 行业主体缺乏对创新文化的重视和培养。创新文化是推动产业协同创新的重要因素之一，包括勇于尝试、容忍失败、鼓励创新等价值观和行为方式。然而，一些企业和行业主体缺乏对创新文化的重视和培养，导致员工缺乏创新意识，难以形成具有协同效应的创新氛围。

（三）机遇分析（O）

1. 体育旅游产业发展纳入国家发展战略的机遇

体育旅游产业数字化的机遇之一是将体育旅游产业发展纳入国家发展战略。随着全球经济的发展和人民生活水平的提高，体育旅游产业逐渐成为各国经济发展的重要支柱之一。中国作为世界第二大经济体，体育旅游产业的发展潜力巨大。① 国家发展战略可以促进体育旅游产业的专业化和规范化。政府通过制定更加科学、合理、有效的政策和法规，规范体育旅游市场秩序，推动体育旅游产业的标准化和专业化。政府还加大对体育旅游产业的投入,提高体育旅游产业的基础设施建设和公共服务水平,为体育旅游产业的发展提供更加稳定和可持续的支撑。② 国家发展战略可以推动体育旅游产业的创新和升级。政府鼓励和支持企业加大对数字化技术、互联网、物联网等新兴技术的应用和创新,推动体育旅游产业的智能化和数字化升级。政府还引导企业加强对体育旅游产业的文化内涵和历史底蕴的挖掘和传承,推动体育旅游产业的多元化和特色化发展。③ 国家发展战略可以促进体育旅游产业的国际化合作和发展。政府通过加强与世界各国和地区在体育旅游领域的交流与合作,推动体育旅游产业的国际化发展。政府还支持企业"走出去"和"引进来",加强与国际企业的合作与交流,提高中国体育旅游产业的国际影响力和竞争力。

2. 体育旅游产业转型升级的机遇

体育旅游产业数字化为体育旅游产业的转型升级带来了巨大的机遇。数字化技术的不断发展和应用,使得体育旅游产业能够实现更加智能化、高效化、个性化的服务和管理,从而推动体育旅游产业的转型升级。① 数字化技术为体育旅游产业的转型升级提供了更加智能化的服务和管理。通过应用数字化技术,体育旅游企业建立智能化的服务平台和管理系统,实现更加高效、精准、便捷的服务和管理。利用人工智能技术,企业可以自动化地分析游客的需求和行为,为游客提供更加个性化、精准的旅游服务;利用物联网技术,企业实现更加智能化、高效化的景区管理和运营,提高游客的旅游体验和服务质量。② 数字化技术为体育旅游产业的转型升级提供了更加高效化、个性化的宣传和营销方式。通过应用数字化技术,体育旅游企业可以建立更加高效化、个性化的宣传和营销体系,实现更加精准、有效地宣传和营销。利用大数据技术,企业分析游客的行为和需求,为游客提供更加个性化、精准的营销信息;利用社交媒体技术,企业实现与游客的实时互动和交流,提高企业的品牌影响力和市场竞争力。③ 数字化技术为体育旅游产业的转型升级提供了更加多元化的产品和服务。通过应用数字化技术,体育旅游企业开发更加多元化、创新性的产品和服务,满足游客的多样化需求。利用虚拟现实技术,企业开发出更加创新性的旅游产品和服务,提高游客的旅游体验和满意度;利用智能穿戴设备技术,企业为游客提供更加健康、安全的旅游服务。

3. 大数据技术带来的机遇

大数据技术的应用可以帮助体育旅游企业更好地了解游客的需求和行为,从而提供更加精准、个性化的服务和管理,提高企业的竞争力和市场占有率。① 大数据技术可以帮助体育旅游企业更好地了解游客的需求和行为。通过收集和分析游客的行为数据和消费数据,企业可以深入了解游客的偏好、需求和消费习惯,从而为游客提供更加精准的个性化旅游服务。通过大数据分析,企业可以了解游客对于不同类型旅游活动的喜好和参与程度,从而为游客推荐更加适合的旅游线路和活动,提高游客的满意度和忠诚度。② 大数据技术可以帮助体育旅游企业更好地管理景区和运营。通过收集和分析景区的客流量、游客行为、环境质量等数据,企业更好地管理和运营景区,提高游客的旅游体验和服务质量。通过大数据分析,企业可以预测景区的客流量和游客行为,从而更好地规划和管理景区资源,避免拥堵和安全问题,提高游客的旅游体验和服务质量。③ 大数据技术可以帮助体育旅游企业更好地制定营销策略和推广活动。通过收集和分析游客的行为数据和消费数据,企业可以更好地了解游客的需求和偏好,从而制定更加精准、有效的营销策略和推广活动。通过大数据分析,企业可以了解游客的社交媒体使用习惯和内容偏好,从而在社交媒体上投放更加精准的广告和营销信息,提高营销效果和推广效果。

4. 数字经济带来的机遇

体育旅游产业数字化为数字经济带来了巨大的机遇。体育旅游产业作为服务业的重要领域之一,具有广泛的消费群体和市场需求,数字化技术的引入使得体育旅游产业向智能化、高效化、便捷化方向发展,为数字经济的崛起提供了强有力的支撑。① 数字化技术为体育旅游产业创造了更多的商业模式和就业机会。传统的体育旅游产业以线下服务为主,数字化技术的引入使得更多的业务线上化、远程化、智能化,从而催生了更多的商业模式和就业机会。通过互联网平台,消费者可以更加便捷地预订旅游产品和服务,企业可以更加高效地进行管理和运营,也为相关产业如在线支付、智能推荐等领域提供了发展机遇。② 数字化技术提高了体育旅游产业的经济效益和市场竞争力。数字化技术的应用可以帮助企业更好地了解市场需求和消费者行为,优化产品和服务结构,提高运营效率和服务质量,从而提升企业的经济效益和市场竞争力。通过大数据分析,企业可以更加精准地掌握消费者需求和行为特征,为消费者提供更加个性化、精准的产品和服务,提高用户满意度和忠诚度,进而提高企业的市场竞争力。

(四) 挑战分析(T)

1. 面临其他行业的竞争

体育旅游产业数字化面临来自其他行业的激烈竞争。随着数字化技术的不断发展和应用,越来越多的行业开始涉足体育旅游领域,导致市场竞争日益激烈。① 来自互联网平台的竞争。越来越多的互联网平台开始涉足体育旅游领域,如美团、携程等,这些平台具有庞大的用户基础和丰富的数据资源,能够提供更加便捷、个性化的服务,对体育旅游企业构成了巨大的竞争压力。体育旅游企业需要加强线上营销和推广,提高品牌知名度和用户黏性,注重与互联网平台的合作,实现资源共享和互利共赢。② 来自在线旅游企业的竞争。如途牛、去哪儿等在线旅游企业已经形成了较为完整的旅游服务体系,能够提供机票、酒店、门票等全方位的旅游服务,对体育旅游企业构成了巨大的竞争压力。体育旅游企业需要加强与在线旅游企业的合作,提高自身的服务水平和质量,注重创新发展和特色经营,避免同质化竞争。③ 来自其他相关产业的竞争。体育旅游产业的发展与相关产业如文化、娱乐、健康等领域密切相关,这些产业也在不断发展和创新,对体育旅游产业构成了竞争压力。体育旅游企业需要加强对相关产业的了解和研究,寻找合作机会和发展空间,注重提升自身的核心竞争力,以应对来自其他产业的竞争压力。

2. 资源与信息共享存在障碍

体育旅游产业数字化面临着资源与信息共享的障碍,实现资源与信息的共享仍然存在挑战。① 资源共享的障碍。体育旅游产业涉及的资源非常广泛,包括旅游景点、体育设施、住宿、餐饮等多个方面。然而,这些资源分属于不同的所有者和机构,拥有不同的特点和利益诉求,难以实现全面、有效的共享。由于资源的分布不均和信息不对称,很多资源存在闲置和浪费的情况,无法得到充分利用。② 信息共享的障碍。体育旅游产业需要大量的信息支持,包括旅游景点的介绍、体育活动的安排、住宿和餐饮的预订等。然而,由于缺乏统一的数据标准和信息共享机制,不同机构和平台之间的信息难以互通和共享,导致信息孤岛现象严重。由于信息的不透明和不对称,消费者在选择旅游产品和服务时也面临着一定的困难和风险。

3. 创新领域探索不足

体育旅游产业数字化面临着创新领域探索不足的困境,但该领域的创新应用和发展仍然受到一些限制和挑战。① 缺乏创新的商业模式。目前,体育旅游产业的商业模式相对单一,以传统的线下服务为主,缺乏创新的商业模式和盈利模式。数字化技术的引入虽然能够提高服务效率和质量,但如何利用数字化技术探索新的商业模式和创新点,仍然是一个亟待解决的问题。② 缺乏创新的产品和服务。体育旅游产业的产品和服务相对单一,缺乏创新和特色,无法满足消费者多样化的需求。数字化技术的应用可以帮助企业开发更加智能化、个性化、高效化的产品和服务,但目前很多企业仍然缺乏创新意识和技术能力,无法推出具有创新性和差异化的产品和服务。③ 缺乏创新的营销策略。体育旅游产业的营销策略相对传统,以线下宣传和广告为主,缺乏数字化营销策略的创新和应用。数字化技术的应用可以帮助企业实现更加精准、个性化的营销,提高品牌知名度和用户黏性,但目前很多企业仍然缺乏数字化营销意识和技能,无法充分发挥数字化营销的优势。

4. 产业数字化运行不畅

体育旅游产业数字化面临着产业数字化运行不畅的问题,在实际运行中,数字化技术与传统产业的融合仍然存在一些困难和挑战。① 数字化技术的应用不够广泛。尽管数字化技术已经相对成熟,但在体育旅游产业中,数字化技术的应用仍然存在一定的局限性。一些企业由于技术水平、资金投入、人才储备等方面的限制，无法充分利用数字化技术进行产业升级和转型。数字化技术的应用也存在着不平衡现象，一些地区和企业的数字化水平较高，而另一些地区和企业则相对落后。② 数字化技术与传统产业的融合不够深入。体育旅游产业是一个综合性的产业，涉及多个领域和环节。数字化技术的应用需要与传统的业务模式、管理模式、服务模式等进行深入的融合和创新，才能真正发挥其优势。然而，目前很多企业在数字化转型中只是将传统业务简单地数字化，而没有真正实现数字化技术与传统产业的深度融合和创新。③ 数字化产业的协同效应不足。体育旅游产业数字化需要各个产业环节之间的协同合作，才能实现资源的优化配置和高效利用。然而，目前各个产业环节之间的协同效应不足，存在信息不对称、资源浪费、重复建设等问题。政府在数字化产业的规划和引导方面也存在一定的不足，缺乏对数字化产业的统一管理和协调。

第三章 体育旅游产业数字化的战略转型

第一节 体育旅游产业数字化的动力机制

一、体育旅游产业数字化的内部动力

(一) 体育旅游消费不断升级

数字化技术推动体育旅游消费升级,数字化技术的应用为体育旅游消费升级提供了强有力的支持。数字化技术可以帮助企业更好地了解市场需求和消费者偏好,从而更加精准地定位产品和服务,满足消费者多样化的需求。通过大数据分析,企业能够了解消费者的年龄、性别、消费习惯等信息,从而为不同消费者群体提供更加个性化的产品和服务。数字化技术可以提升体育旅游产品的品质和体验,通过虚拟现实(VR)、增强现实(AR)等技术,让消费者更加真实地感受体育赛事、景区风光等,增强消费者的体验感和满意度。此外,数字化技术还能促进体育旅游产业的创新和发展,推动新业态、新模式的出现和发展。基于互联网和移动终端的共享经济模式,为消费者提供更加便捷、灵活的体育旅游服务。

(二) 数字化营销促进体育旅游消费升级

数字化营销是推动体育旅游消费升级的重要手段,通过网络广告、社交媒体营销、搜索引擎优化等方式,将体育旅游产品和服务信息精准地传递给目标消费者群体。通过社交媒体平台,企业与消费者进行互动和交流,了解消费者的需求和反馈,从而为消费者提供更加贴心、个性化的服务。此外,数字化营销还通过数据分析和挖掘,了解消费者的购买意愿、消费习惯等信息,为企业制定更加精准的营销策略提供支持。

（三）数字化服务助力体育旅游消费升级

数字化服务是助力体育旅游消费升级的关键环节，通过在线预订、电子支付、智能导览等方式，为消费者提供更加便捷、高效的服务体验。通过在线预订系统，消费者可以随时随地预订体育旅游产品和服务，避免排队等待和繁琐的手续。数字化服务还通过智能导览系统为消费者提供更加个性化的游览体验，通过智能导览系统，消费者可以了解到景区的历史背景、文化内涵等信息，提升消费者的认知和体验。数字化服务还为消费者提供更加贴心的关怀和服务，通过智能手环或手机应用等工具，消费者可以实时监测自己的心率、血压等健康指标，并得到相应的健康建议和指导。此外，数字化服务还通过在线社区、论坛等方式为消费者提供交流和分享的平台，让消费者在享受体育旅游的过程中更加深入地了解当地的文化和风土人情。

（四）体育旅游资源重组调配

数字化技术可以推动体育旅游资源重组调配。数字化技术的应用为体育旅游资源重组调配提供了强有力的支持，传统的体育旅游资源管理往往存在着资源分散、信息不对称、利用效率低下等问题，而数字化技术的应用有效地解决了这些问题。数字化技术通过互联网、大数据等技术手段，实现资源的集中管理和共享，打破了资源分散的局面，提高了资源的利用效率。数字化技术可以促进体育旅游资源的优化配置。通过应用数字技术，对体育旅游资源进行全面的调查、评价和规划，实现资源的合理配置和优化利用，提高资源的利用效率。数字化营销还可以促进体育旅游资源重组调配，通过数字化服务助力体育旅游资源的重组调配。数字化服务是助力体育旅游资源重组调配的关键环节。数字化服务还通过数据分析和挖掘助力资源配置，优化与服务模式创新让企业更好地了解消费者的需求和反馈，为企业制定更加精准的服务策略提供支持，以实现更高效的服务体验与资源配置，减少不必要的资源浪费，助力企业可持续发展。还通过在线社区论坛等方式为消费者提供交流和分享的平台，让消费者在享受体育旅游的过程中，更加深入地了解当地的文化和风土人情，增强人们的文化自信和归属感，推动地方文化的传承和发展，实现经济文化社会的协同发展。

（五）体育旅游市场监管效率

数字化技术提升体育旅游市场监管效率。数字化技术的应用可以有效提高体育旅游市场的监管效率，数字化技术通过提供更加全面、准确的数据支持，为市场监管提供更加科学、可靠的依据。通过大数据技术，对体育旅游市场的各种数据进行分析和挖掘，了解市场的整体情况和发展趋势，为制定更加科学、合理的监管政策提供数据支持。数字化技术可以提供更加及时、有效的监管手段,提高市场监管的效率和效果。通过智能化监管系统,实现对体育旅游市场的实时监控和预警,及时发现和解决市场中遇到的问题,提高市场监管的及时性和有效性。此外,数字化技术还可以促进体育旅游市场的信息公开和透明度提高,增强市场的公信力和透明度。通过建立体育旅游信息公开平台,向公众公开体育旅游市场的相关信息,如价格、服务标准、质量评价等,增强市场的透明度和公信力,为消费者提供更加全面、准确的信息服务。数字化技术的应用还可以优化体育旅游市场监管机制,数字化技术促进监管方式的创新和升级。传统的监管方式往往存在着人力不足、效率低下等问题,而数字化技术的应用可以实现智能化、自动化的监管方式,提高监管的效率和效果。通过智能化监管系统,实现自动识别、预警和处置等功能,提高监管的准确性和及时性。数字化技术可以促进监管部门之间的信息共享和协同合作,不同的监管部门之间往往存在信息孤岛和重复监管等问题,而数字化技术的应用实现信息共享和协同合作,提高监管的效率和效果。通过建立体育旅游监管平台,实现了各监管部门之间的信息共享和协同合作,提高了监管的效率和效果。此外,数字化技术还可以促进体育旅游市场的规范化和标准化建设。规范化和标准化建设是提高体育旅游市场监管效率和效果的重要手段。通过数字化技术的应用实现了市场规范化和标准化的建设和管理,提高了市场的整体水平和服务质量。通过制定体育旅游服务标准和规范,促进了市场的规范化和标准化建设;通过建立质量评价系统,对服务质量进行全面、客观的评价和管理,促进了服务质量的提升。

二、体育旅游产业数字化的外部动力

(一)体育旅游产业政策的驱动力

① 政策引导和扶持是推动体育旅游产业数字化的重要力量。政府通过制定相关政策和规划,引导和扶持体育旅游产业的数字化发展,促进产业的转型升级和可持续发展。政府制定相关的政策法规,规范体育旅游产业的数字化发展。例如,制定数字安全、个人信息保护等方面的法规,保障消费者的合法权益,促进体育旅游产业的健康发展。政府通过资金扶持和税收优惠等政策手段,鼓励和支持体育旅游产业的数字化发展。对开展数字化技术研发和应用的企业给予资金支持,对相关税收给予优惠,促进产业的科技创新和快速发展。此外,政府还通过人才培养和引进等政策手段,为体育旅游产业的数字化发展提供人才保障。加强数字化人才的培养和引进,提高数字化技术在体育旅游产业中的应用水平和能力。② 政策规划和发展战略是引导体育旅游产业数字化方向的重要手段。政府通过制定相关的规划和发展战略,明确体育旅游产业数字化的发展方向和目标,引导和推动产业

的数字化转型和发展。政府通过制定相关的规划方案,明确体育旅游产业数字化的发展重点和目标;制定数字化旅游发展规划,明确数字化技术在体育旅游产业发展中的地位和作用,提出数字化发展的目标和措施;制定相关的发展战略,引导和推动体育旅游产业的数字化转型和发展;制定数字化旅游发展战略,明确数字化技术在体育旅游产业发展中的战略意义和作用,提出数字化发展的思路和方案。此外,政府还通过制定相关的政策和规划,引导和推动体育旅游产业的融合发展;制定旅游与文化、农业等产业的融合发展规划,促进不同产业之间的合作和交流,推动体育旅游产业的多元化发展。③ 政策评估和调整是保障体育旅游产业数字化健康发展的重要保障。政府通过对政策的评估和调整,及时发现和解决体育旅游产业数字化发展中的问题,保障产业的健康发展和良性循环。政府通过建立相关的评估机制,对体育旅游产业数字化的政策执行情况进行评估和监督。例如,对数字化技术的研发和应用情况进行评估,对数字化旅游项目的实施情况进行监督,及时发现问题并提出改进措施。政府根据评估结果和实际需要,对相关政策进行调整和完善。针对数字化技术应用中存在的问题,制定更加完善的法规和技术标准;针对数字化旅游项目实施中的不足之处,完善相关政策和规划方案。此外,政府还通过与企业和相关机构的合作和交流,共同推动体育旅游产业的数字化发展。例如,建立数字化旅游联盟或相关组织机构,加强企业之间的合作和交流;开展国际合作和交流活动,引进国外先进的数字化技术和经验,促进体育旅游产业的国际化发展。

(二)体育旅游需求转换的拉动力

① 数字化技术可以促进体育旅游需求转换。数字化技术的应用,使得体育旅游需求发生了深刻的变化。传统的体育旅游方式往往需要耗费大量的时间和精力去寻找信息、安排行程、预订门票等,而数字化技术的应用使得这些过程变得更加便捷和高效。数字化技术还可以根据个人的兴趣和偏好,提供更加个性化的服务,满足消费者多元化的需求。例如,信息获取更加便捷,通过互联网、移动应用程序等数字化渠道,消费者轻松地获取各种体育旅游信息,包括赛事活动、景点介绍、住宿餐饮等,从而更加方便地制订出行计划;服务体验更加优质,数字化技术提供在线预订、电子票务、智能导游等一站式服务,使得消费者在体育旅游过程中享受到更加优质的服务体验;个性化需求得到满足,通过大数据分析等技术手段,企业对消费者进行精准画像分析,了解其兴趣和偏好,从而提供更加个性化的产品和服务,满足消费者多元化的需求。② 体育旅游需求转换对数字化技术的推动作用。体育旅游需求转换不仅为数字化技术的应用提供了广阔的市场空间,也对数字化技术提出了更高的要求。为了更好地满足消费者的需求,企业需要不断进行技术创新和升级,提高数字化服务的质量和效率。政府也需要出台相关政策,加强对数字化技术的支持和引导,推动体育旅游产业的数字化转型和发展。例如,技术创新

和升级,为了满足消费者对体育旅游服务的高品质需求,企业需要不断进行技术创新和升级,提高数字化服务的质量和效率,通过人工智能技术的应用,提供更加智能化的导游服务,通过大数据技术的应用,实现对消费者行为的精准分析等;优化产品和服务,在满足消费者多元化需求的同时,企业还需要不断优化产品和服务,提高其竞争力和吸引力,通过虚拟现实技术的应用,提供更加沉浸式的体验,通过物联网技术的应用,实现对景区设施的智能化管理;政策支持和引导,政府需要出台相关政策,加强对数字化技术的支持和引导,推动体育旅游产业的数字化转型和发展,通过财政资金的支持,降低企业在数字化转型过程中的成本,通过税收优惠政策的出台激发企业进行技术创新和升级的积极性。③ 数字化技术的应用可以增强体育旅游产业竞争力,提高企业的核心竞争力和市场占有率。通过企业资源计划(ERP)系统,企业实现了各部门之间的信息共享和协同合作;通过客户关系管理(CRM)系统,企业可以更好地了解客户需求和行为偏好,提高客户满意度和忠诚度。这些数字化技术的应用不仅提高了企业的管理水平和效率,也为企业带来了更多的商机和发展空间。数字化技术的应用还促进体育旅游产业的创新和升级,通过物联网、云计算等技术手段的应用,企业实现景区智能化管理和服务升级;通过大数据分析等技术手段的应用,企业能够对市场需求进行全面了解和分析,从而制定更加精准的产品和服务策略,这些创新和升级不仅提高了企业的核心竞争力,也推动了整个产业的可持续发展。

(三)体育旅游企业数字博弈竞争的推动力

① 政策环境是影响体育旅游产业数字化发展的重要因素之一。政府通过出台相关政策,引导和推动体育旅游企业进行数字化转型,提高企业的竞争力,包括提供财政资金支持、税收优惠、贷款担保等,以降低企业在数字化转型过程中的成本和风险。政策的实施可以激发企业进行数字化转型的积极性,提高企业的竞争力和市场占有率。政策可以推动数据共享与开放,政府通过建立数据共享机制和开放数据平台,推动体育旅游企业之间的数据共享与开放,促进企业之间的合作与交流,实现数据资源的互通有无,提高企业的决策效率和精准度。数据共享与开放还可以促进企业之间的竞争,推动体育旅游产业的创新和发展。② 市场需求是推动体育旅游产业数字化的另一个重要力量。消费者对体育旅游产品的需求不断变化和升级,要求企业不断创新和优化产品和服务,以满足多元化的市场需求。随着消费者对数字化服务的需求增加,体育旅游企业需要不断加强数字化建设,提供更加便捷、高效的服务体验。企业还需要不断完善数字化服务功能,提高服务质量,以获得更多消费者的认可和信任。定制的需求不断增加,要求体育旅游企业提供更加个性化的产品和服务。通过个性化定制的服务增加消费者的黏性和忠诚度,提高企业的市场竞争力。③ 技术进步是推动体育旅游产业数字化的关键因素之

一,随着大数据、人工智能等技术的不断发展,体育旅游企业借助这些技术手段提高自身的竞争力和市场占有率。人工智能技术的应用可以帮助体育旅游企业提高服务质量和效率,智能客服通过自然语言处理技术解答消费者的疑问和投诉,提高客户满意度和忠诚度。人工智能技术还可以帮助企业进行智能化管理和决策,提高企业的决策效率和精准度。

第二节 体育旅游产业数字化的新发展理念

一、创新发展理念

(一)数字化技术驱动的产业升级

① 数据驱动决策。在数字化时代,数据成为决策的关键,通过对大量数据的收集、处理和分析,深入了解市场需求、游客行为和消费习惯,为体育旅游产业的决策提供更加准确的数据支持,这有助于提高决策的效率和准确性,为产业发展提供强大的数据支撑。② 智能化服务。通过人工智能、机器学习等技术,实现体育旅游服务的智能化,智能化服务包括智能导游、智能预订、智能推荐等,能够提高游客的旅游体验和服务质量,通过智能化服务,为游客提供更加个性化、便捷和高效的服务体验,增强游客的满意度和忠诚度。③ 互联网营销。互联网营销是数字化时代体育旅游产业的重要推广方式,通过社交媒体、搜索引擎、短视频等互联网平台,实现精准营销和推广,提高品牌知名度和市场竞争力。互联网营销利用大数据分析,针对不同的目标受众制定个性化的营销策略,提高营销效果和投入产出比。

(二)个性化服务与体验的优化

① 个性化推荐。通过大数据分析和人工智能技术,实现对游客需求的精准分析,为其提供个性化的旅游线路和活动推荐。个性化推荐能够提高游客的满意度和忠诚度,也增加产业的附加值和提高营利能力。② 虚拟现实与增强现实技术。虚拟现实与增强现实技术的应用提供沉浸式的旅游体验,增强游客的感官体验和情感共鸣,通过这些技术,游客可以在线体验景点的虚拟现实场景,实现身临其境的感觉。增强现实技术还为游客提供实时的旅游信息与互动体验,提高游客的参与度和黏性。③ 智能支付与结算。通过数字化支付和结算技术,实现快速、安全、便捷的支付和结算服务,这为游客提供了更加便捷的支付方式,也提高了体育旅游

产业的结算效率和资金安全性。智能支付与结算技术还为游客提供个性化的账单和支付提醒服务,提高游客的消费体验和服务质量。

(三)跨界融合与产业链整合

① 多产业融合。体育旅游产业可以与其他相关产业进行深度融合,形成多产业融合发展的新格局。例如与体育产业、文化创意产业、科技产业等相互渗透,共同开发出更具吸引力的旅游产品和服务。多产业融合可以促进资源的共享和优化配置,提高产业的综合效益和市场竞争力。② 平台化发展。通过构建生态圈和平台化发展,实现体育旅游产业的资源整合与优化配置。生态圈的构建可以吸引更多的合作伙伴加入,共享资源、技术和市场优势。平台化发展则将体育旅游产业的各种要素集成到一个平台上,提高产业的运行效率和服务质量,也为游客提供更加便捷的一站式服务体验和高效的互动交流平台。③ 创新业态。数字化技术的应用可以催生新的体育旅游业态和创新服务模式。基于互联网和大数据技术的定制化旅游服务、基于人工智能技术的智能导游服务等,新业态和服务模式可以提高游客的旅游体验和服务质量,也为体育旅游产业带来新的增长点和竞争优势。

二、协调发展理念

(一)产业内部的协调发展

① 优化资源配置,实现产业一体化。数字化技术的运用可以实现体育旅游产业资源的精准配置,提高资源利用效率。通过大数据分析,对市场需求、游客偏好、产品特点等进行深入挖掘,为资源配置提供科学依据。在此基础上,企业可以制定更加合理的发展战略,优化产品设计、生产和销售环节,满足市场需求。通过建立数字化平台,将体育旅游产业的各个环节进行整合和优化,包括赛事策划、场地租赁、旅游产品设计、票务销售等,实现产业一体化,这有助于降低成本、提高效率,实现资源的最优配置。② 加强企业合作,构建产业生态圈。数字化技术可以实现体育旅游产业内的信息共享和业务协同。通过建立数字化平台,企业之间能够加强信息沟通与业务合作,形成紧密的产业链联盟,这有助于降低成本、提高效率,实现互利共赢,增强整个产业的竞争力。例如构建产业生态圈,促进企业间的深度合作,推动产业的协调发展。

(二)产业与外部环境的协调发展

① 保护生态环境,实现可持续发展。体育旅游产业的可持续发展必须建立在保护生态环境的基础上。数字化技术可以帮助企业实现环保监测和环境数据分

析，为环境保护提供科学依据。通过倡导绿色旅游、节能减排等理念，促进产业与生态环境的和谐共生，保护生态环境是实现体育旅游产业可持续发展的关键所在。② 促进社会参与，构建和谐社会关系。体育旅游产业的发展要充分考虑社会因素，包括社会文化、社会经济、社会心理等。数字化技术可以促进社会公众对体育旅游产业的参与和监督，提高产业的透明度和公信力。通过加强与社会各界的沟通与合作，形成社会共同参与的体育旅游发展格局，推动产业与社会环境的协调发展，这有助于构建和谐的社会关系，推动产业的健康发展。③ 应对市场变化，实现灵活发展。数字化技术可以帮助体育旅游产业及时获取市场信息，把握市场变化趋势。在此基础上，企业能够灵活调整经营策略，应对市场变化带来的挑战。通过数字化营销手段，可以扩大品牌影响力，拓展市场份额，灵活应对市场变化并实现发展。

（三）跨行业融合的协调发展

① 推动跨行业合作，实现资源共享与优势互补。体育旅游产业与其他行业的融合催生新的商业模式和创新服务。数字化技术可以实现跨行业的信息共享和业务协同，推动体育旅游产业与其他相关产业的深度融合；与体育产业的融合开发出更多具有健身功能的旅游产品；与科技产业的融合为游客提供更加智能化的服务体验，跨行业合作有助于实现资源共享和优势互补，推动产业的协调发展。② 构建生态系统，提升整体竞争力。通过构建生态系统，实现体育旅游产业与其他相关产业的良性互动。生态系统内的企业通过资源共享、优势互补实现互利共赢，降低成本，提高效率。生态系统还可以提供更加全面的解决方案，满足游客的多元化需求，构建跨行业生态系统，有助于提升整个产业的竞争力，推动产业的持续发展。③ 跨界创新发展，培育新增长点。跨界创新是数字化时代体育旅游产业发展的重要趋势。通过与其他行业的融合，催生新的产品和服务模式。基于大数据技术的游客行为分析为体育旅游产业提供新的市场机会；人工智能技术在旅游服务中的应用提高了游客体验和服务质量。跨界创新有助于推动体育旅游产业的持续发展。体育旅游产业应积极加强与相关行业的创新合作，共同探索新的商业模式和发展方向。通过跨行业的创新合作，培育新的增长点，推动产业的持续发展。例如，通过与互联网企业的合作，开发智能化的体育旅游 App；通过与金融行业的合作，推出创新的支付方式等。这些创新合作有助于提升产业的竞争力和市场适应性。

三、绿色发展理念

（一）内部环境绿色发展

1. 数字化技术助力节能减排

数字化技术可以帮助体育旅游产业实现能源消耗的实时监控和管理，提高能源利用效率。通过安装智能能源管理系统,对场馆内的能源消耗进行实时监测和调控,降低场馆的能源成本和碳排放量。数字化技术还可以为游客提供更加便捷的购票、预订、支付等渠道,减少纸质票据的使用,降低资源浪费。

2. 促进循环经济发展

数字化技术可以实现体育旅游产业内的资源循环利用和废物减量化。通过建立数字化平台,企业跟踪和管理废旧物资的回收和再利用,促进资源的循环利用。数字化技术还可为游客提供更加便捷的二手商品交易平台,鼓励游客参与废旧物品的回收和再利用,推动循环经济的发展。

3. 培育绿色文化

体育旅游产业应积极培育绿色文化,倡导绿色旅游和环保意识。通过数字化宣传和教育手段,可以增强游客的环保意识和责任感,引导游客参与环保行动。企业应加强内部员工的绿色培训,增强员工的环保意识和技能水平,推动整个产业的绿色发展。

4. 绿色场馆建设

在体育场馆的设计和建设过程中,运用数字化技术可以更加科学、精准地规划场馆的空间布局、能源消耗、碳排放等方面,使场馆本身即具备绿色、环保的特性。利用数字化仿真技术对场馆的建筑结构、通风、采光等进行模拟,实现自然光照、自然通风等绿色建筑理念;运用智能化的能源管理系统,实现场馆能源消耗的实时监控和调控,降低碳排放。

5. 促进绿色赛事运营

数字化技术贯穿赛事的整个运营过程。在赛事筹备阶段,通过大数据分析,对赛事的参赛人员、场地、器材等进行全面的评估和预测,为赛事的筹备提供科学依据;在赛事进行阶段,利用数字化技术实时监测赛场的环境、能源消耗、废弃物排放等情况,确保赛事的环保合规性;在赛事结束后,运用数字化技术对赛事的环保效果进行评估和总结,为今后的赛事提供经验借鉴。

6. 培养绿色旅游意识

体育旅游产业的绿色发展要培养从业者和游客的绿色旅游意识。通过数字化教育、培训和宣传手段,增强从业者和游客对环保、节能、减排等方面的认识和责任感,引导在工作和生活中积极践行绿色旅游理念。利用数字化平台开展线上线下的环保活动和互动交流,鼓励更多的公众参与环保行动。

(二)外部环境绿色发展

1. 生态保护优先与意识提升

体育旅游产业的绿色发展必须建立在生态保护优先的基础上。在开发体育旅游资源时,应充分考虑生态环境的承载能力和保护需求,确保开发活动与生态环境的可持续性相协调。数字化技术可以帮助企业实现生态环境的实时监测和管理，为生态保护提供科学依据；应积极倡导绿色旅游理念，鼓励游客参与生态保护活动，促进人与自然的和谐共生。通过数字化宣传和教育手段，增强游客对自然生态环境的认知和保护意识，引导游客在旅游过程中积极参与生态保护行动。体育旅游企业在产品设计和宣传中应融入更多的环保元素，鼓励游客选择环保、低碳的旅游产品和方式，推动整个产业的绿色化发展。

2. 促进社会参与绿色出行

体育旅游产业的绿色发展要充分考虑社会因素，包括社会文化、社会经济、社会心理等。通过建立数字化平台，加强与社会各界的沟通与合作，形成社会共同参与的绿色发展格局；应积极倡导绿色消费理念，引导游客选择环保、低碳的体育旅游产品和服务，推动整个社会的绿色消费转型。体育旅游产业的绿色发展要促进绿色交通和出行方式的发展，利用数字化技术推广智能化的交通管理系统和出行服务平台，鼓励游客选择公共交通、骑行、步行等低碳出行方式；开发和应用新能源交通工具，如电动汽车、自行车等，减少交通排放对环境的影响，这有助于降低交通能耗和碳排放量，推动体育旅游产业的绿色化发展。

3. 创新绿色商业模式与供应链建设

体育旅游产业应积极探索创新绿色商业模式，推动产业的绿色发展。例如，开展线上线下相结合的绿色旅游活动，通过数字化平台提供环保、低碳的旅游线路推荐、预订和支付等服务；开发具有环保、节能功能的体育旅游产品和服务，如太阳能充电设备、节能照明等；推广绿色租赁服务，鼓励游客使用环保、低碳的交通工具和住宿设施等。创新绿色商业模式有助于推动体育旅游产业的绿色转型和发展。体育旅游产业的绿色发展要推动绿色供应链的建设，利用数字化技术整合供应链中的各个环节和资源，优化物流、采购、库存等流程，降低资源和能源消耗；加强对供应商的环保评估和管理，选择环保合规的供应商和合作伙伴，确保整个供应链的环保可持续性，推动绿色供应链的建设有助于降低产业对环境的影响。

四、开放发展理念

（一）开放数据，促进产业互联互通

数字化时代，数据成为一种新的生产要素，对于体育旅游产业数字化的发展具有至关重要的作用。开放数据促进体育旅游产业内部和不同产业之间的互联互通，推动体育旅游资源的共享和优化配置。体育旅游企业通过开放数据实现与合作伙伴的信息共享和业务协同，提高效率、降低成本。通过与其他产业的数据互联互通，发掘新的商业模式和创新服务，为游客提供更加多元化和个性化的体验。开

放数据还促进政府与体育旅游企业之间的互动与合作,推动政策与市场的有效衔接,共同促进产业的健康发展。

(二)开放平台,激发创新活力

数字化技术为体育旅游产业提供了更多的创新空间和可能性。通过开放平台,吸引更多的开发者、创新者和用户参与其中,共同推动产业的创新发展。体育旅游企业开放自身的技术平台和应用程序接口,吸引三方开发者进行二次开发和定制化服务。这不仅能提高企业的技术水平和创新能力,还可以降低开发成本、缩短开发周期,快速响应市场需求。通过与高校、研究机构和创业公司的合作,共同研发出更具创新性和市场竞争力的产品和服务。开放平台还可以促进企业之间的互动与合作,推动产业内部的良性竞争和创新发展。

(三)开放思维,拓展发展模式

数字化时代对体育旅游产业提出了新的挑战和要求,也为其提供了更广阔的发展空间和机遇。在新的时代背景下,体育旅游企业要具备更加开放的思维和理念,拓展发展模式。企业通过数字化技术实现与游客的互动和沟通,了解其需求和反馈,不断优化产品和服务质量;通过数字化营销手段,拓展市场渠道和品牌影响力;通过数字化金融工具,降低融资成本和提高资金使用效率;通过数字化管理手段,优化内部运营和管理效率。此外,还要积极探索新的商业模式和创新服务,以满足游客不断变化的需求和期望。通过与互联网企业的合作,开发智能化的体育旅游 App,提供更加便捷和个性化的服务体验;通过与健康产业的融合,开发出更具健康管理功能的新型体育旅游产品;通过与文化产业的合作,开发出更具文化内涵和特色的体育旅游线路和产品等。

五、共享发展理念

(一)共享资源,优化资源配置

数字化技术可以实现体育旅游产业资源的共享和优化配置。通过数字化平台,将体育旅游产业的各个环节进行整合和优化,实现资源的共享和高效利用。建立数字化平台,实现赛事报名、票务销售、场地租赁等业务的在线办理,实现游客的在线评价和反馈互动,这既能优化资源配置和提高效率,也能促进产业内部的良性竞争和创新发展。通过数字化平台,体育旅游企业共享场地、设施、人才等资源。企业通过数字化平台实现场地的预订和共享,避免场地的重复建设和浪费;通过数字化平台实现人才的共享和交流,提高人才的利用效率和创新能力;通过数字化平台实现设施的共享和租赁,降低设施的购置成本和闲置率。通过共享资源,优化资源配置和提高效率,降低企业的成本和风险,提高产业的竞争力和市场占有率。

(二) 共享服务,提升客户体验

数字化技术可以实现体育旅游产业的智能化和个性化服务。通过数字化平台,为游客提供更加便捷、高效、个性化的服务体验。通过智能化技术,实现场馆的预约、购票、导览等服务的自动化和智能化;通过大数据分析,及时了解游客的需求和偏好,为其推荐适合的体育旅游产品和服务;通过虚拟现实、增强现实等技术,为游客提供更加沉浸式的体育旅游体验。通过数字化平台,体育旅游企业可以共享服务资源,提高服务质量和效率。企业通过数字化平台,实现服务的定制化和个性化,满足游客的多元化需求;通过数字化平台,实现服务的在线化和智能化,提高服务质量和效率;通过数字化平台,实现服务的互动和交流,提高游客的参与度和满意度。通过共享服务,提升客户体验和服务质量,增强企业的竞争力和市场口碑。

(三) 共享数据,推动产业发展

数字化技术可以实现体育旅游产业的数据共享和业务协同。通过数字化平台,将体育旅游产业的各个环节进行整合和连接,实现数据的共享和业务协同,共同促进数据的共享和业务协同,推动产业的创新和发展。通过数字化平台,体育旅游企业可以共享数据资源,提高决策的科学性和准确性。企业通过数字化平台,实现数据的共享和交换,促进内部各部门之间的协作和沟通;通过数字化平台,实现数据的分析和挖掘,为决策提供科学依据;通过数字化平台,实现数据的保护和安全保障,维护企业的信誉和形象。通过共享数据,推动产业的发展和创新,提高企业的竞争力和市场适应能力。

第三节 体育旅游产业数字化的新发展格局

一、以"消费"为核心,利用消费热点创造新的经济增长点

(一) 把握消费热点,创新体育旅游产品和服务

随着人们消费观念的转变和升级,消费者对体育旅游的需求也发生了变化。

健康旅游、体验旅游、个性化定制等成为新的消费热点。因此,要根据消费者的需求和偏好,创新体育旅游产品和服务,以吸引更多的消费者。① 开发多样化的体育旅游产品,满足不同消费者的需求。针对健康旅游的消费热点,开发以健身、养生为主题的体育旅游产品,如户外徒步、瑜伽、骑行等;针对体验旅游的消费热点,开发各种主题体验馆、模拟运动馆等。通过跨界合作,与其他产业、行业合作开发新型的体育旅游产品和项目。这种跨界合作不仅可以提高产品的质量和效益,还可以拓展市场空间和商业机会。② 利用数字化技术提升体育旅游服务体验。通过引入智能设备、虚拟现实等技术,为消费者提供更加智能化、互动化的体验。开发智能穿戴设备、健康监测设备等,让消费者在旅游过程中能够实时监测自己的身体状况和运动数据;开发虚拟现实景区、虚拟运动场景等,让消费者在家就能体验到各种运动和旅游的乐趣。这种新型的消费方式不仅可以满足消费者的个性化需求,还可为企业带来更多的商业机会和收入来源。此外,还要注重产品的差异化和创新性。结合当地的文化、自然景观等资源,开发具有地域特色的体育旅游产品,吸引更多的消费者。开展跨界合作,与其他产业、行业进行合作与交流,共同开发新型的体育旅游产品和项目。这种合作不仅能够提高产品的质量和效益,还可以拓展市场空间和增加商业机会。

(二)利用数字化平台拓展市场空间

数字化平台的推广和应用为体育旅游产业提供了广阔的市场空间。通过利用数字化平台,拓展多元化的消费场景,扩大体育旅游市场份额。① 利用数字化平台开展精准营销和个性化推广。通过收集和分析消费者的数据,了解消费者的偏好和需求,为消费者提供个性化的推荐和服务。根据消费者的兴趣、体力等因素,为其定制适合的旅游线路和活动项目;根据消费者的消费记录和行为习惯,为其推送相关的促销信息和优惠券等。这种精准营销和个性化推广,不仅提高了消费者的满意度和忠诚度,还有效扩大了体育旅游市场份额。② 数字化平台还可以帮助企业拓展市场空间和商业机会。通过电子商务平台将产品销售到不同的地区和国家;通过互联网和移动互联网等渠道开展在线营销和促销活动,吸引更多的消费者购买产品和服务。此外,数字化平台还可为企业提供更多的商业机会,通过与相关产业和企业合作共同开发新产品和服务,拓展市场空间和商业机会,这些商业机会帮助企业增加收入来源,提高经济效益,推动体育旅游产业的可持续发展。

(三)加强品牌建设,提升体育旅游产业竞争力

品牌是体育旅游产业发展的重要保障之一。为提升体育旅游产业竞争力,要加强品牌建设,树立良好的品牌形象和口碑。一方面,通过开展公益活动加强企业社会责任等方式,提高企业的社会责任感和公信力;通过举办或参加国际性体育赛

事、旅游展览等活动,展示企业的实力和特色;通过加强与相关产业、行业的合作与交流等方式,提高企业的知名度和影响力。这些措施可以提高品牌的形象和信誉度,从而为体育旅游产业的数字化发展提供有力的保障。另一方面,要注重品牌管理和维护,加强对品牌形象的统一管理和维护,加强对产品质量和服务质量的监管和管理,以及加强对消费者权益的保护和维护。这些措施可以规范市场秩序,保障消费者的合法权益,从而为体育旅游产业的数字化发展提供有力的保障。

二、加强统筹协调和政策联动,解决供需协同发力深层次矛盾

(一)加强统筹协调,解决供需协同发力深层次矛盾

1. 建立跨部门协作机制

体育旅游产业数字化发展涉及多个部门和机构,包括体育部门、旅游部门、文化部门、科技部门等。为解决信息共享和数据互通不足的问题,要建立跨部门协作机制,明确各部门的职责和任务,加强沟通协调,实现数据共享和信息交流。通过跨部门协作机制,更好地了解市场需求和消费者需求,为制定更加精准的营销策略和产品开发方案提供支持。

2. 加强产业链协同发展

体育旅游产业数字化发展要求各产业链环节的协同配合,包括体育场馆、旅游景区、酒店餐饮、交通运输等相关产业。为解决产业链协同不足的问题,要加强产业链协同发展,建立产业联盟或合作平台,促进各产业之间的合作与交流。通过产业链协同发展,优化资源配置和提高效率,实现体育旅游产业的可持续发展。

3. 加强区域间协调发展

不同地区之间的体育旅游资源、经济发展水平存在差异,为解决资源分布不均和不平衡问题,要加强区域间的协调合作,促进资源共享、优势互补,推动全国范围内体育旅游产业的均衡发展和优化升级。

(二)加强政策联动,解决供需协同发力深层次矛盾

1. 加强财政政策支持

政府通过增加对体育旅游产业的财政投入,设立数字化发展专项资金,提供税收优惠政策等措施,加大对体育旅游产业数字化发展的支持力度。此外,还应引导社会资本投入体育旅游产业数字化发展,鼓励企业加大研发和创新投入,推动体育旅游产业的技术创新和产业升级。通过财政政策支持,解决资金短缺和投资不足问题,为体育旅游产业的数字化发展提供有力保障。

2. 加强金融政策支持

金融政策为体育旅游产业数字化发展提供融资支持，帮助企业解决资金问题，政府引导金融机构加大对体育旅游产业的信贷支持力度，为其提供低利率、长期限的贷款支持，还通过政策性银行担保机构等提供融资担保服务，帮助企业获得更多的融资支持；通过金融政策支持，解决融资难和融资贵问题，为体育旅游产业的数字化发展提供资金保障。

3. 加强监管政策支持

体育旅游产业数字化发展需要更加科学规范有效的监管政策支持。政府通过建立健全数字化发展的监管机制和规章制度，规范市场秩序；加强对体育旅游产业的网络安全和数据安全保护力度，保障消费者合法权益；推动相关法律法规的完善和修订。通过监管政策支持解决市场混乱和权益保障问题，为体育旅游产业的数字化发展提供法治保障。

三、加快创新驱动发展，促进供需协同改革成效体现

（一）创新驱动促进供需协同改革成效体现

1. 创新技术促进供需协同改革

随着科技的不断发展，新技术不断涌现，为体育旅游产业的数字化发展提供了新的机遇和挑战。因此，要加快创新技术的应用，推动体育旅游产业的数字化转型。利用大数据技术对体育旅游数据进行挖掘和分析，为制定精准的营销策略和产品开发方案提供支持；利用人工智能技术构建智能化的体育旅游服务平台，提高服务质量和效率；利用物联网技术实现体育设施的智能化管理和远程监控，提高设施的利用效率和安全性。通过大数据技术对游客的行为数据进行挖掘和分析，得出游客的偏好和需求，并以此为依据开发出更符合游客需求的产品和服务；利用人工智能技术构建智能化的服务平台，提高服务质量和效率，提升游客的满意度和忠诚度。

2. 创新管理促进供需协同改革

管理模式是影响体育旅游产业数字化发展的关键因素之一。因此，要加快创新管理模式，推动体育旅游产业的数字化转型。通过采用扁平化管理方式，减少了管理层次，提高了管理效率和市场反应速度。采用项目管理方式，对体育旅游项目进行全面管理和协调，实现了资源的优化配置和效益的最大化。此外，通过采用信息化管理方式，实现了管理流程的自动化和智能化，提高了工作效率和决策的科学性。

3. 创新营销促进供需协同改革

营销模式是影响体育旅游产业数字化发展的关键因素之一。因此，要加快创新营销模式，推动体育旅游产业的数字化转型。利用社交媒体等新媒体平台进行

营销推广,利用大数据分析技术实现精准营销,利用虚拟现实等技术提供沉浸式体验,提高客户满意度和忠诚度。

(二)优化产品供给,促进供需协同改革成效体现

① 开发多样化的体育旅游产品和服务。为满足不同消费者的需求开发多样化的体育旅游产品和服务,如户外探险、冰雪运动、赛车竞技、养生温泉等,针对不同消费群体推出个性化的定制服务,以满足不同消费者的需求。② 优化产品结构和服务质量。通过加强产品质量控制和技术升级,提高体育旅游产品的品质和安全性,加强服务人员的培训和管理,提高服务态度和服务水平。通过优化产品结构和服务质量,提高消费者的满意度和忠诚度,树立良好的品牌形象。③ 加强与相关产业合作实现资源共享和优势互补。通过与相关产业合作实现资源共享和优势互补,与旅游产业合作共同开发旅游线路和产品,与文化产业合作推出具有文化特色的体育旅游产品,与健康产业合作开发健康养生类的体育旅游产品和服务等。通过加强与相关产业合作,促进供需协同改革成效体现,提高市场竞争力,促进经济的繁荣和社会进步等。

(三)市场监管促进供需协同改革成效体现

一方面,建立健全市场监管机制和规章制度。通过制定和完善相关法律法规和政策文件,建立市场监管机制和规章制度,规范体育旅游市场的经营行为和管理流程。建立公开透明的信息披露制度和企业信用评价体系,提高市场透明度和公正性。另一方面,加强对体育旅游企业和从业人员的监管力度。通过加强对体育旅游企业的资质审核和质量评估,提高企业的综合实力和服务水平;加强对从业人员的资格认证和培训考核,提高从业人员的专业素养和服务质量。通过加强对企业和从业人员的监管力度,规范市场秩序和提高服务质量,进而促进供需协同改革成效体现,促进经济的繁荣和社会进步等。

四、利用数字经济和数智化管理,实现供需高水平动态平衡

(一)利用数字经济实现供需高水平动态平衡

① 精准把握市场需求和消费者行为。通过大数据、人工智能等数字技术的应用,对体育旅游市场数据进行挖掘和分析,精准把握市场需求和消费者行为,为产品开发、营销策略制定等提供科学依据。通过数据驱动的决策,提高市场预测的准确性和营销效果的转化率,实现供需的高水平动态平衡。② 优化资源配置和提高

效率。利用数字经济实现资源的优化配置和提高效率。通过数据分析和市场研究，发现潜在的市场机会和资源需求，及时调整资源配置，提高生产效率和经济效益。通过智能化的物流管理系统，实现物资调配和运输路线的优化，降低物流成本，提高物流效率。③ 创新商业模式和价值创造。数字经济带来了商业模式的创新和价值创造。通过互联网平台实现 C2C、B2B、O2O 等模式，打破传统渠道的限制，直接连接消费者和生产者，降低中间成本，提高经济效益。此外，还利用大数据分析、人工智能等技术，开发个性化的产品和服务，满足消费者多样化的需求，创造新的商业价值。

（二）利用数智化管理实现供需高水平动态平衡

① 智能化决策和管理。通过数智化管理实现智能化决策和管理，利用大数据、人工智能等技术，对体育旅游产业的各种数据进行分析和预测，为决策提供科学依据；通过智能化的财务管理系统，实现财务数据的自动化处理和风险预警，提高财务管理效率和准确性。通过智能化的人力资源管理系统，实现人才的选拔、培养和激励，提高人力资源管理效果和员工满意度。② 精细化运营和服务。数智化管理实现精细化运营和服务，通过数据分析和技术应用，对体育旅游服务进行全方位的监控和管理，提高服务质量和客户满意度；通过智能化的设备管理系统，实现设备的实时监控和维护，提高设备运行效率和安全性；通过智能化的客户服务系统，及时了解客户需求和反馈，提供个性化的服务和解决方案，提高客户满意度和忠诚度。③ 协同化合作和创新。数智化管理实现协同化合作和创新，通过数字化平台和技术应用，打通企业之间的信息壁垒，实现信息的共享和协同；通过供应链协同平台，实现供应商、生产商、销售商等各方的信息共享和业务协同，提高供应链的透明度和效率；通过创新平台的建设，促进企业之间的交流和合作创新，共同推动体育旅游产业的进步和发展。

五、更高水平的对外开放，拉动内外需协调型高质量增长

（一）更高水平的对外开放推动体育旅游产业数字化发展

① 拓展国际合作，引进先进技术和管理经验。通过更高水平的对外开放，拓展国际合作渠道，引进国际先进的技术和管理经验，推动体育旅游产业数字化发展。例如，与国际知名体育旅游企业合作，共同研发新技术、新产品，提高体育旅游产业的国际竞争力；借鉴国际先进的管理经验，优化企业管理流程，提高管理效率和服务质量。② 推动"走出去"战略，拓展海外市场。通过更高水平的对外开放，

推动"走出去"战略,拓展海外市场,扩大体育旅游产业的国际影响力。例如,积极参与国际体育赛事和旅游活动,提高品牌知名度和美誉度;加强与海外旅游机构的合作,共同开发旅游线路和产品,满足不同消费者的需求。③ 促进文化交流与融合。通过更高水平的对外开放促进文化交流与融合,推动体育旅游产业与国际文化的深度融合。例如,加强与国际文化机构的合作,共同举办文化交流活动,促进文化多样性的发展;挖掘本土文化资源,推出具有地方特色的体育旅游产品和服务,满足不同消费者的文化需求。

(二)拉动内外需协调型高质量增长,促进体育旅游产业数字化发展

① 促进内需增长,推动消费升级。通过拉动内外需协调型高质量增长,促进内需增长,推动消费升级。通过优化产品结构和服务质量,提高消费者满意度和忠诚度;通过加强品牌宣传和推广活动,吸引更多潜在消费者关注;通过提高服务质量和服务效率,增强消费者的消费意愿和购买力。促进内需增长可以推动体育旅游产业数字化发展,实现供需高水平动态平衡,促进经济的繁荣和社会进步等。② 扩大出口规模,提高国际竞争力。通过拉动内外需协调型高质量增长,扩大出口规模,提高国际竞争力。通过优化出口产品结构和提高产品质量降低出口成本,加强品牌宣传和推广活动提高品牌知名度和美誉度,加强国际贸易合作拓展海外市场,扩大出口规模提高体育旅游产业的国际竞争力,促进经济的繁荣和社会进步等。③ 推动产业升级和创新发展。通过拉动内外需协调型高质量增长,推动产业升级和创新发展。引进先进技术和管理经验,提高企业的综合实力和服务水平,加强人才培养和引进,提高企业的创新能力和竞争力;加强产业链协同发展,促进产业升级和创新发展,推动产业升级和创新发展,提高体育旅游产业的综合实力和竞争力,促进经济的可持续发展和社会进步等。

第四节 体育旅游产业数字化的效应分析

一、体育旅游产业数字化的正效应分析

(一)数字化产业要素效应

1. 信息要素效应

数字化技术为体育旅游产业提供了更加便捷、高效的信息获取和传递方式。

通过互联网、移动设备等渠道,游客可以随时随地获取体育旅游的相关信息,包括赛事预告、景点介绍、酒店预订等。数字化技术还可以帮助企业收集和分析游客的消费行为、兴趣偏好等数据,为产品研发和营销策略制定提供有力支持。信息要素的传递和应用,不仅提高了信息的传播效率,还为游客提供了更加个性化、精准的服务体验。

2. 市场要素效应

数字化技术为体育旅游市场提供了更广阔的发展空间。通过互联网和移动互联网等渠道,企业可以更加便捷地宣传和推广自己的产品和服务,吸引更多的潜在客户。数字化技术还可以帮助企业拓展国际市场,提高品牌的国际知名度和影响力。这些市场要素的拓展和应用,不仅为企业提供了更多的商业机会,还为体育旅游产业的可持续发展注入了新的动力和活力。

3. 资源要素效应

数字化技术可以优化体育旅游产业的资源配置,提高资源利用效率。大数据、云计算等技术的应用,使企业更加精准地了解市场需求和消费者行为,从而更加合理地配置人力、物力等资源。数字化技术还可以帮助企业实现信息化、智能化管理,提高管理效率和决策水平。资源要素的优化和应用,不仅有助于提升体育旅游产业的竞争力和可持续发展能力,还为企业带来了更多的商业机会和盈利空间。

4. 创新要素效应

数字化技术为体育旅游产业带来了巨大的创新空间。通过虚拟现实(VR)、增强现实(AR)等技术,企业开发出更加新颖、有趣的产品和服务,满足游客的个性化需求。数字化技术还可以帮助企业实现商业模式和营利渠道的创新,如在线预订、电子商务等。创新要素的应用和发展,不仅为企业注入了新的发展动力和创新活力,还为体育旅游产业的转型升级提供了有力支持。

5. 协同要素效应

数字化技术可以加强体育旅游产业内的协作和交流。通过互联网、社交媒体等平台,企业更加便捷地与合作伙伴、供应商等进行沟通和合作。数字化技术还可以促进不同产业之间的跨界融合和创新合作,推动体育旅游产业与其他产业的协同发展。协同要素的应用和发展,不仅有助于提升体育旅游产业的竞争力和市场份额,还为企业带来了更多的商业机会和合作空间。

(二)数字化产业结构效应

1. 产业结构优化

数字化技术对体育旅游产业的结构产生了显著的优化效应。传统的体育旅游产业主要由旅游景区、旅行社、酒店等实体企业构成,而数字化技术的应用,使得虚拟企业、在线平台等新型企业形态逐渐崭露头角。新型企业利用数字化技术,为游客提供更加便捷、高效的服务,也为传统企业提供了新的发展机会和商业模式。

2. 产业价值链延伸

数字化技术对体育旅游产业的产业价值链产生了延伸效应。传统的体育旅游产业价值链主要集中在旅游景区、旅行社、酒店等实体企业之间,而数字化技术的应用,使得产业价值链得到了延伸和拓展。一是数字化技术为体育旅游产业的上游供应商提供了更多的销售渠道和合作伙伴。二是数字化技术为体育旅游产业的下游企业提供了更多的商业机会和营利渠道。三是数字化技术为体育旅游产业的中间环节提供了更多的创新机会和发展空间。

(三)数字化产业政策效应

1. 政策引导

政策是推动体育旅游产业发展的重要保障。政府通过制定相关政策,引导和规范体育旅游产业的发展方向和路径。在数字化时代,政府要更加注重数字化技术在体育旅游产业中的应用和推广,制定相应的政策措施,推动数字化技术在体育旅游产业中的普及和应用。一是政府制定数字化旅游产业发展规划,明确数字化技术在体育旅游产业中的发展目标、重点领域和实施路径。通过规划的制定和实施,引导企业和社会资本向数字化旅游产业聚集,推动产业的快速发展。二是政府出台相关政策,鼓励和支持企业加强数字化技术在体育旅游产业中的应用和研发。政府提供财政补贴、税收优惠等政策措施,降低企业研发和应用数字化技术的成本和风险,提高企业的积极性和参与度。三是政府加强数字化旅游产业的监管和管理,规范市场秩序和行为。通过制定相关法规和标准,加强对数字化旅游产业的监管和管理,保障消费者的合法权益和市场公平竞争。

2. 政策支持

政府通过提供政策支持,为体育旅游产业的数字化发展提供有力保障。政策支持包括财政支持、金融支持、人才支持等方面。一是政府加大对数字化旅游产业的财政支持力度。通过设立专项资金、提供贷款贴息等方式,为企业提供资金支持,帮助企业解决资金短缺问题,推动数字化技术在体育旅游产业中的应用和发展。二是政府引导金融机构为数字化旅游产业提供金融支持。鼓励金融机构创新金融产品和服务,为体育旅游产业提供贷款、担保、保险等金融服务,降低企业的融资成本和风险。三是政府加强数字化旅游产业的人才支持。通过制定人才培养计划、提供人才培训和引进政策等措施,培养和引进一批高素质、专业化的人才队伍,为数字化旅游产业的发展提供人才保障。

3. 政策创新

政府通过政策创新,为体育旅游产业的数字化发展提供新的动力和活力。政策创新包括创新监管模式、创新服务模式、创新合作模式等方面。一是政府创新监管模式,加强对数字化旅游产业的监管和管理。通过建立数字化监管平台、完善监管机制等方式,实现对数字化旅游产业的全面、实时、有效的监管和管理,保障市场的公平竞争和消费者的合法权益。二是政府创新服务模式,为体育旅游产业提供更加便捷、高效的服务。通过建立数字化服务平台、推广在线服务等方式,为企业提供更加便捷、高效的服务渠道和服务方式,提高企业的服务质量和效率。三是政府创新合作模式,加强与企业的合作和交流。通过建立政企合作机制、加强政企沟通等方式,加强政府与企业之间的合作和交流,推动数字化技术在体育旅游产业中的普及和应用。

二、体育旅游产业数字化的负效应分析

(一) 市场风险

1. 市场竞争加剧

随着数字化技术的普及和应用,体育旅游市场的竞争也日益激烈。传统的实体企业与新型的在线平台之间的竞争日益加剧,导致市场出现不公平竞争、价格战等现象。竞争不仅损害了企业的利益,也影响了市场的正常秩序和消费者的权益。在体育旅游市场中,企业之间的竞争不仅体现在产品和服务的质量上,还体现在营销策略、价格策略等方面。由于数字化技术的普及和应用,企业之间的信息传递更加迅速和广泛,导致企业之间的竞争更加激烈。数字化技术使得市场出现不公平竞争现象。一些大型企业利用自身的资金和技术优势,通过恶意降价、虚假宣传等手段排挤竞争对手,导致市场出现不公平竞争现象。不公平竞争不仅损害了企业的利益,也影响了市场的正常秩序和消费者的权益。

2. 市场波动

数字化技术对体育旅游市场的波动也产生了影响。由于数字化技术的普及和应用,消费者更加方便地获取和比较不同企业的产品和服务信息,导致市场需求的变化更加迅速和复杂。在体育旅游市场中,消费者的需求受到多种因素的影响,如季节、天气、政策等。在体育旅游市场中,市场的波动受到多种因素的影响,如宏观经济环境、政策调整等。由于数字化技术的普及和应用,市场波动的影响因素更加复杂和多样化,导致市场波动更加剧烈。这种波动不仅影响了企业的生产和经营计划,也增加了市场的风险和不确定性。

3. 市场监管不足

数字化技术对体育旅游市场的监管也提出了新的挑战。传统的监管方式往往难以适应数字化时代的需求,导致市场出现监管不足、监管不力等问题。监管不足不仅损害了企业的利益,也影响了市场的正常秩序和消费者的权益。数字化技术

使得监管难度增加。在体育旅游市场中，企业之间的信息传递更加迅速和广泛，导致监管部门难以及时掌握市场的动态和变化。数字化技术也使得监管手段更加复杂和多样化，需要监管部门具备更高的技术水平和专业能力。数字化技术使得监管不力现象时有发生。在体育旅游市场中，一些企业利用自身的技术优势进行恶意竞争、虚假宣传等行为，导致市场出现不公平竞争现象。由于监管部门的技术水平和专业能力有限，往往难以对这些行为进行及时有效的监管和处罚。

（二）资金投入风险

1. 资金需求量大

体育旅游产业数字化发展要大量的资金投入。数字化技术设备的采购、安装、维护以及相关人才的培训和引进都要大量的资金支持。随着市场竞争的加剧，企业要不断升级和更新技术设备，以保持市场竞争力。这些都要企业投入大量的资金。① 数字化技术设备的采购和安装要大量的资金。体育旅游企业要购买先进的数字化设备，如虚拟现实（VR）、增强现实（AR）等设备，这些设备的价格较高，采购成本较大。② 数字化人才的培训和引进也要大量的资金。体育旅游企业要培养和引进一批高素质、专业化的人才队伍，以适应数字化时代的需求。这些人才的培养和引进需要企业投入大量的资金和时间。

2. 投资回报周期长

体育旅游产业数字化发展的投资回报周期较长。数字化技术设备的采购、安装、维护，以及相关人才的培训和引进都要长期的投资和投入。① 数字化技术设备的采购和安装要长期地投资和投入。体育旅游企业要购买先进的数字化设备，并进行长期的维护和更新。设备的安装和调试也要专业的技术人员进行操作，这也会增加企业的成本。② 数字化技术设备的维护和更新也要长期地投资和投入。随着技术的不断更新和升级，企业要不断对设备进行维护和更新，以保持设备的正常运行和使用效果。③ 数字化人才的培训和引进也要长期地投资和投入。

3. 资金流动性风险

体育旅游产业数字化发展还面临着资金流动性风险。一方面，市场竞争的加剧使得企业的经营策略和市场定位要不断调整。在数字化时代，企业要不断创新产品和服务模式，提高自身的竞争力和可持续发展能力。另一方面，技术的不确定性也增加了企业的资金流动性风险。随着技术的不断更新和升级，企业要不断对设备进行升级和更新，以保持市场竞争力。技术的不断变化也增加了企业的投资风险和市场风险。

（三）环境污染风险

1. 能源消耗

体育旅游产业数字化转型需要大量的能源消耗，能源消耗也带来了环境污染风险。一是基础设施建设要大量的能源消耗。这些基础设施的建设要大量的能源支持,且建设周期长,投资回报周期长。这些基础设施的运营也要大量的能源支持,包括电力、热力等。二是技术研发要大量的能源消耗。体育旅游产业数字化转型要不断进行技术研发和创新,以适应市场需求的变化和技术的发展。技术研发要投入大量的人力、物力和财力,且研发周期长,投资回报周期不确定。技术研发也要大量的能源支持,包括计算机、服务器等设备的运行和维护。

2. 废弃物排放

体育旅游产业在数字化转型过程中也会产生大量的废弃物排放,废弃物排放也带来了环境污染风险。一是基础设施建设会产生大量的废弃物排放。体育旅游产业数字化转型要建设完善的基础设施,包括网络、数据中心、云计算平台等。这些基础设施的建设会产生大量的废弃物排放,包括建筑垃圾、废气废水等。这些基础设施的运营也会产生大量的废弃物排放,包括电力、热力等的使用产生的废气废水等。二是技术研发会产生大量的废弃物排放。技术研发会产生大量的废弃物排放,包括计算机、服务器等设备的废弃物排放和化学试剂的使用产生的废弃物排放等。

3. 生态破坏

体育旅游产业数字化转型过程中也可能会对生态环境造成破坏。一是基础设施建设可能会对生态环境造成破坏,在体育旅游产业数字化转型过程中要建设完善的基础设施,包括网络数据中心云计算平台等,建设过程中可能会占用大量土地资源破坏植被和水资源,建设过程中也可能会产生大量的建筑垃圾和废气废水等对环境造成污染。二是技术研发可能会对生态环境造成破坏,在体育旅游产业数字化转型过程中要不断进行技术研发和创新,以适应市场需求的变化和技术的发展。然而,技术研发过程中也可能会产生一些环境问题,使用化学试剂可能会对环境造成污染,研发过程中也可能会产生一些电子废弃物对环境造成污染。

(四) 安全风险

1. 数据安全风险

体育旅游产业在数字化转型过程中,面临着数据安全风险。随着数字化技术的应用和普及,大量的个人信息、交易数据、用户行为等敏感信息被存储和处理。这些数据一旦被泄露或滥用,将对个人隐私和企业利益造成严重损害。数据泄露风险是数据安全的主要风险之一,在数字化时代,数据泄露事件频繁发生,往往是由于技术漏洞、人为失误或恶意攻击等原因导致的,一旦数据泄露,不仅可能导致个人隐私泄露,还可能引发社会信任危机,对企业声誉和业务造成严重影响。数据滥用风险也是数据安全的重要风险之一,在数字化时代,数据的价值被广泛认可,但也存在数据滥用的问题,一些企业可能会将用户数据用于商业目的,如精准营销、个性化推荐等,但这些行为可能涉及侵犯用户隐私;此外,一些企业还可能将用户数据进行交易或出售,进一步加剧了数据滥用的问题。

2．网络安全风险

随着互联网的普及和数字化技术的应用,网络安全问题日益突出。网络攻击、病毒传播、恶意软件等网络安全事件频繁发生,对体育旅游产业的正常运行和用户安全造成威胁。网络攻击是网络安全的主要风险之一,网络攻击者可能会利用各种手段对体育旅游产业进行攻击,如黑客攻击、拒绝服务攻击、网络钓鱼等,这些攻击可能会导致系统崩溃、数据泄露或业务中断等问题,对体育旅游产业的正常运行和用户安全造成威胁。病毒传播和恶意软件也是网络安全的重要风险之一,可能会通过互联网或移动设备等途径传播,对体育旅游产业的系统和设备造成损害,这些病毒和恶意软件可能会窃取用户信息、破坏系统功能或传播恶意代码等,对体育旅游产业的正常运行和用户安全造成威胁。

3．人身安全风险

随着数字化技术的应用和普及,一些新的体育旅游项目和体验形式得以实现,但也伴随着一些人身安全风险。数字化体育旅游项目可能存在人身安全隐患,一些虚拟现实(VR)体验项目可能会让用户沉浸在虚拟环境中,但也可能对用户的视觉、听觉等感官造成不良影响;此外,一些高风险的体育旅游项目也可能存在人身安全隐患,如极限运动、水上运动等。数字化技术的应用也可能对人身安全造成影响,一些智能设备的误操作或故障可能会导致人身伤害;此外,一些数字化设备也可能存在电磁辐射等问题,对人体健康造成潜在影响。

(五)违约风险

1．合同违约风险

在体育旅游产业数字化转型过程中,合同违约是一种常见的风险。这主要是合同条款不明确、合同执行不严格、法律意识淡漠等原因造成的。合同违约可能导致合作方之间的信任破裂,给企业带来巨大的经济损失和声誉损害。合同条款不明确是合同违约风险的主要来源之一,在签订合同时,双方可能对合同条款的理解存在偏差,导致合同执行过程中出现争议。此外,合同条款可能未涵盖所有可能出现的情况,导致在特定情况下无法履行合同。合同执行不严格也是合同违约风险的重要原因之一,在执行合同过程中,一方可能未按照合同条款履行义务,导致另一方遭受损失。这种违约行为可能是管理不善、监督不力或故意违约等原因造成的。

2．技术违约风险

在体育旅游产业数字化转型过程中,技术违约风险也是一个重要的方面。这主要是技术实现难度大、技术更新迅速、技术标准不一等原因造成的。技术违约可能导致项目无法按时完成、无法实现预期效果,给企业带来巨大的经济损失和声誉损害。技术实现难度大是技术违约风险的主要来源之一,在体育旅游产业数字化转型过程中,一些复杂的技术问题要解决,如大数据分析、人工智能应用等,这些技术的实现难度较大,可能导致项目无法按时完成或无法实现预期效果。技术更新迅速也是技术违约风险的重要原因之一,在体育旅游产业数字化转型过程中,新的技术和产品不断涌现,使得原有技术的价值迅速降低,这种技术更新的速度可能导致企业在合同中承诺的技术方案无法实现,从而构成技术违约。

3. 合作违约风险

在体育旅游产业数字化转型过程中,合作违约风险也是一个不容忽视的方面。这主要是合作伙伴之间的信任危机、合作方之间的利益冲突等原因造成的。合作违约可能导致项目进度受阻、合作关系破裂,给企业带来巨大的经济损失和声誉损害。合作伙伴之间的信任危机是合作违约风险的主要来源之一,在体育旅游产业数字化转型过程中,合作伙伴之间要建立高度的信任关系,以确保项目的顺利进行;然而,由于信息不对称、沟通不畅等原因,合作伙伴之间可能出现信任危机,导致合作无法继续。合作方之间的利益冲突也是合作违约风险的重要原因之一,在体育旅游产业数字化转型过程中,合作方之间可能存在利益不一致的情况,导致在项目实施过程中出现分歧和冲突,这种利益冲突可能导致合作方无法达成共识,从而构成合作违约。

第五节 体育旅游产业数字化的战略方向

一、政策战略分析

(一)政策制定:明确数字化发展的目标和路径

政府要明确数字化转型在体育旅游产业中的战略地位,制定相应的政策导向和规划。政府应将数字化转型作为推动体育旅游产业高质量发展的重要手段,制定长期、稳定、明确的政策导向。政府应加强对数字化转型的顶层设计,明确发展目标、重点任务和时间节点,为体育旅游产业的数字化发展提供科学依据和有力支持。一是在政策制定方面,政府应明确体育旅游产业数字化发展的目标和路径。政府应制定明确的数字化发展目标,包括提高数字化基础设施水平、推动数字化产品和服务创新、拓展数字体育消费场景等方面。政府应制定具体的实施方案和时间表,明确各项任务的责任人和完成时限,确保政策的可操作性和可执行性。二是在政策导向方面,政府应鼓励企业加大数字化技术的研发和应用力度,推动数字化技术的创新和发展。政府应加强对数字化基础设施建设的投入,提高网络覆盖率和传输速度,为数字化服务提供稳定、高效的技术支持。此外,政府还应加强对数字化服务的质量监管和管理,确保数字化服务的规范、安全和有效。三是在政策规划方面,政府应制定详细的数字化转型计划和实施方案,明确各阶段的任务和目标。政府应建立数字化转型的监测评估机制,及时了解数字化转型的进展情况和存在的问题,为政策调整和改进提供依据。此外,政府还应加强与相关部门的沟通和协调,形成工作合力,共同推动体育旅游产业的数字化发展。四是在政策制定过程中,政府要充分考虑市场需求和消费者需求,确保政策与市场需求相匹配。政府还要加强与相关产业和机构的合作与交流,共同推动体育旅游产业的数字化发展。

(二)政策实施:强化政策执行和监管力度

一是在政策实施方面,政府要强化政策执行和监管力度,确保政策的有效实施。政府要建立完善的政策执行机制,明确各项任务的完成标准和完成时限,确保政策的顺利推进。政府还要加强对数字化基础设施建设的投入和管理,提高网络覆盖率和传输速度,为数字化服务提供稳定、高效的技术支持。此外,政府还应加强对数字化产品和服务创新的引导和支持,鼓励企业加大投入力度,推动数字化产品的创新和发展。二是在政策实施过程中,政府要加强对市场的监管和管理,确保市场的公平竞争和有序发展。政府还要加强对消费者的教育和引导,增强消费者的数字化意识和技能水平,为数字体育消费场景的拓展提供有力支持。

(三)政策评估:建立科学的评估机制和反馈机制

一是在政策评估方面,政府建立科学的评估机制和反馈机制,对政策的实施效果进行全面评估和反馈。政府建立完善的评估机制,明确评估指标和评估方法,对政策的实施效果进行全面、客观、科学的评估。政府建立有效的反馈机制,及时收集企业和消费者的反馈意见和建议,对政策进行持续改进和优化。二是在政策评估过程中,政府要加强对市场和消费者的调研和分析,了解市场需求和消费者需求的变化趋势,为政策的制定和调整提供有力支持。政府还要加强对企业和机构的引导和支持,鼓励企业加强技术研发和创新应用,推动体育旅游产业的数字化发展。

二、科技战略方向

（一）科技创新：引领数字化发展

科技创新是推动体育旅游产业数字化发展的关键。政府和企业要加大科技创新的投入力度，推动数字化技术的研发和应用。政府应出台相关政策，加强与科研机构和高校的合作，共同推动数字化技术的研发和应用。一是在科技创新方面，政府和企业加大对数字化技术的研发和创新力度，推动体育旅游产业的数字化发展。政府出台相关政策，鼓励企业加大对数字化技术的研发和创新投入力度，提高技术研发水平和创新能力。政府还应加强对数字化技术的知识产权保护和管理，确保技术的合法使用和推广。二是在科技创新过程中，企业应积极探索新的数字化技术和应用模式，推动体育旅游产业的数字化发展。企业可借助人工智能、大数据等技术手段，对消费者的运动数据和健康状况进行分析和预测，为其提供更加个性化的健身指导和健康管理服务。企业还可以开发虚拟赛事平台、在线健身平台等多样化的数字体育产品和服务，满足不同人群的需求。

（二）科技应用：提升数字化服务水平

科技应用是推动体育旅游产业数字化发展的重要手段。一是在技术应用方面，政府和企业加强数字化技术在体育旅游产业的应用和发展，推动数字化服务的升级和拓展。政府出台相关政策，鼓励企业加大对数字化技术的应用力度，提高数字化服务的质量和效率，借助互联网平台和移动应用程序等手段，为消费者提供更加便捷的预约服务、健身指导等服务，探索新的科技应用场景和模式，如智能健身器材、智能运动装备等，为消费者提供更加智能化、个性化的健身体验。政府还应加强对数字化服务的管理和监管，确保服务的合法性和安全性。二是在技术应用过程中，企业积极探索新的数字化应用模式和服务方式，推动体育旅游产业的数字化发展。企业借助互联网平台开展线上赛事活动、健身挑战赛等形式增加消费者的参与度和黏性；借助虚拟现实技术为消费者打造沉浸式的运动体验；借助物联网技术实现运动场馆的智能化管理等等。企业还应加强与相关产业和机构的合作与交流，共同推动体育旅游产业的数字化发展。

（三）科技合作：推动产业协同发展

科技合作是推动体育旅游产业数字化发展的重要途径之一。政府出台相关政策，鼓励企业加强与其他产业和机构的合作与交流，共同推动数字化技术的发展和应用。政府还应加强与国际组织和机构的合作与交流，引进先进的数字化技术和应用模式。企业积极寻找合作伙伴和合作项目，与旅游企业合作推出具有地方特色的数字体育旅游产品，与医疗机构合作推出个性化的健身指导和健康管理服务等多样化的数字体育产品和服务。通过加强科技创新科技应用和科技合作等方面的措施的实施，将有助于推动体育旅游产业的数字化转型升级和发展，满足人民群众日益增长的健康和生活需求，促进经济社会的全面发展。

三、市场战略方向

（一）市场定位：明确目标客户群体

体育旅游产业应明确目标客户群体，了解需求和偏好，以便更好地满足需求。企业应对市场进行深入调研和分析，了解消费者的需求和行为特点，为市场定位提供有力支持。企业根据市场调研结果，明确目标客户群体，并制定相应的市场策略。针对年轻消费者群体，推出更加时尚、个性化的数字体育产品和服务；针对中老年消费者群体，推出更加健康、安全的数字体育产品和服务。企业还应加强对竞争对手的分析和研究，了解市场策略和产品特点，以便更好地制定市场策略。企业还应加强对市场的监测和分析，及时了解市场动态和消费者需求的变化趋势，为市场定位的调整和优化提供有力支持。

（二）营销策略：创新营销手段和渠道

体育旅游产业应创新营销手段和渠道，提高品牌知名度和市场占有率。企业可利用数字化技术手段，如社交媒体、短视频等平台进行线上营销推广，提高品牌知名度和曝光率。企业还可利用线下活动、赛事等手段进行线下营销推广，提高品牌影响力和美誉度。企业通过开展跨界合作营销推广活动，与其他产业、品牌等进行合作推广，共同打造数字体育消费场景，提高品牌影响力和市场份额；与旅游产业合作推出具有地方特色的数字体育旅游产品。此外，企业还可利用大数据技术对消费者行为进行分析和预测，为营销策略的制定提供有力支持。通过精准营销，提高营销效果、降低营销成本，企业还应加强对市场的监测和分析，及时了解市场动态和消费者需求的变化趋势，为营销策略的调整和优化提供有力支持。

（三）客户关系管理：提升客户满意度和忠诚度

体育旅游产业还要加强对客户关系的维护和管理，提升客户满意度和忠诚度，以促进市场的持续发展。企业应建立完善的客户服务体系包括售前咨询、售中服务和售后服务等环节，确保客户在购买和使用产品或服务过程中得到及时有效的支持和帮助。企业应建立客户反馈机制，及时收集客户的反馈意见和建议，对产品或服务进行持续改进和优化,以满足客户的需求和提高客户的满意度。企业还要加强对客户的关怀和关怀,通过定期回访、节日祝福等方式,增强客户对品牌的认同感和归属感,提高客户的忠诚度。此外,企业还可利用数字化技术手段,如大数据分析、人工智能等对客户数据进行挖掘和分析,了解客户的消费习惯和需求变化趋势,为产品或服务的改进和优化提供有力支持。企业还可利用社交媒体等平台建立客户社区增强客户之间的互动和交流,提高客户的参与度和黏性,为品牌的口碑传播和市场拓展提供有力支持。

四、人才战略方向

(一) 人才培养:构建数字化人才梯队

通过构建数字化人才梯队,为体育旅游产业的数字化发展提供源源不断的人才支持。政府和企业应加大对数字化人才的培养力度,通过高校、培训机构等途径培养具备数字化技能和知识的人才。政府还要出台相关政策,鼓励企业加大对数字化人才的培养投入,提高人才培养质量和水平。企业还应加强对员工的数字化技能培训和管理,提高员工的数字化素养和技能水平。通过定期举办数字化技能培训、研讨会等活动,为员工提供学习和交流的平台,促进员工之间的合作与交流。企业还应建立数字化技能认证体系,对员工的数字化技能进行评估和认证,为员工的职业发展提供有力支持。此外,企业还应加强对数字化人才的引进和管理。通过招聘、选拔等方式引进具备数字化技能和知识的人才,为企业的数字化发展提供有力的人才保障。企业还要建立完善的人才管理体系,包括人才选拔、培养、使用、激励等方面,确保人才的合理流动和有效利用。

(二) 人才引进:吸引优秀数字化人才

体育旅游产业通过吸引优秀的数字化人才加入,为产业的数字化发展注入新的活力和动力。例如,通过招聘会、校园招聘等方式吸引优秀的数字化人才加入;通过猎头公司、人才中介等途径引进具备特殊技能和经验的人才。此外,企业还应为优秀人才提供良好的工作环境和发展空间。通过提供具有竞争力的薪资待遇、完善的福利制度、良好的工作环境等措施,吸引优秀人才的加入。企业还要为优秀人才提供职业发展的机会和平台,如晋升机会、项目负责机会等,激发优秀人才的创造力和创新精神。企业加强对引进人才的融合和管理,通过组织文化培训、团队建设等活动,促进引进人才与现有团队的融合和发展,还要建立完善的人才管理制度和流程,确保引进人才的合理使用和管理。

（三）人才激励：激发员工的积极性和创造力

体育旅游产业应建立科学的人才激励机制，激发员工的积极性和创造力。企业要建立完善的薪酬体系和福利制度，为员工提供具有竞争力的薪资待遇和福利待遇。企业还要根据员工的工作表现和贡献给予相应的奖励和晋升机会，激发员工的积极性和创造力。企业应加强对员工的情感关怀和精神激励，通过关心员工的生活和工作状况、给予员工支持和帮助等方式增强员工的归属感和忠诚度；通过举办团建活动、文化交流活动等方式，增强员工之间的凝聚力和向心力，提高员工的工作效率和创造力。此外，企业还可通过股权激励等方式，激励员工积极投身企业的数字化发展事业中来，共同推动体育旅游产业的数字化转型升级和发展，实现企业和员工的共同成长和发展。

五、未来战略方向

（一）数字化转型：全面推进数字化技术的应用和发展

体育旅游产业应全面推进数字化技术的应用和发展，实现产业的数字化转型。企业要深入了解数字化技术的前沿趋势和应用场景，掌握相关技术和应用方法，为数字化转型提供有力支持。企业要将数字化技术应用到体育旅游产业的各个环节中，包括但不限于赛事活动、健身指导、旅游服务等领域，提高产品和服务的质量和效率。企业还要建立完善的数字化基础设施，包括网络、数据存储、数据处理等方面的基础设施，为数字化转型提供稳定、可靠的技术支持。此外，企业还要加强对数字化技术的研发和创新，推动数字化技术的自主可控和可持续发展。

（二）智能化升级：加强智能化技术的应用和推广

体育旅游产业应加强智能化技术的应用和推广，提高产业的智能化水平。企业要深入挖掘智能化技术的潜力和应用场景，将智能化技术应用到产业发展的各个环节中。例如，利用人工智能技术为消费者提供个性化的健身指导和健康管理服务；利用物联网技术实现体育设施的智能化管理和运营等。企业要建立完善的智能化管理体系，包括智能化决策、智能化运营、智能化服务等环节的管理体系，提高企业的管理水平和效率。企业还要加强对智能化技术的研发和创新，推动智能化技术的自主可控和可持续发展。

（三）数字化管理：提升运营效率和服务质量

体育旅游产业可通过加强数字化管理和服务水平，提升运营效率和服务质量。

企业要建立完善的数字化管理体系,包括数字化营销、数字化运营、数字化服务等环节。通过数字化管理体系的建立,企业实现对业务的全面数字化管理和监控,提高运营效率和服务质量。企业要加强对数字化服务的应用和管理。通过在线客服、智能推荐、虚拟导游等数字化服务手段,为企业提供更加便捷、高效的服务体验,还要加强对数字化服务的评估和改进,及时发现和解决服务中的问题,提高服务质量和满意度。此外,企业还要加强对数字化安全的保障和管理。在数字化时代,网络安全问题日益突出。企业应加强网络安全防护和监控,确保业务数据的安全和保密;加强员工的安全意识培训和管理,增强员工的安全意识和防范能力。

(四)可持续发展:注重绿色环保和可持续发展

体育旅游产业应注重绿色环保和可持续发展,实现产业的可持续发展。企业应加强对环保和可持续发展的认识和实践,将环保和可持续发展的理念融入产品和服务的设计、研发、生产、销售等各个环节中,利用可再生能源为体育设施提供能源供应;采用环保材料和工艺生产健身器材和装备等。企业要积极参与环保和可持续发展的相关活动和倡议,推动产业的绿色发展和低碳发展;还要加强对环保和可持续发展的科研和实践,探索新的绿色技术和解决方案,为产业的可持续发展提供有力支持。

第六节 体育旅游产业数字化的转型表现

一、体育旅游产业数字化的转型动能

(一)宏观层面:国家政策引领发展方向

1. 政策规划

政策规划是体育旅游产业数字化发展的基础。国家要制定科学合理的政策规划,明确数字化发展的目标、任务和措施,为体育旅游产业的数字化发展提供指导和支持。一是国家制定长期的发展战略。通过对体育旅游产业的深入研究和调查,制定符合产业发展规律和趋势的战略规划,明确数字化发展的方向和目标。根据不同阶段的发展需求,制定相应的短期和中期政策计划,确保数字化发展的连续性和稳定性。二是国家制定具体的政策措施。针对体育旅游产业数字化发展的关键领域和薄弱环节,制定相应的政策措施,如财政支持、税收优惠、人才培养等,为

产业的数字化发展提供有力的保障。鼓励企业加强自主创新和技术研发，推动数字化技术的创新和应用。

2. 政策实施

政策实施是体育旅游产业数字化发展的重要保障。国家要加大对政策的宣传和执行力度，确保政策的有效实施和落地。一是国家加强对政策的宣传和解读工作。通过多种渠道和形式，向企业和公众宣传数字化发展的重要性、必要性和紧迫性，提高企业和公众对政策的认知度和理解度。加强对政策的解读和指导工作，帮助企业和公众更好地理解和执行政策。二是国家加大对政策的执行和监督力度。建立健全的政策执行机制和监督机制，确保政策的严格执行和有效落地。加强对政策执行情况的监督和评估工作，及时发现和解决政策执行中存在的问题和困难。三是国家加强与企业和社会的合作和交流。通过与企业和社会的合作和交流，了解数字化发展的实际需求和问题，及时调整和完善政策措施。鼓励企业和社会积极参与数字化发展，形成政府、企业和社会共同推动的合力。

3. 政策评估

政策评估是体育旅游产业数字化发展的重要环节。通过对政策的评估和反馈，及时发现和解决政策中存在的问题和不足，为政策的调整和完善提供依据和支持。一是国家建立完善的政策评估机制和制度体系。通过制定科学的评估标准和程序，对政策的执行效果、社会影响等进行全面、客观的评估。加强对评估结果的反馈和应用工作，及时调整和完善政策措施。二是国家加强对政策评估结果的监督和检查工作。建立健全的监督机制和制度体系，确保评估结果的客观性和公正性。加强对评估结果的应用和推广工作，为其他领域的数字化发展提供借鉴和支持。

（二）中观层面：数字经济拓宽发展局面

1. 数字经济的驱动作用

数字经济是体育旅游产业数字化发展的重要驱动力，通过提供新的商业模式、技术手段和数据资源，推动体育旅游产业的数字化转型和升级。一是数字经济为体育旅游产业提供了新的商业模式。通过互联网、大数据、人工智能等技术的应用，体育旅游企业可以更好地了解消费者需求，为其提供个性化、定制化的产品和服务。通过在线平台、社交媒体等渠道，企业拓展销售渠道，提高市场覆盖率。二是数字经济为体育旅游产业提供了新的技术手段。AI 等技术为消费者提供沉浸式的旅游体验，让消费者在旅游过程中获得更丰富的感官享受和情感共鸣。大数据分析、云计算等技术帮助企业更好地收集、处理和分析数据，提高决策效率和准确性。三是数字经济为体育旅游产业提供了新的数据资源。通过互联网、社交媒体等渠道收集的数据为企业提供更全面的市场信息和消费者行为分析，帮助企业更好地了解市场需求和趋势。通过数据挖掘和分析,企业可以发现新的商业机会和市场空间。

2. 数字经济的创新作用

数字经济是体育旅游产业数字化创新的重要推动力。通过鼓励企业进行技术创新、模式创新和业态创新,推动体育旅游产业的持续发展和升级。一是数字经济鼓励企业进行技术创新。通过引入先进的数字化技术,如人工智能、大数据等,企业提升服务质量和效率,提高消费者的满意度和忠诚度。通过技术创新,企业开发出更具竞争力的产品和服务,满足消费者的多样化需求。二是数字经济鼓励企业进行模式创新。通过探索新的商业模式和运营模式,如O2O(线上到线下)、B2B(商业对商业)等模式,企业拓展销售渠道和提高市场覆盖率。通过模式创新,企业降低成本、提高效率,实现可持续发展。三是数字经济鼓励企业进行业态创新。通过与其他产业的融合和创新,如与文化、科技等产业的融合,企业开发出更具吸引力和竞争力的产品和服务。通过业态创新,企业拓展新的市场领域和消费群体,实现多元化发展。

3. 数字经济的协同作用

数字经济是体育旅游产业数字化协同发展的重要推动力。通过促进产业链上下游之间的协同合作和资源共享,推动整个产业的协同发展和升级。一是数字经济促进产业链上下游之间的协同合作。体育旅游产业的数字化转型要求产业链上下游之间的紧密合作和协同发展。通过建立数字化平台和共享机制,产业链上下游企业实现资源共享、优势互补和互利共赢。通过协同合作,企业共同应对市场挑战和风险,提高整个产业的竞争力和稳定性。二是数字经济促进资源共享。在数字化时代,数据资源成为企业发展的重要资源之一。通过建立数字化平台和共享机制,企业实现数据资源的共享和利用。通过数据挖掘和分析技术,企业发现新的商业机会和市场空间。此外,数字经济的协同作用还体现在促进不同产业之间的融合发展上,体育旅游产业与其他产业的融合形成新的产业链和创新生态圈,促进整个经济的协同发展和升级。因此,数字经济的协同作用对于推动体育旅游产业的数字化发展具有重要意义。

(三)微观层面:数字技术激活发展需求

1. 个性化需求的满足

数字技术通过大数据分析和个性化定制等技术手段,为满足消费者个性化需求提供了有力支持。在体育旅游产业中,消费者的需求日益多样化,对于个性化体验的追求越来越强烈。数字技术能够帮助企业更精准地了解消费者需求,提供定制化的产品和服务。一是通过大数据分析,企业可以及时了解消费者的喜好、行为和习惯,为消费者提供更加贴心的服务和产品推荐。根据消费者的历史旅游记录、社交媒体行为等,企业推送符合其兴趣和需求的旅游线路和活动建议。二是个性化定制服务在体育旅游产业中逐渐兴起。数字技术使得企业能够根据消费者的具体需求,提供定制化的旅游行程、住宿和活动安排。这种个性化服务不仅提升了消费者的满意度和忠诚度,也为企业创造了新的市场机会和竞争优势。

2. 智能化服务的提升

数字技术通过人工智能、物联网等技术的运用,为体育旅游产业提供了智能化服务的新模式。这些技术能够提升服务效率和质量,为消费者带来更加便捷和舒适的旅游体验。一是人工智能技术在客服、导游等服务领域的应用逐渐普及。智能客服能够实时回答消费者的问题和解决其疑虑,提供24小时不间断的服务;智能导游则能够为游客提供丰富的历史文化背景和旅游信息介绍,提升游客的旅游体验。二是物联网技术在体育旅游产业中的应用也日益广泛。通过物联网技术,企业实现对旅游设施、交通工具等的实时监控和管理,确保服务的安全和顺畅。物联网技术还为消费者提供更加智能化的住宿和餐饮服务,如智能门锁、智能照明、智能点餐等。

3. 数字化营销的创新

数字技术为体育旅游产业的营销带来了新机遇。通过数字化营销手段的运用,企业更加精准地触达目标消费者群体,提升品牌知名度和市场份额。一是社交媒体成为数字化营销的重要平台之一。通过在社交媒体上发布有吸引力的内容和活动信息,企业与消费者建立更加紧密的联系和互动。二是数字化广告也成为体育旅游产业数字化营销的重要手段之一。通过搜索引擎优化(SEO)、搜索引擎广告(SEM)等手段的运用,企业提升其在搜索结果中的排名和曝光率,吸引更多的潜在消费者关注和购买其产品和服务。三是数字化营销还通过数据分析、用户画像等手段实现精准营销。通过对消费者数据的收集和分析,企业可以更加准确地了解消费者的需求和购买行为,从而制定更加精准的营销策略,提高营销效果,降低营销成本。

二、体育旅游产业数字化的转型契机

(一)数据赋能:物联网等数字技术的进步

1. 物联网技术

物联网技术是实现体育旅游产业数字化数据赋能的重要手段之一。通过物联网技术,实现设备之间的互联互通,以及数据的实时采集和传输。在体育旅游产业中,物联网技术应用于运动装备、场馆设施、旅游景点等各个方面,实现设备的智能化管理和运营。一是物联网技术可以实现设备的远程监控和管理。通过在设备上安装传感器和执行器,实时监测设备的运行状态和数据,实现设备的远程控制和管理。在体育场馆中,通过物联网技术实现设备的自动化控制,提高场馆的运营效率和安全性。二是物联网技术还可以实现设备的智能化维护和管理。通过采集设备的运行数据和故障信息,及时发现设备的问题和故障,实现设备的智能化维护和管理。在旅游景点中,通过物联网技术实现设备的自动化维护和管理,提高景点的运营效率和游客的满意度。

2. 大数据分析

大数据分析是实现体育旅游产业数字化数据赋能的重要手段之一。通过大数据分析,对海量的数据进行挖掘和分析,发现数据中的规律和趋势,为决策提供有力的支持。在体育旅游产业中,大数据分析应用于市场分析、消费者行为分析、赛事运营分析等方面。一是大数据分析可以实现市场分析和消费者行为分析。通过对市场数据和消费者行为数据的挖掘和分析,了解市场的需求和趋势,掌握消费者的喜好和行为习惯,为产品开发和营销策略的制定提供有力的支持。在体育旅游市场中,通过大数据分析了解消费者的需求和偏好,为旅游线路的设计和推广提供有力的支持。二是大数据分析可以实现赛事运营分析。通过对赛事数据的挖掘和分析,了解赛事的运营情况和效果,为赛事的改进和优化提供有力的支持。在体育赛事中,通过大数据分析了解比赛的收视率和观众反馈情况,为赛事的改进和优化提供有力的支持。

3. 人工智能

人工智能是实现体育旅游产业数字化数据赋能的重要手段之一。通过人工智能技术,实现数据的自动处理和分析,提高数据处理和分析的效率和准确性。在体育旅游产业中,人工智能应用于运动训练、赛事预测、旅游规划等方面。一是人工智能实现运动训练的智能化。通过采集运动员的运动数据和生理数据,分析运动员的训练情况和表现,为运动员的训练提供更加科学和个性化的建议和指导。例如,在足球、篮球等比赛中,通过人工智能技术对球员的运动数据进行采集和分析,为球员的训练提供更加科学和个性化的建议和指导。二是人工智能实现赛事预测的智能化。通过对历史比赛数据和实时比赛数据的挖掘和分析,预测比赛的结果和趋势,为观众提供更加准确和及时的比赛信息。在体育赛事中,通过人工智能技术对比赛数据进行挖掘和分析,预测比赛的结果和趋势,为观众提供更加准确和及时的比赛信息。

(二)消费升级:体育旅游服务业数字化升级趋势

1. 消费者需求变化推动体育旅游服务业数字化升级

消费者对体育旅游的需求正发生着深刻的变化。消费者不仅关注体育旅游活动的本身,也更注重活动的体验感、参与感和互动性。因此,体育旅游服务业的数字化升级成为满足消费者需求变化的重要途径。一方面,消费者对于体育旅游活动的个性化需求日益凸显。消费者希望通过数字化手段,定制符合自己兴趣和需求的体育旅游线路和活动安排。另一方面,消费者对体育旅游活动的互动性和参与感有着更高的要求。消费者期待通过数字化技术,与运动员、教练员等进行实时互动和交流,获得更加沉浸式的体验。

2. 数字化技术应用提升体育旅游服务业水平

数字化技术的应用为体育旅游服务业的升级提供了强大的支持。通过大数据、人工智能、物联网等技术的运用,企业可以更加精准地了解消费者需求,提供更加个性化的服务。大数据技术的应用使得企业能够对大量的消费者数据进行分析和挖掘,从而精准地了解消费者的需求和偏好,这为企业制定个性化的营销策略和产品创新提供了科学依据。人工智能技术的应用为消费者提供了更加智能化的服务。智能推荐系统根据消费者的历史行为和偏好,为其推荐符合需求的旅游线路和活动安排。物联网技术的应用使得体育场馆和设施的管理更加智能化和高效化。企业通过物联网技术对场馆内的设备、环境等进行实时监测和调控,提高场馆的使用效率和舒适度。

3. 创新发展适应促进体育旅游服务业数字化升级

面对体育旅游产业数字化的消费升级趋势,企业需要不断创新发展,以适应市场的变化和消费者的需求。企业通过加强数字化技术的研发和应用,提高自身的数字化能力,包括引进先进的数字化技术和设备,培养专业的数字化人才等。企业通过加强与消费者的互动和沟通,了解消费者的需求和偏好,为消费者提供更加个性化、专业化的服务。企业还通过加强与其他企业和机构的合作和交流,共同推动体育旅游服务业的数字化升级和发展。

(三)资源配置:打造体育旅游服务业数字化营销平台

1. 数字化营销平台的建设

数字化营销平台是体育旅游产业数字化资源配置的重要手段之一。通过建设数字化营销平台,实现体育旅游产业数字化服务的在线化、智能化和个性化,提高服务的效率和质量。在体育旅游产业数字化营销平台的建设中,一是要明确体育旅游产业数字化平台的目标和定位。要根据体育旅游市场的需求和竞争状况,确定平台的核心功能和服务内容,要注重平台的用户体验和交互设计,提高平台的易用性和吸引力。二是选择合适的体育旅游产业数字化技术手段。根据平台的需求和目标,选择合适的体育旅游产业数字化技术手段,如云计算、大数据、人工智能等,为平台的运营提供强大的技术支持。三是加强体育旅游产业数字化平台的运营和维护。建立完善的运营和维护机制,确保平台的稳定性和安全性;不断优化和改进平台的功能和服务,提高平台的竞争力和用户体验。

2. 数字化营销策略的制定

数字化营销策略是体育旅游产业数字化资源配置的关键环节之一。通过制定科学的数字化营销策略，实现体育旅游产业数字化服务的精准营销和个性化推广，提高营销的效率和效果。在制定体育旅游产业数字化营销策略时，一是进行体育旅游产业数字化市场调研和分析。对体育旅游市场的需求、竞争状况、消费者行为等进行深入的研究和分析，为策略的制定提供科学依据。二是确定体育旅游产业目标市场和目标客户。根据市场调研和分析的结果，确定目标市场和目标客户群体，为策略的制定提供明确的方向。三是制定具体的体育旅游产业数字化营销策略。根据目标市场和目标客户的特点和需求，制定具体的数字化营销策略，如社交媒体营销、搜索引擎优化、电子邮件营销等，实现精准营销和个性化推广。

3. 数字化营销平台的运营

数字化营销平台的运营是体育旅游产业数字化资源配置的重要环节之一。通过有效的运营管理，实现体育旅游产业数字化平台的稳定运营和持续发展。在体育旅游产业数字化营销平台的运营中，一是要建立完善的体育旅游产业数字化运营管理机制。建立专门的运营团队，负责平台的日常运营和维护工作；建立完善的运营管理制度和流程，确保平台的稳定性和安全性。二是加强与用户的互动和沟通。通过社交媒体、在线客服等方式与用户进行互动和沟通，了解用户的需求和反馈，不断改进和优化平台的功能和服务。三是注重体育旅游产业数字化数据分析和优化。通过数据分析和挖掘技术，对平台的运营数据进行深入地分析和研究，找出存在的问题和不足，不断优化和改进平台的运营策略和管理制度。

三、体育旅游产业数字化的战略转变

（一）生产由制造向智造转变

1. 生产方式的升级：从传统制造到数字化智造

传统体育旅游产业的生产方式往往依赖于大量的人工操作和简单的机械加工，生产效率低下，且容易受人为因素的影响。随着数字化技术的广泛应用，体育旅游产业的生产方式正在经历着深刻的变革。一是数字化技术使生产过程更加智能化和自动化。通过引入先进的机器人技术、自动化生产线和智能传感器等设备，企业实现生产过程的自动化和智能化，提高生产效率和产品质量。数字化技术还可以实现生产过程的实时监控和优化，降低生产成本和资源浪费。二是数字化技术使生产过程更加灵活和个性化。这种灵活的生产方式不仅满足了消费者的个性化需求，也为企业创造了更多的商业机会。

2. 产品创新的推动:从单一产品到多元化服务

数字化技术的运用不仅推动了体育旅游产业生产方式的升级,也为产品创新提供了新的动力。在数字化时代,消费者对产品的需求不再仅仅满足于单一的实体产品,而是更加注重产品的多元化、智能化和服务化。一是数字化技术为产品多元化提供了支持。体育旅游企业通过推出多种主题的旅游线路、活动和产品组合,满足不同消费者的需求。利用3D打印技术,企业根据消费者的需求和偏好,定制个性化的运动装备、旅游纪念品等。数字化技术还可以实现产品的快速迭代和更新,满足消费者对于新鲜感和个性化的追求。这些个性化产品的推出,不仅提升了消费者的满意度和忠诚度,也为企业创造了新的市场机会和竞争优势。二是数字化技术为产品智能化提供了可能。通过引入人工智能、物联网等技术,企业将实体产品与智能化服务相结合,提供更加便捷、高效和个性化的产品体验。智能健身器材可以提供个性化的健身计划和运动数据分析,让消费者在运动过程中获得更好的体验和效果。三是数字化技术为产品服务化提供了机会。企业通过数字化平台为消费者提供全方位的服务,包括预订、支付、客服、售后等环节。这种服务化的产品模式不仅提高了消费者的满意度和忠诚度,也为企业创造了更多的收入来源。

3. 市场竞争力的提升:从价格竞争到价值竞争

数字化技术的运用不仅推动了体育旅游产业生产方式的升级和产品创新,还提升了企业的市场竞争力。在数字化时代,市场竞争已经从简单的价格竞争转变为价值竞争,企业提供更加优质的产品和服务来吸引消费者。一是数字化技术提高了企业的市场响应速度和灵活性。企业通过互联网和社交媒体等渠道实时了解市场动态和消费者需求变化,迅速调整生产和营销策略。这种快速响应能力使得企业能够更好地满足市场需求,提升市场竞争力。二是数字化技术为企业提供了更加精准的市场营销手段。这种精准营销手段不仅提高了营销效果,也降低了营销成本。三是数字化技术为企业提供了更加广阔的市场空间。通过互联网和社交媒体等渠道的拓展,企业将产品和服务推向更广阔的市场领域。数字化技术还帮助企业打破地域限制和时间限制,这种市场空间的拓展为企业提供了更多的商业机会和市场空间。

(二)消费趋向智能化、个性化、体验化

1. 智能化消费

随着人工智能、大数据等技术的广泛应用,智能化消费已经成为体育旅游产业的重要趋势。消费者通过智能设备、移动应用等渠道,更加便捷地获取体育旅游产品和服务信息,实现个性化定制和智能化推荐。一方面,智能设备的应用为消费者提供了更加便捷的消费体验。如智能手环、智能手表等可穿戴设备实时监测消费者的身体状况和运动数据,为消费者提供更加个性化的运动建议和定制化服务。

智能家居设备也与体育旅游产品和服务进行联动,为消费者提供更加智能化的生活体验。另一方面,移动应用的发展也为消费者提供了更加便捷的消费渠道。消费者通过手机、平板等移动设备,随时随地查询体育旅游产品和服务信息,进行在线预订和支付,实现智能化消费。移动应用还为消费者提供实时的运动数据监测和反馈,帮助消费者更好地了解自己的运动情况和健康状况。

2. 个性化消费

消费者对于体育旅游产品的需求越来越个性化。消费者不再满足于传统的标准化产品和服务,而是希望根据自身的兴趣、需求和偏好,定制属于自己的个性化产品和服务。为了满足消费者的个性化需求,体育旅游企业要提供更加丰富的产品和服务选择,并实现定制化的服务。企业应根据消费者的需求和偏好,推出个性化的运动装备、旅游线路和活动安排等。企业还可以提供定制化的运动计划和健康管理服务,帮助消费者更好地实现运动目标和个人健康管理。此外,个性化消费还体现在消费者对于产品和服务品质的追求上。例如,消费者更加注重产品的品质和细节,希望获得更加优质的服务体验。因此,体育旅游企业要不断提升产品质量和服务水平,以满足消费者的个性化需求。

3. 体验化消费

消费者对于体育旅游产品的需求越来越注重体验感。消费者希望通过参与各种运动活动和旅游项目,获得更加丰富、深入的体验感受。为满足消费者的体验化需求,体育旅游企业要提供更加多元化、互动性的产品和服务。例如,企业推出各种户外运动项目和探险活动,让消费者在参与过程中感受到运动的乐趣和挑战性。企业还提供各种文化体验活动和旅游项目,让消费者在旅游过程中深入了解当地的文化历史和社会风情。此外,体验化消费还体现在消费者对于服务流程的关注上。消费者希望获得更加便捷、高效的服务体验。因此,体育旅游企业要不断提升服务流程的效率和便捷性,为消费者提供更加优质的服务体验。

(三)赛事呈现技术流、科技范和现代感

1. 技术流

技术流是指数字化技术在体育赛事中的应用,使得赛事的呈现更加科技化和现代化。在体育旅游产业中,数字化技术已经成为赛事呈现的重要手段之一。一是数字化技术为赛事的呈现提供了更加多样化的方式。通过高清摄像技术和实时传输技术,观众在家中或现场观看高清、流畅的比赛画面,感受比赛的紧张刺激和精彩瞬间。数字化技术还实现比赛数据的实时分析和处理,为运动员、教练员和裁判员提供更加准确和全面的比赛信息。二是数字化技术还为赛事的呈现提供更加个性化的服务。通过虚拟现实(VR)和增强现实(AR)技术等,观众获得更加沉浸式的观看体验,感受比赛的现场氛围和激烈程度。数字化技术还为观众提供个性化的观赛体验,如定制化的比赛解说、互动游戏等,提高观众的参与度和观赏体验。

2. 科技范

科技范是指数字化技术在体育赛事中的应用所展现出的科技感和未来感。在体育旅游产业中，数字化技术的应用不仅提高了赛事的呈现效果，也展现了科技的魅力和未来趋势。一是数字化技术的应用展现了科技的魅力。通过人工智能技术的运用，实现比赛数据的自动分析和处理，为运动员、教练员和裁判员提供更加准确和全面的比赛信息。数字化技术还实现比赛过程的自动化和智能化管理，提高赛事的效率和准确性。这些技术的应用不仅提高了赛事的呈现效果，也展现了科技的魅力和未来趋势。二是数字化技术的应用还展现了未来的发展趋势。通过5G技术的运用，实现比赛数据的实时传输和处理，提高比赛的流畅性和实时性。数字化技术还与可穿戴设备、智能家居等相结合，为观众提供更加智能化和便捷的观赛体验。这些技术的应用不仅提高了赛事的呈现效果，也展现了未来的发展趋势和可能性。

3. 现代感

现代感是指数字化技术在体育赛事中的应用所展现出的时代感和现代气息。在体育旅游产业中，数字化技术的应用不仅提高了赛事的呈现效果，也展现了现代社会的特点和趋势。一是数字化技术的应用展现了现代社会的特点。通过互联网和社交媒体的运用，观众随时随地观看比赛、参与讨论和交流，体现了现代社会的开放性和互动性。这些技术的应用不仅提高了赛事的呈现效果，也展现了现代社会的特点和趋势。二是数字化技术的应用还展现了现代社会的趋势。随着5G技术的普及和应用范围的扩大化智能化，将是未来体育旅游产业的重要发展趋势之一，而数字化技术将成为推动这一趋势的重要力量之一。通过5G技术的运用实现比赛数据的实时传输和处理，提高比赛的流畅性和实时性。还与可穿戴设备智能家居等相结合，为观众提供更加智能化和便捷的观赛体验，这些技术的应用不仅提高了赛事的呈现效果，也展现了现代社会的趋势和可能性。

第七节 体育旅游产业数字化的转型升级

一、政府角色层面：提升服务能力，提供转型政策保障

（一）提升服务能力

1. 强化数字化服务意识和水平

数字化服务已经成为体育旅游产业的重要发展方向。政府适应这一趋势，强

化自身的数字化服务意识。政府深入了解体育旅游产业的需求,掌握企业和公众在数字化转型过程中的痛点和难点;提供针对性的数字化服务,包括但不限于数字化基础设施的建设、数据安全保障、在线信息平台的建设等。通过这些服务,政府帮助体育旅游产业解决数字化转型中的实际困难,提高数字化水平。随着互联网技术的发展,数字化服务已经成为体育旅游产业转型升级的重要方向,提升数字化服务水平是提升服务能力的基础。政府和企业加强数字化基础设施建设,提高网络覆盖率和传输速度,为数字化服务提供稳定、高效的技术支持。此外,还加强数字化服务的安全保障,确保游客的信息安全和隐私保护。

2. 优化数字化服务团队和流程

为提升服务能力,政府应建立一支高素质的数字化服务团队。这个团队应该具备专业的技术知识和丰富的实践经验,能够为体育旅游产业提供专业的数字化咨询服务和技术支持。政府还加强对团队成员的培训和管理,确保能够提供高质量的数字化服务。政府优化数字化服务流程,简化办事程序,提高服务效率。一是政府建立统一的数字化服务平台,将各类体育旅游服务整合在一起,方便企业和公众获取信息和使用。二是政府要优化服务流程,简化办事程序,减少企业和公众在办理业务时的时间和精力成本。

3. 加强服务质量监管与创新

服务质量是体育旅游产业的核心竞争力之一。加强服务质量监管是提升服务能力的关键。政府建立健全的服务质量监管机制,明确监管标准和程序,确保监管的公正性和有效性。加强对服务提供者的培训和管理,提高服务人员的专业素质和服务意识。此外,还加强对服务质量的评估和反馈,及时发现和解决问题,提高服务质量和游客满意度。服务模式创新是提升服务能力的有效途径之一。政府和企业要积极推动服务模式创新,以满足游客不断变化的需求。例如,推动线上线下服务的融合,为游客提供更加便捷、全面的服务体验,通过线上平台为游客提供旅游信息查询、预订等服务,在线下提供优质的导游服务和旅游体验;推动服务模式的多元化发展,为游客提供更加丰富、多样的选择;推出定制化旅游产品和服务,满足游客个性化的需求。此外,还推动服务模式的智能化发展,利用人工智能、大数据等技术手段提高服务的智能化水平,提高服务效率和质量。

(二)提供转型政策保障

1. 制定明确的政策目标和计划

政府制定明确的政策目标和计划,为体育旅游产业的数字化转型升级提供指导和支持。政府明确数字化转型的目标和时间表,制定详细的计划和实施方案。政府加强对政策实施效果的评估和反馈,根据实际情况及时调整政策方向和措施。通过制定明确的政策目标和计划,政府为体育旅游产业的数字化转型升级提供有力的政策保障。

2. 加大政策扶持力度

政府加大对体育旅游产业数字化转型升级的政策扶持力度。通过财政补贴、税收优惠、金融支持等措施，降低企业的转型成本和风险。政府设立专项资金，支持体育旅游产业的数字化基础设施建设和技术研发。政府给予在数字化转型方面取得显著成果的企业税收减免或奖励。此外，政府还引导金融机构为体育旅游企业提供低息贷款或担保支持等金融服务。通过这些政策措施，政府帮助企业解决资金和风险问题，推动体育旅游产业的数字化转型升级。

3. 加强政策宣传和培训

政府加强对体育旅游产业相关企业和人员的政策宣传和培训工作。通过组织政策宣讲会、培训课程等活动，提高企业对数字化转型升级的认识和理解，增强转型意识和能力。政府还邀请高校、科研机构等专家为企业和人员提供指导和咨询服务。通过这些措施，政府帮助企业和人员更好地理解和应用数字化技术，推动体育旅游产业的数字化转型升级。

二、生产要素层面：强化科技赋能，优化全要素供给

（一）强化科技赋能

一是大数据与人工智能的应用。大数据和人工智能是当前科技发展的热点领域，其在体育旅游产业中的应用也日益广泛。通过对历年旅游数据的分析，预测不同季节、不同地区的游客流量，为企业制定合理的经营策略提供数据支持。人工智能技术在体育旅游产业中的应用也日益广泛。智能导览系统通过人工智能技术为游客提供个性化的导览服务，提高游客的游览体验。二是物联网与可穿戴设备的发展。物联网和可穿戴设备是当前科技发展的另一个重要方向。通过物联网技术，实现体育设施的智能化管理和监控，提高设施的利用效率和安全性。通过物联网技术实时监测体育场馆的空气质量、温度、湿度等参数，为场馆管理者提供及时、准确的信息，确保场馆的适宜环境和安全。可穿戴设备在体育旅游产业中也具有广泛的应用前景。通过可穿戴设备，实时监测游客的身体状况、运动轨迹等数据，为游客提供更加个性化的健康与休闲服务。这些数据还为企业提供宝贵的市场分析数据，为产品研发和市场策略制定提供支持。三是虚拟现实与增强现实技术的融合。虚拟现实和增强现实技术是当前科技发展的前沿领域，其在体育旅游产业中的应用也日益受到关注。通过虚拟现实技术，为游客打造沉浸式的体验环境，使游客能够更加深入地了解和感受体育文化和旅游特色。通过虚拟现实技术让游客身临其境地体验运动员的训练过程和比赛场景，提高游客的参与度和体验感。增

强现实技术在体育旅游产业中也有着广泛的应用前景。通过增强现实技术,将虚拟元素与现实场景相结合,为游客提供更加丰富、多样的游览体验。在旅游景点通过增强现实技术看到历史建筑的原貌或古代人物的形象,使游客能够更加深入地了解和感受景点的历史文化内涵。

(二)优化全要素供给

1. 人力资源优化全要素供给

一是加强人才培养和引进。体育旅游产业要具备专业知识和技能的人才来推动数字化转型升级。因此,加强人才培养和引进工作,通过高校、培训机构等途径培养更多具备数字化技能和跨界融合能力的人才。还积极引进国内外优秀人才,为产业发展注入新的活力和创造力。二是建立完善的人才激励机制。人才是推动体育旅游产业数字化转型升级的关键因素之一。因此,要建立完善的人才激励机制,包括薪酬、晋升、培训等方面,激发人才的积极性和创造力。还关注人才的心理健康和生活质量,为提供更好的工作环境和生活条件。三是推动人才跨界融合。因此,推动人才跨界融合,加强不同领域之间的交流与合作,促进人才之间的互补和协作。还鼓励人才不断学习和创新,提高自身的综合素质和竞争力。

2. 资本优化全要素供给

一是加大政府投入力度。政府是推动体育旅游产业数字化转型升级的重要力量,因此,应加大政府投入力度,设立专项资金用于支持体育旅游产业的数字化转型升级和创新发展;还要加强对企业的扶持和引导,鼓励企业加大投入力度,推动产业的数字化转型升级。二是吸引社会资本投入。社会资本是推动体育旅游产业数字化转型升级的重要力量之一,因此,吸引社会资本投入,通过设立风险投资基金、引入战略投资者等方式,为产业发展提供资金支持。例如,加强对投资者的管理和引导,确保投资行为的合规性和可持续性。三是推动产融结合。产融结合是推动体育旅游产业数字化转型升级的重要途径之一,因此,应推动产融结合,加强产业与金融之间的合作与交流,为产业发展提供更加全面、便捷的金融服务;加强对金融风险的防范和管理,确保金融活动的合规性和稳定性。

3. 技术优化全要素供给

一是加强技术研发和创新。技术研发和创新是推动体育旅游产业数字化转型升级的关键因素之一,因此,应加强技术研发和创新工作,通过引进先进技术、加强自主研发等方式提高技术的自主创新能力;还要关注技术的可持续性和环保性,推动技术的绿色发展。二是推动技术应用和推广是推动体育旅游产业数字化转型升级的重要途径之一,因此,应通过建立技术应用示范基地、加强技术培训等方式提高技术的应用水平;还应加强对技术的宣传和推广工作提高技术的知名度和影响力。三是建立完善的技术标准和规范体系。技术标准和规范体系是推动体育旅游产业数字化转型升级的重要保障之一,因此,要建立完善的技术标准和规范体系,包括技术标准、技术规范、技术评估等方面为产业发展提供更加全面、规范的技术支持和服务;还应加强对技术标准和规范体系的宣传和推广工作提高技术的认可度和应用范围。

三、需求条件层面:打造数字化体育消费场景,完善高端服务供给

1. 加强数字化基础设施建设

数字化基础设施建设是打造数字体育消费场景的基础。要实现体育旅游产业的数字化转型升级,应加强数字化基础设施建设,包括互联网、物联网、大数据、人工智能等领域的技术研究和应用。通过提高网络覆盖率和传输速度,为消费者提供更加稳定、高效的数字化服务。要建立和完善数字化基础设施的维护和管理机制,确保基础设施的正常运行和稳定运行。在加强数字化基础设施建设方面,政府发挥关键作用。政府出台相关政策,鼓励企业和机构加大对数字化基础设施的投入力度,提高网络覆盖率和传输速度,政府还应加强对基础设施的监管和管理,确保其正常运行和稳定运行。此外,政府还应引导和鼓励企业加大对数字化技术的研发和应用力度,推动数字化技术的创新和发展。

2. 丰富创新数字化产品和服务

创新数字化产品和服务是打造数字体育消费场景的核心。在加强数字化基础设施建设的基础上,要积极推动数字化产品和服务的发展,以满足不同人群的需求。一是在创新数字化产品方面,借助大数据、人工智能等技术手段,对消费者的运动数据和健康状况进行分析和预测,为其提供更加个性化的健身指导和健康管理服务。开发虚拟赛事平台,让消费者在线上参与各种体育比赛和活动;开发在线健身平台,让消费者在家中进行健身锻炼;开发电子竞技产品让消费者在线上参与各种电子竞技比赛和活动等多样化的数字体育产品。二是在创新数字化服务方面,让消费者在线学习各种体育知识和技能;提供运动场馆预约服务、健身器材租赁服务等多样化的服务内容等个性化的健身指导和健康管理服务。建立基于互联网平台的体育教育和培训服务。通过开展线上赛事活动、健身挑战赛等形式,增加消费者的参与度和黏性,举办线上马拉松比赛让消费者在家中参与跑步比赛,并与其他参与者互动和交流;举办线上健身挑战赛,让消费者在家中进行健身锻炼并与其他参与者竞争和比较等。

3. 拓展数字化体育消费场景

拓展数字化体育消费场景是打造数字化体育消费场景的重要途径之一。政府和企业积极推动数字化体育消费场景的拓展和创新,以更好地满足消费者不断变

化的需求。通过建设数字化体育场馆、虚拟运动体验馆等为消费者提供多样化的运动体验和健身娱乐方式,借助虚拟现实技术为消费者打造沉浸式的运动体验,包括模拟滑雪、攀岩等极限运动;通过线上赛事直播、线上健身课程等形式将数字体育消费场景延伸到家庭、办公室等场所;通过与相关产业的合作与交流,共同推动数字化体育消费场景的创新和发展。与旅游产业合作推出具有地方特色的数字化体育旅游产品,如户外运动、冰雪运动等;与教育产业合作推出基于互联网平台的体育教育和培训服务;与医疗产业合作推出个性化的健身指导和健康管理服务等多样化的数字体育产品和服务。

四、支持产业层面:深化跨界融合,构建新型产业生态

(一)深化跨界融合

1. 文化创意产业的融合

文化创意产业是体育旅游产业数字化发展的重要支持产业之一。通过文化创意产业的融合,将体育旅游与文化创意相结合,打造具有独特魅力和文化内涵的数字体育旅游产品。文化创意产业为体育旅游提供丰富的文化资源和创意灵感,通过深入挖掘地方文化和民族特色,结合体育旅游的实际情况,打造具有地域特色和民族风情的数字体育旅游产品,吸引更多游客的关注和参与。文化创意产业为体育旅游提供多元化的展示和传播平台,通过影视、动漫、游戏等文化创意产品的制作和推广,将体育旅游的魅力以更加生动、形象的方式展现给游客,提高游客的参与度和满意度。文化创意产业还为体育旅游提供品牌营销和推广的支持,通过与知名品牌合作、举办文化活动等方式,提高体育旅游品牌的知名度和美誉度,促进产业的数字化发展。

2. 科技产业的融合

科技产业是体育旅游产业数字化发展的重要推动力量。通过科技产业的融合,将先进的技术手段应用于体育旅游领域,提高产业的科技含量和竞争力。科技产业为体育旅游提供先进的技术手段和解决方案;通过物联网技术的应用,实现设备的智能化管理和监控,提高运营效率和服务质量。科技产业为体育旅游提供创新的产品和服务,通过 AI 技术等的应用,打造沉浸式数字体育旅游体验;通过智能穿戴设备的应用,为游客提供个性化的健身指导和健康管理服务等。科技产业还为体育旅游提供安全保障和风险控制,在数字化时代,网络安全问题日益突出。科技产业应提供完善的安全防护和监控措施,确保业务数据的安全和保密,科技产业还为体育旅游提供风险评估和管理服务,降低业务风险。

3. 旅游产业的融合

旅游产业是体育旅游产业数字化发展的重要基础。通过与旅游产业的融合，促进体育旅游与其他旅游资源的整合与共享，提高产业的综合效益和市场竞争力。旅游产业为体育旅游提供丰富的旅游资源和市场渠道，通过与旅行社、酒店等旅游企业的合作，拓展体育旅游的市场渠道和客户群体，与景区、景点的合作也为体育旅游提供更多的旅游资源和特色产品。旅游产业也为体育旅游提供完善的配套服务和设施支持，通过与酒店、景区等合作，提供住宿、餐饮、交通等配套服务，与旅行社合作为游客提供更加便捷、高效的旅游服务体验。旅游产业还为体育旅游提供品牌营销和推广的支持，通过与知名旅行社、酒店等合作举办特色活动等方式，提高体育旅游品牌的知名度和美誉度，促进产业的数字化发展。

（二）构建新型产业生态

1. 技术创新引领

技术创新是构建新型产业生态的重要驱动力。在体育旅游产业数字化的过程中，技术创新引领产业的发展方向，推动着产业的升级和转型。技术创新引领体育旅游产业的数字化进程，随着科技的不断发展，人工智能、大数据、物联网等先进技术为体育旅游产业的数字化提供了强大的技术支持；通过引入这些先进技术，体育旅游产业开发出更加智能化、个性化的产品和服务，满足游客的多样化需求。技术创新引领体育旅游产业的创新发展，在数字化时代，创新是推动产业发展的关键，通过技术创新，体育旅游产业不断探索新的发展模式和路径，推动产业的创新发展，利用大数据技术对游客行为进行分析和预测，为产品开发和营销策略提供有力支持；利用人工智能技术提升产品的智能化水平，提高游客的体验满意度。

2. 跨界合作共赢

跨界合作是构建新型产业生态的重要途径。在体育旅游产业数字化的过程中，通过跨界合作实现资源共享、优势互补，推动产业的协同发展。① 跨界合作可以实现资源共享。体育旅游产业通过与相关产业的跨界合作，充分利用彼此的资源优势，实现资源共享，例如与科技产业合作可以引入先进的技术和解决方案；与教育产业合作可以推动体育旅游教育的普及和发展；与文化产业合作可以丰富体育旅游的文化内涵。② 跨界合作可以实现优势互补。体育旅游产业通过与其他产业的跨界合作，相互借鉴彼此的优势和经验，实现优势互补，例如与旅游产业合作推出更加丰富多彩的旅游产品线路；与餐饮产业合作提供特色美食体验活动；与住宿产业合作提供智能化、个性化的住宿服务等，通过优势互补，跨界合作为游客提供更加全面、优质的服务体验。③ 跨界合作可以实现共赢发展。在体育旅游产业数字化的过程中，通过合作各方共同参与项目开发和推广，实现资源共享和互利共赢，推动整个产业的协同发展，提升整个行业的竞争力和可持续发展能力。

3. 产业协同发展

产业协同发展是构建新型产业生态的重要目标。在体育旅游产业数字化的过程中加强产业之间的协同发展，实现资源共享和互利共赢，推动整个产业的可持续发展。① 加强政策层面的支持和引导。政府出台相关政策鼓励企业加大对数字化技术的研发和应用投入，加大对数字化人才培养的支持力度，加强与其他相关产业的政策协调和合作等措施，为体育旅游产业的数字化发展提供有力的政策保障和支持措施，推动整个行业的协同发展。② 加强企业之间的合作和交流，实现资源共享和互利共赢，推动整个产业的协同发展。企业之间通过建立战略合作伙伴关系共同开发新产品和服务推广新的营销策略和技术手段，实现资源共享和互利共赢，推动整个产业的协同发展，提升整个行业的竞争力和可持续发展能力。③ 加强行业协会和中介机构的作用，促进整个行业的协同发展。行业协会和中介机构发挥桥梁纽带作用，加强企业之间的联系和沟通，促进整个行业的协同发展，还应组织开展技术交流、人才培训等活动，提升整个行业的数字化水平和创新能力，推动整个行业的可持续发展。

五、市场要素层面：优化数字营商环境，激发企业转型活力

（一）优化数字营商环境

1. 政策支持优化数字营商环境

政策支持是优化数字营商环境的重要保障。政府应该加大对体育旅游产业数字化发展的政策支持力度，为市场主体提供良好的政策环境。一是政府出台相关政策鼓励企业加大对数字化技术的研发和应用投入。通过提供财政补贴、税收优惠等政策措施，降低企业的研发成本，激发企业的创新活力。政府还应引导金融机构加大对体育旅游产业数字化项目的信贷支持力度，为企业提供更加便捷的融资渠道。二是政府还应加强对体育旅游产业数字化发展的宣传和推广工作，提高社会对数字化转型的认知度和接受度。通过举办各类宣传活动、举办数字化转型培训班等方式，提高企业和公众对数字化转型的意识和能力。

2. 市场监管优化数字营商环境

市场监管是优化数字营商环境的重要手段。在体育旅游产业数字化的过程中，市场监管规范市场秩序、保护消费者权益、促进公平竞争。一是市场监管部门应该加强对体育旅游产业数字化市场的监管力度。通过建立健全的市场监管机制和制度体系，加强对市场主体的监督和管理；加强对数字化产品的质量和安全监管，确保产品的质量和安全符合相关标准和规范。二是市场监管部门应该加强对

市场主体的行为监管。严厉打击各种违法违规行为和不正当竞争行为,维护市场的公平竞争秩序。加强对市场主体的信用监管和评价体系建设,建立守信激励和失信惩戒机制,促进市场主体的诚信经营。三是市场监管部门还应该加强对消费者权益的保护工作。建立健全的消费者权益保护机制和制度体系,加强对消费者投诉的处理和解决工作;加强对消费者的教育和引导工作,增强消费者的维权意识和能力。

3. 服务保障优化数字营商环境

服务保障是优化数字营商环境的重要环节。在体育旅游产业数字化的过程中,服务保障提升市场的服务水平和效率、增强消费者的满意度和忠诚度。一是加强数字化服务平台的搭建和完善工作,为消费者提供更加便捷、高效的服务体验,加强线下服务设施的建设和完善工作,为消费者提供更加优质、贴心的服务体验。二是加强数字化服务的培训和指导工作,提升服务人员的专业素养和服务水平。通过开展各类培训课程和实践活动,提高服务人员的数字化素养和技能水平;还要加强对服务人员的考核和评价工作,建立奖惩机制激励服务人员不断提升服务质量和效率。三是加强数字化服务的创新和发展工作,为消费者提供更加个性化、多样化的服务体验。通过引入新技术和新模式,推动数字化服务的创新和发展,满足消费者的多样化需求;还要加强与相关产业的合作和交流,共同推动数字化服务的创新和发展,提升整个行业的竞争力和可持续发展能力。

(二)激发企业转型活力

1. 创新驱动激发企业转型活力

创新是企业转型活力的核心。在体育旅游产业数字化的过程中,企业以创新为引领,推动数字化转型和发展。一是企业加强技术研发和创新。通过引入先进的技术和解决方案,开发出更加智能化、个性化的产品和服务,满足游客的多样化需求。企业还要注重技术研发的投入和成果转化,将技术成果转化为实际的产品和服务,提升企业的核心竞争力。二是企业要加强模式创新和营销策略的创新。通过探索新的发展模式和路径,开发出更加符合市场需求的产品和服务。企业还要注重营销策略的创新,通过线上线下的营销活动吸引更多的游客,提升企业的知名度和影响力。三是企业要加强管理创新和组织变革。通过引入先进的管理理念和组织模式,推动企业内部的管理变革和组织变革,提升企业的管理水平和效率。企业还要注重员工培训和发展,激发员工的创造力和创新精神,为企业的发展提供强有力的人才保障。

2. 人才培养激发企业转型活力

人才培养是企业转型活力的保障。在体育旅游产业数字化的过程中,企业重视人才培养和引进工作,为数字化转型和发展提供强有力的人才支持。一是企业要加强数字化人才的培养和引进工作。通过与高校、科研机构等合作开展数字化人才的培养和培训工作;要积极引进具有数字化技能和经验的人才加入企业中来,为企业的发展提供强有力的人才保障。二是企业要注重员工的数字化素养和技能的提升工作,通过开展各类培训课程和实践活动,提高员工的数字化素养和技能水平。还要加强对员工的考核和评价工作,建立奖惩机制激励员工,不断提升数字化素养和技能水平,为企业的发展提供强有力的人才保障。三是企业要加强与相关产业的合作和交流,共同推动数字化人才的培养和发展,满足市场的多样化需求。还要加强与相关产业的合作和交流,共同推动数字化人才的培养和发展,提升整个行业的竞争力和可持续发展能力。

3. 产业链协同激发企业转型活力

产业链协同是企业转型活力的支撑。在体育旅游产业数字化的过程中,企业要与上下游企业建立紧密的合作关系,实现资源共享和互利共赢,推动整个产业的协同发展,提升整个行业的竞争力和可持续发展能力。一是企业要与供应商建立紧密的合作关系,实现资源共享和互利共赢降低采购成本,提高产品质量和稳定性。共同研发新产品和技术提升整个行业的竞争力和可持续发展能力。二是企业要与销售商建立紧密的合作关系,实现资源共享和互利共赢扩大销售渠道,提高产品的知名度和影响力。共同推广新的营销策略和技术手段,提升整个行业的营销效果和市场占有率。三是企业要与相关产业建立紧密的合作关系,实现资源共享和互利共赢,共同推动数字化技术的发展和应用,提升整个行业的数字化水平和创新能力,推动整个行业的协同发展提升整个行业的竞争力和可持续发展能力。

六、外部机遇层面:抢抓转型时机,积极应对产业变革

(一)抢抓转型时机

1. 政策支持的转型时机

政策支持是企业抢抓转型时机的关键因素。政府对于体育旅游产业数字化的扶持政策,一是政府通过出台一系列的政策措施,鼓励企业加大对数字化技术的研发和应用投入。例如提供财政补贴、税收优惠等政策优惠,降低企业的研发成本,激发企业的创新活力。政府还通过引导金融机构,加大对体育旅游产业数字化项目的信贷支持力度,为企业提供更加便捷的融资渠道。二是政府加强与其他相关产业的政策协调和合作,共同推动体育旅游产业的数字化发展。与科技产业合作制定数字化技术标准和规范,推动技术的普及和应用;与教育产业合作加强数字化人才的培养和引进,为产业发展提供人才保障。

2. 市场需求的转型时机

市场需求是企业抢抓转型时机的核心动力。随着消费者需求的不断变化，体育旅游产业数字化的发展趋势越来越明显。一是消费者对于智能化、个性化的产品和服务的需求越来越高。企业要紧跟市场需求的变化，开发出更加智能化、个性化的产品和服务，满足消费者的多样化需求。企业还要注重产品的质量和安全监管，确保产品的质量和安全符合相关标准和规范。二是消费者对于便捷、高效的服务体验的需求也越来越高。企业要加强数字化服务平台的搭建和完善工作为消费者提供更加便捷、高效的服务体验。通过建立线上服务平台实现预订、支付、导览等一站式服务，提升消费者的便利性和满意度。还要加强线下服务设施的建设和完善工作，为消费者提供更加优质、贴心的服务体验。三是企业还要注重与消费者的沟通和互动，通过建立社交媒体平台、开展线上活动等方式，加强与消费者的沟通和互动，提升消费者的满意度和忠诚度。

3. 技术创新的转型时机

技术创新是企业抢抓转型时机的关键因素。随着科技的快速发展和应用技术的不断创新，体育旅游产业数字化的发展也面临着新的机遇和挑战。一是企业要积极引进和应用新的技术如人工智能、大数据、物联网等，推动体育旅游产业的数字化发展。通过引入新技术和创新应用模式，开发出更加智能化、个性化的产品和服务，提升企业的核心竞争力。二是企业要加强技术研发和创新工作，推动技术的自主创新和突破，提升企业的技术水平和创新能力。还要注重技术研发的投入和成果转化，将技术成果转化为实际的产品和服务提升企业的核心竞争力。三是企业还要加强与科研机构、高校等合作开展技术研发和创新工作，共同推动体育旅游产业数字化的发展和应用，提升整个行业的竞争力和可持续发展能力。

（二）积极应对产业变革

1. 产业链整合

体育旅游产业数字化的产业链整合是应对产业变革的重要手段。随着消费者需求的多样化和个性化，单一的服务模式已经无法满足市场需求。因此，企业要通过数字化技术整合产业链上下游资源，实现资源的优化配置和高效利用。企业通过数字化技术实现与供应商、销售商等合作伙伴的紧密协作，通过建立数字化平台，实现信息的实时共享和沟通，提高协同效率和响应速度。企业还要利用大数据技术对市场需求进行精准分析和预测，指导产品研发和生产，降低库存成本和风险。企业通过数字化技术实现与消费者的直接互动和沟通，通过建立线上服务平台和社交媒体平台，及时了解消费者的需求和反馈，优化产品和服务设计，提高消费者满意度和忠诚度。

2. 跨界合作

跨界合作是体育旅游产业数字化应对产业变革的重要途径。随着科技的快速发展和消费者需求的不断变化，体育旅游产业要与其他相关产业进行跨界合作，共同推动产业的创新和发展。体育旅游产业与科技产业进行跨界合作，通过与科技公司合作研发和应用先进的数字化技术，如人工智能、大数据、物联网等，提升体育旅游产业的智能化水平和服务质量。科技产业也为体育旅游产业提供技术支持和解决方案，推动产业的数字化转型和升级。体育旅游产业与文化创意产业进行跨界合作，通过与文化创意产业合作开发具有文化内涵和创意元素的体育旅游产品和服务，满足消费者对于文化体验和创意消费的需求。文化创意产业也为体育旅游产业提供创意设计和品牌营销等方面的支持，提升产品的附加值和市场竞争力。

3. 全球市场拓展

全球市场拓展是体育旅游产业数字化应对产业变革的重要方向。随着全球化的加速和数字化技术的普及，体育旅游产业的市场空间正在不断扩大。企业要积极拓展全球市场，提升品牌影响力和市场份额。企业通过数字化技术建立全球化的服务平台和销售网络，通过建立多语言、多币种的在线服务平台和移动支付系统，为消费者提供更加便捷、高效的全球化服务体验。企业还利用社交媒体和跨境电商等渠道拓展全球市场，提高品牌知名度和市场份额。企业积极参与国际体育赛事和旅游交流活动，通过赞助或参与国际知名的体育赛事和旅游交流活动，提升品牌影响力和国际竞争力，企业还应借此机会了解全球市场的需求和趋势，指导产品研发和市场策略制定。

七、跨国经营层面：畅通国际交流合作，构建高水平的服务机制

（一）畅通国际交流合作

1. 建立国际合作机制

建立国际合作机制是畅通国际交流合作的基础。企业要与国际合作伙伴建立长期稳定的合作关系，共同推动体育旅游产业的数字化发展。企业与国际知名的体育旅游机构、组织或企业建立战略合作伙伴关系，通过签订合作协议或成立合资公司等方式，共同开展体育旅游项目的研发、推广和运营。这种合作机制有助于企业获取国际先进的技术和经验，提升自身的竞争力和创新能力。企业积极参与国际体育旅游交流活动和论坛，通过参加国际性的体育旅游展会、研讨会等活动，与国际同行交流经验和观点，了解国际市场的需求和趋势，为企业制定跨国经营策略提供重要参考。

2. 加强信息共享

加强信息共享是畅通国际交流合作的关键。在数字化时代，信息已经成为企业决策和发展的重要资源。企业要加强与国际合作伙伴的信息共享，提高决策效率和准确性。企业建立全球化的信息共享平台，通过该平台，企业及时获取国际市场的最新动态、技术进展和市场趋势等信息，为企业的决策提供有力支持；企业还与合作伙伴共同分享资源和技术成果，促进技术进步和市场拓展。企业加强与国际合作伙伴的情报交流，通过建立情报共享机制，企业及时了解竞争对手的动态和市场变化，为企业的战略调整和决策提供重要参考；企业还通过情报交流加强与合作伙伴的信任和合作，共同应对市场挑战和机遇。

3. 推动人才培养与交流

推动人才培养与交流是畅通国际交流合作的重要保障。在数字化时代，人才是企业发展的核心资源。企业加强与国际合作伙伴的人才培养与交流，提高员工的国际化素质和能力。企业与国际知名的体育旅游机构或高校建立合作关系，共同开展人才培养项目，通过联合培养、交换生等方式，为员工提供国际化学习和实践的机会，提升员工的国际化素质和能力；企业还邀请国际专家或学者进行授课或讲座，为员工提供国际化知识和技能的学习机会。企业积极组织员工参与国际体育旅游交流活动和培训课程，通过参加国际性的体育旅游研讨会、培训课程等活动，员工了解国际市场的需求和趋势，学习先进的理念和技术，提升自身的专业素养和综合能力；企业还鼓励员工参加国际性的体育旅游项目或赛事，拓宽员工的视野和经验积累。

（二）构建更高水平的服务机制

1. 个性化服务

个性化服务是体育旅游产业数字化跨国经营的核心竞争力。随着消费者需求的多样化和个性化，提供定制化的服务已经成为企业赢得市场的关键。企业通过数字化技术收集和分析消费者的行为数据、偏好信息等，建立精准的用户画像，通过深入了解消费者的需求和喜好，为消费者提供个性化的产品和服务推荐，提升消费者的满意度和忠诚度。企业利用数字化技术为消费者提供定制化的旅游体验，通过虚拟现实、增强现实等技术，为消费者打造沉浸式的旅游体验，让消费者在旅游过程中获得更加丰富的感官享受和情感共鸣。

2. 智能化服务

智能化服务是体育旅游产业数字化跨国经营的重要支撑。随着人工智能、大数据等技术的不断发展，智能化服务已经成为提升企业运营效率和服务质量的重要手段。企业利用人工智能技术为消费者提供智能化的咨询和导览服务，通过建立智能客服系统、智能导览系统等，为消费者提供24小时不间断的在线咨询和导览服务,解决消费者在旅游过程中遇到的问题和困难。企业利用大数据技术对消费者的行为和需求进行精准分析和预测,通过挖掘消费者的消费习惯、旅游偏好等信息,为消费者提供更加精准的产品和服务推荐,提升消费者的购物体验和旅游满意度。

3. 全球化服务

全球化服务是体育旅游产业数字化跨国经营的必然要求。随着全球化的加速和数字化技术的普及,为消费者提供全球化的服务已经成为企业赢得市场的关键。一是企业利用数字化技术建立全球化的服务平台和销售网络。通过建立多语言、多币种的在线服务平台和移动支付系统,为消费者提供更加便捷、高效的全球化服务体验。利用社交媒体和跨境电商等渠道拓展全球市场,提高品牌知名度和市场份额。二是企业积极参与国际体育赛事和旅游交流活动,了解全球市场的需求和趋势,指导产品研发和市场策略制定。借此机会与国际合作伙伴建立紧密的合作关系,共同推动体育旅游产业的全球化发展。三是企业注重跨文化交流和合作。在跨国经营过程中,企业要尊重不同国家和地区的文化差异和消费习惯,为消费者提供符合当地文化特色的产品和服务。积极与当地的合作伙伴和政府机构进行沟通和协作,建立良好的合作关系和信任机制,为企业在当地市场的长期发展奠定基础。

第四章 体育旅游产业数字化的升级路径

第一节 体育旅游产业数字化的逻辑起点

一、体育旅游产业数字化的内生逻辑

（一）体育旅游产业数字化的关联网络

1. 关联网络的主体

（1）消费者与体育旅游企业。消费者是体育旅游产业数字化关联网络的核心，其对体育旅游的需求和行为数据是整个网络运行的基础。消费者通过数字化平台搜索和比较不同的体育旅游产品和服务，包括在线预订旅游行程、购买门票、安排交通和住宿等。数字化平台收集和分析消费者的需求和行为数据，帮助体育旅游企业了解消费者的需求和偏好，提供定制化的产品和服务。体育旅游企业在关联网络中也扮演着重要的角色。通过数字化平台进行市场推广、产品销售和服务提供等，利用大数据分析、人工智能等技术，提高内部运营效率，优化服务流程，为消费者提供更优质的产品和服务。体育旅游企业与数字化平台的合作，将产品和服务推向更广泛的消费者群体，借助平台的数据分析，进一步了解消费者的需求和市场趋势，制定更加精准的市场策略。

（2）数字化平台和服务提供商。数字化平台和服务提供商为体育旅游产业提供了技术支持和数字化服务，是关联网络中的重要组成部分。这些平台包括在线旅游平台、社交媒体、搜索引擎、支付系统等，通过与体育旅游企业合作，将产品和服务推向更广泛的消费者群体。数字化平台可以帮助体育旅游企业提高销售效率和客户满意度，为消费者提供更加便捷的购物和旅游体验。服务提供商可为体育旅游产业提供各种服务支持，包括技术研发、数据挖掘和分析、营销推广等。与体育旅游企业和数字化平台的合作，可以帮助企业提高运营效率和市场竞争力，也可

为消费者提供更加个性化、优质的服务。

(3) 政府部门与其他相关主体。政府部门在体育旅游产业数字化关联网络中扮演着监管和推动发展的角色。通过制定相关的政策和法规，规范数字化平台和体育旅游企业的经营行为，保障消费者权益。政府部门也通过支持基础设施建设、技术创新等方式，推动体育旅游产业的数字化发展。政府部门通过与数字化平台、体育旅游企业以及其他相关主体合作，共同构建一个有序、规范的市场环境。其他相关主体包括媒体和意见领袖、社交媒体和社区群体、技术和数据服务提供商以及金融机构等。媒体和意见领袖通过报道、评价和推荐等方式，影响消费者的旅游选择和消费行为；社交媒体和社区群体为消费者提供互相学习、交流和分享的平台；技术和数据服务提供商为体育旅游产业提供关键的技术支持；金融机构为消费者和企业提供支付、信贷和其他金融服务。这些主体在关联网络中发挥着各自的作用，共同推动着体育旅游产业的数字化发展。

(4) 技术创新与数据应用。技术创新与数据应用成为推动体育旅游产业数字化发展的关键因素之一。随着人工智能、大数据分析、物联网等技术的不断发展和应用，体育旅游企业可以更加精准地了解消费者的需求和市场趋势，优化内部运营和服务流程。数据的应用也贯穿于整个关联网络的运行过程中，包括消费者行为数据的收集和分析、市场趋势的预测、服务流程的优化等。技术创新与数据应用不仅为体育旅游企业提供了更多的发展机遇和竞争优势，也为消费者提供了更加个性化、优质的服务体验。

2. 关联网络媒介资源

(1) 信息传播媒介。信息传播媒介是体育旅游产业数字化关联网络中不可或缺的一部分。这些媒介包括传统媒体和数字媒体两大类。传统媒体的报纸、杂志、电视和广播等，它们在体育旅游信息的传播中仍发挥着一定的作用。而数字媒体则以互联网为基础，包括搜索引擎、社交媒体、网络论坛和博客等。这些数字媒体平台具有较高的交互性和实时性，能够快速传递信息和吸引潜在消费者。在信息传播媒介中，互联网是最为重要的平台之一。互联网提供了广泛的体育旅游信息，包括旅游景区的介绍、门票预订、酒店住宿、交通安排等。此外，互联网还为消费者提供了互动交流的平台，在旅游论坛或社交媒体上分享旅游经历、交流旅游心得，从而获得更多的旅游灵感和建议。

(2) 品牌推广媒介。品牌推广媒介是体育旅游企业展示和推广自身品牌及产品的平台。这些媒介包括广告、促销活动、网站和移动应用等。广告是最为常见的品牌推广方式之一，借助各种媒介平台进行宣传，如电视广告、网络广告和户外广告等。促销活动则是一种吸引消费者参与的方式，包括门票打折、特价住宿和组合套餐等。网站和移动应用则是体育旅游企业展示品牌形象和产品特色的重要平台。企业通过网站或移动应用向消费者展示旅游产品和服务，提供详细的信息和图片资料,甚至提供虚拟现实或增强现实体验,从而吸引更多的潜在消费者。此外,网站和移动应用还提供在线预订和支付功能,方便消费者购买和消费。

(3) 社交互动媒介。社交互动媒介是体育旅游产业数字化关联网络中的重要组成部分。社交媒体平台的微博、微信、抖音和 Facebook 等已经成为人们交流和分享信息的重要工具。这些平台具有广泛的用户群体和高度互动性,能够实现信息的快速传播和用户的互相影响。在社交互动媒介中,社交媒体成为越来越重要的平台之一。社交媒体不仅为消费者提供获取信息和交流的平台,还为企业提供宣传和推广的渠道。体育旅游企业在社交媒体上发布旅游景区的介绍、活动信息、优惠政策和旅游经历等,与消费者进行互动和交流。此外,社交媒体还通过数据分析和技术应用等方式,精准定位目标用户并提供个性化推荐和服务。

(4) 数据分析媒介。数据分析媒介是体育旅游产业数字化关联网络中不可或缺的部分。随着数字化时代的到来,数据已经成为企业和消费者决策的重要依据。数据分析媒介帮助企业和消费者获取、分析和利用数据资源,从而更好地制定市场策略和消费决策。在数据分析媒介中,大数据技术已经成为越来越重要的手段之一。大数据技术可以处理海量的数据信息,包括消费者的行为数据、市场趋势数据和竞争对手数据等。通过大数据分析技术,体育旅游企业可以深入了解市场需求和消费者行为,从而制定出更加精准的市场策略和产品开发计划。此外,大数据技术还可以帮助企业预测市场趋势和消费需求变化,提前做好应对措施并抢占市场先机。

3. 关联网络方式

(1) 平台化运营方式。平台化运营方式是体育旅游产业数字化关联网络的核心方式之一。它是指通过构建一个互联网平台,将体育旅游产业中的各个主体和资源相互连接,形成一个综合性的服务平台。这个平台提供多种服务,包括旅游信息查询、产品预订、在线支付、社交互动等。平台化运营方式的优势在于实现资源共享和协同发展。通过平台,体育旅游企业展示自己的产品和服务,吸引更多的消费者;消费者则在平台上获取更多的旅游信息和服务,提高旅游体验;平台还通过数据分析和技术应用等方式,优化服务流程和提高服务质量。

(2) 社交化营销方式。社交化营销方式是体育旅游产业数字化关联网络中的重要方式之一。它是指通过社交媒体平台,将体育旅游产品和服务推广给更多的潜在消费者。营销方式具有传播速度快、互动性强、成本低等特点。在社交化营销中,体育旅游企业通过社交媒体平台发布旅游景区的介绍、活动信息、优惠政策和旅游经历等内容,吸引更多的关注和互动。企业还通过社交媒体平台与消费者进行互动和交流,及时了解需求和反馈,从而不断改进产品和服务。

(3) 智能化服务方式。智能化服务方式是体育旅游产业数字化关联网络中的创新方式之一。它是指通过人工智能、大数据、物联网等技术,为消费者提供更加便捷、高效和个性化的服务。服务方式可以实现服务流程的自动化和智能化，提高服务效率和质量。在智能化服务中，体育旅游企业利用人工智能技术为消费者提供智能推荐和定制化的服务。通过分析消费者的历史数据和偏好，企业推荐适合的旅游产品和服务；通过物联网技术，企业实现景区智能化管理和运营，提高游客体验和安全性。

(4) 数字化支付方式。数字化支付方式是体育旅游产业数字化关联网络中的必要方式之一，是指通过电子支付方式完成体育旅游产品和服务的购买和支付。支付方式具有方便快捷、安全可靠、降低成本等优点。在数字化支付中，体育旅游企业通过与金融机构合作，为消费者提供多种支付方式选择，如信用卡支付、在线支付、移动支付等。企业还利用区块链等技术保障交易的安全性和可追溯性。

(二) 体育旅游产业数字化的关联网络形成

体育旅游产业数字化的发展已经成为一种趋势，关联网络的形成是这一趋势的重要体现。关联网络是指通过数字化技术和互联网平台，将体育旅游产业中的各个主体和资源相互连接，形成一个相互依存、相互促进的网络系统。这个网络系统促进了信息共享、协同发展和创新合作，为体育旅游产业的数字化发展提供了强大的支持。

1. 数字化技术的创新与应用

数字化技术的创新与应用是关联网络形成的基础。随着互联网、物联网、大数据、人工智能等技术的不断发展，体育旅游产业也在不断探索和创新数字化应用，以提升产业的发展水平和效率。数字化技术可以提高体育旅游产业的信息传播效率，通过互联网平台，人们快速获取和发布各种体育旅游信息，包括景点介绍、赛事预告、酒店预订等。这不仅方便了消费者，也提高了企业的营销效果和运营效率。数字化技术可以提高体育旅游产业的智能化水平，通过物联网技术，实现体育设施的智能化管理和监控，提高设施的利用效率和安全性。通过人工智能技术，对大量的数据进行分析和处理，为决策提供科学依据和预测。数字化技术还可以提高体育旅游产业的互动性和参与性，通过社交媒体、虚拟现实等技术，人们在线交流互动、分享旅游经验，提高用户的参与度和体验感。数字化技术也为企业提供了更多的营销手段和渠道，如直播带货、网红营销等。

2. 产业主体的积极参与和合作

产业主体的积极参与和合作是关联网络形成的关键。体育旅游产业的各个主体，包括政府部门、企业、社会组织和个人等，都需要积极参与到数字化转型中来，加强合作和协同发展。政府部门需要加强对体育旅游产业数字化发展的规划和引导，制定相关政策和规划，引导企业和社会组织加大对数字化技术的投入和应用。政府部门还需要加强对数字化基础设施的建设和维护，为关联网络的形成提供基础保障。企业需要促进自身的数字化转型和创新,积极探索数字化技术的应用,开发新的产品和服务,提高自身的竞争力和市场占有率。企业还需要加强与政府部门、社会组织和其他企业的合作,共同推动关联网络的形成和发展。社会组织和个人也需要积极参与到体育旅游产业的数字化发展中来,社会组织开展数字化教育和培训,提高公众对数字化技术的认知和应用能力。个人通过互联网平台参与到体育旅游活动中来,分享经验和互动交流,推动关联网络的形成和发展。

3. 数据资源的共享和整合

数据资源的共享和整合是关联网络形成的核心。在体育旅游产业的数字化发展中,数据是最为重要的资源之一。通过对数据的收集、分析和利用,更好地了解市场需求和消费者行为,为产品开发和市场策略提供有力支持。需要建立数据共享机制和平台,政府部门、企业和相关社会组织共同建立数据共享平台,实现数据的互联互通和共享利用,这样可以避免数据的重复采集和浪费,提高数据的使用效率和价值。需要加强对数据的保护和管理,在实现数据共享的同时,也需要加强对数据的保护和管理,确保数据的隐私和安全性,可以通过制定相关法规和技术手段来实现,如数据加密、访问控制等。需要加强对数据的分析和利用,通过对大量数据的分析和挖掘,发现隐藏在数据中的规律和趋势,为决策提供科学依据和预测,也可通过数据可视化等技术手段,将数据转化为具有表现力和说服力的图表和报告等表现形式。

4. 网络基础设施的完善和优化

网络基础设施的完善和优化是关联网络形成的保障。在体育旅游产业的数字化发展中,网络基础设施的质量和水平直接影响到关联网络的形成和发展。① 加强网络基础设施建设,包括互联网、物联网、大数据中心等基础设施的建设和维护,提高网络的覆盖率和稳定性,为关联网络的形成提供基础保障和支持。② 加强对网络安全的保障和管理。在数字化时代中,网络安全是最为重要的问题之一,加强对网络安全的投入和管理,建立完善的安全保障体系和技术手段,确保网络的安全性和稳定性,为关联网络的形成提供安全保障和支持。③ 加强对网络服务的优化和管理。在关联网络的形成中,网络服务是最重要的支撑之一。加强对网络服务的优化和管理,提高网络服务的速度和质量,为关联网络的形成提供优质的网络服务保障和支持。

(三)体育旅游产业数字化的关联网络度量与识别

随着数字化技术和互联网平台的快速发展,体育旅游产业正在经历深刻的变革。关联网络的形成是这一变革的重要体现,它通过将体育旅游产业中的各个主体和资源相互连接,形成一个相互依存、相互促进的网络系统。

1. 网络结构的度量

关联网络的结构特征对其功能和效率有着至关重要的影响。在体育旅游产业数字化关联网络中,从节点度、聚类系数、平均路径长度等指标来度量网络的结构特征。节点度是指网络中各个节点(即主体或资源)的连接数,它反映节点在网络中的重要性和影响力;聚类系数是指网络中节点的聚集程度,它反映网络的紧密性和协同性;平均路径长度是指网络中任意两个节点之间距离的平均值,它反映网络的连通性和扩散性。通过对这些结构指标的度量,可以了解关联网络的整体特征和运行规律,从而更好地识别和理解体育旅游产业数字化的发展趋势和挑战。

2. 网络行为的识别

关联网络中的行为主体包括企业、政府部门、社会组织和个人等。它们在网络中的行为活动对于整个网络的运行和演化有着重要影响。在体育旅游产业数字化关联网络中,政府部门通过政策制定和公共服务提供等方式引导产业发展;企业通过市场运作和创新研发等方式推动产业发展;社会组织和个人通过参与和互动等方式影响产业发展。这些行为主体的行为活动相互交织、相互影响,形成了复杂的网络行为模式。通过对网络行为的识别和分析,了解各个行为主体在关联网络中的地位和作用,以及它们之间的相互关系和影响机制,从而更好地协调和管理体育旅游产业的发展。

3. 网络效应的评估

关联网络的效应是指通过网络中各个主体和资源的相互作用所产生的影响和结果。在体育旅游产业数字化关联网络中,网络效应对于产业的创新发展、市场竞争和资源配置等方面都有着重要影响。通过对关联网络的效应进行评估,了解网络对于体育旅游产业发展的贡献和影响,从而更好地优化网络结构、提升网络效率、发挥网络优势,为体育旅游产业的数字化发展提供更有力的支撑。

4. 网络演化的预测

关联网络的演化是指网络结构、行为和效应随时间的变化而发生调整和改变的过程。在体育旅游产业数字化关联网络中,网络的演化受到多种因素的影响,包括市场需求的变化、技术进步的推动、政策环境的调整等。通过对关联网络演化的预测,了解未来一段时间内体育旅游产业数字化的发展趋势和变化规律,从而更好地适应市场变化和技术进步,为产业的可持续发展提供有力支持。

(四)体育旅游产业数字化的内生动因

1. 市场需求的驱动

市场需求是体育旅游产业数字化发展的内生动因之一。随着消费者对体育旅游体验需求的不断提升,对数字化服务的需求也越来越强烈。数字化技术提高了体育旅游产业的便利性和效率,也提高了消费者的参与度和体验感。通过互联网平台，消费者可以更加便捷地预订旅游产品、查询赛事信息和购买体育装备等。此外，数字化技术还帮助企业更好地了解市场需求和消费者行为，从而更好地开发产品和制定市场策略。

2. 技术创新的发展

技术创新是体育旅游产业数字化发展的内生动因之二。随着物联网、大数据、人工智能等技术的不断发展，体育旅游产业也在不断探索和创新数字化应用。通过物联网技术，实现体育设施的智能化管理和监控，提高设施的利用效率和安全性；通过大数据技术，对海量的数据进行分析和处理，为决策提供科学依据和预测；通过人工智能技术，实现智能推荐和个性化服务，提高消费者的满意度和体验感。这些技术的应用和发展，为体育旅游产业的数字化转型提供了强有力的支撑。

3. 产业升级的推动

产业升级是体育旅游产业数字化发展的内生动因之三。随着经济的发展和社会的进步，体育旅游产业也需要不断升级和转型，以适应市场的变化和满足消费者的需求。数字化技术是推动体育旅游产业升级的重要手段之一。通过数字化技术，实现体育旅游产业的智能化、网络化和协同化发展，提高产业的效率和竞争力。数字化技术还帮助企业更好地管理和优化产业链条，实现资源的优化配置和效益的最大化。这些因素共同推动着体育旅游产业的数字化转型和升级。

4. 政策制度的引导

政策制度是体育旅游产业数字化发展的内生动因之四。政府在体育旅游产业的数字化发展中扮演着重要的角色。政府通过制定相关政策和规划，引导企业和社会组织加大对数字化技术的投入和应用；通过加强对数字化基础设施的建设和维护，为关联网络的形成提供基础保障。此外，还通过促进关联网络的形成和发展，制定优惠的投资政策和技术创新支持政策等鼓励企业，加大对数字化技术的研发和推广应用。

（五）体育旅游产业数字化的内生方向

1. 用户体验的全面数字化

以用户为中心提升个性化体验是体育旅游产业数字化的关键因素之一。随着消费者对体育旅游的需求日益多元化和个性化，企业需要借助数字化技术提供更加优质、高效、个性化的服务，以满足消费者需求。利用大数据、人工智能等技术，对游客的行为习惯、消费偏好等进行深入挖掘和分析，为用户提供个性化的运动推荐、场地预约、教练指导等服务。通过智能推荐系统，根据用户的兴趣和需求，为用户推荐合适的体育旅游产品，提高用户满意度和忠诚度。通过虚拟现实（VR）和增强现实（AR）技术，为游客提供沉浸式的运动体验和场景模拟。例如，在滑雪项目中，游客通过VR设备身临其境地感受不同雪道和场景的刺激与乐趣，提高运动的乐趣和吸引力。AR技术还用于体育技巧指导和动作纠正,提高游客的运动技能和水平。通过社交媒体和互动平台,促进游客之间的交流和互动,让用户在体育旅游过程中建立联系、分享经验和感受。开发运动社交应用,让游客记录自己的运动轨迹、分享运动成果,并与其他运动爱好者进行互动交流,形成社区感和归属感。

2. 智能化运营与管理

实现智能化运营与管理是体育旅游产业数字化的关键因素之二。通过物联网、人工智能等技术的应用,实现体育设施和设备的智能化管理,提高设施利用率和维护效率,为游客提供更加安全、舒适的体育旅游体验。通过物联网技术,实时监测体育设施和设备的使用状态和安全性能。建立设备预警系统,及时发现故障和安全隐患,确保游客的人身安全。通过智能化维护系统定期对设备进行检修和保养,提高设备的使用寿命和稳定性。利用大数据和人工智能技术对业务数据进行实时监测和分析,为管理决策提供支持,实现资源的优化配置和业务流程的智能化管理,提高运营效率和服务质量。根据历史数据和市场趋势进行预测分析,制定更加精准的营销策略和服务计划,提高企业的竞争力和营利能力。通过智能化技术手段加强体育旅游场所的安全管理,提高安保效率和应急处理能力,保障游客的人身安全。利用人脸识别等技术进行身份验证和门禁管理,确保场馆的安全可控;通过智能监控系统实时监测场内情况,及时发现异常事件并进行快速处理,避免安全事故的发生。

3. 创新发展与跨界融合

创新发展与跨界融合是体育旅游产业数字化内生方向的关键因素之三。在数字化技术的推动下体育旅游产业需要不断创新发展,以适应市场的变化和消费者的需求,还需要加强与其他产业的跨界合作,实现产业链的整合和优化推动产业的可持续发展。利用互联网思维和数字化技术推动业务模式的创新,为消费者提供更加便捷、个性化的服务体验。开发移动应用,提供在线预订、智能导航、运动商城等服务满足用户的一站式需求;开展线上线下融合的体验式营销,通过线下活动吸引用户关注线上平台进行转化和留存,提高用户黏性和转化率。

二、体育旅游产业数字化的外在逻辑

(一)体育旅游产业数字化的外部系统

1. 与相关产业的融合发展

体育旅游产业数字化的发展不是孤立的,它需要与其他产业进行融合发展,形成新的商业模式和产业链条。其中,最为密切的是信息技术产业、文化创意产业和健康养生产业等。一是信息技术产业。体育旅游产业数字化离不开信息技术产业的支持。从大数据分析到人工智能应用,从物联网到云计算,信息技术为体育旅游产业提供了强大的技术支持和解决方案。体育旅游产业的需求也为信息技术产业提供了广阔的市场和发展空间。二是文化创意产业。体育旅游产业与文化创意产业相互促进。文化创意为体育旅游提供了丰富的文化内涵和特色体验,而体育旅游则为文化创意提供展示和传播的平台。一些体育赛事和活动已经成为文化创意的重要载体,吸引了大量游客和观众。三是健康养生产业。随着人们对健康生活的追求,健康养生产业逐渐成为体育旅游的重要发展方向。通过数字化技术,将健康养生理念融入体育旅游产品中,为游客提供更加个性化的健康养生体验。健康养生的需求也带动了体育旅游产业的升级和创新。

2. 数字化基础设施的完善与提升

数字化基础设施是体育旅游产业数字化的基石。随着5G、物联网、云计算、人工智能等技术的快速发展和应用,体育旅游产业的基础设施正在不断完善和提升。一是5G网络覆盖与高速互联网接入。5G网络的高速度、大带宽和低时延特性为体育旅游产业的数字化提供了强大的网络支持。通过5G网络,游客实时获取各类信息,包括运动场馆的预订情况、赛事直播、运动数据等。高速互联网接入也为体育旅游产业的数字化提供了基础保障。二是物联网技术的广泛应用。物联网技术使得体育设施和设备相互连接并进行数据交换。通过物联网传感器和设备,企业实时监测场馆的使用情况、设备运行状态等,为智能化运营和管理提供支持。三是云计算与大数据中心建设。云计算为体育旅游产业提供了强大的数据处理和分析能力。通过云计算平台,企业存储海量数据并进行分析挖掘,为业务决策提供数据支持。大数据中心的建设也为数据的集中管理和应用提供了保障。四是人工智能技术的深度应用。人工智能技术为体育旅游产业的智能化发展提供了强大动力。通过机器学习、自然语言处理等技术,企业开发出智能推荐、智能客服、智能安保等应用场景,提高用户体验和服务质量。

3. 数字化平台与生态圈的构建

数字化平台与生态圈的构建是体育旅游产业数字化的重要方向。通过构建数字化平台和生态圈,实现产业内各环节的数字化连接和资源共享,提高整个产业的协同效率和创新能力。一是数字化平台的搭建。数字化平台为体育旅游产业的参与者提供了便捷、高效的服务。通过体育旅游电商平台,游客预订运动场馆、购买赛事门票、预订运动装备等。此外,数字化平台还为政府提供监管和数据分析支持,为行业协会提供行业交流和信息发布平台。二是生态圈的构建。通过构建体育旅游产业生态圈,实现产业内各环节的深度融合和创新发展。健康产业、娱乐产业、文化旅游产业等与体育旅游产业的融合发展推出更多创新产品和服务,如运动康复项目、主题运动乐园、特色运动旅游线路等拓展市场空间和营利能力,加强与其他产业的融合发展形成新的商业模式和产业链条,提高整个产业的竞争力和可持续发展能力,为产业的可持续发展提供强有力的支撑。三是跨界合作与产业链整合。加强与其他产业的跨界合作实现产业链的整合和创新发展,提供更加丰富多样的体育旅游产品和服务,满足消费者多样化的需求。四是国际化拓展与合作。加强与国际同行的合作和交流,推动体育旅游产业的国际化发展,拓展海外市场和业务合作机会,提高整个产业的国际竞争力。通过跨境电商平台拓展海外市场,推广我国的体育旅游产品和服务;与国际知名体育旅游企业进行战略合作,引进先进的管理经验和市场理念,推动我国产业的升级和发展。

(二)体育旅游产业数字化的外部系统形成

1. 政策环境的引导与支持

政策环境是推动体育旅游产业数字化的重要力量。政府通过制定相关政策和规划,引导企业和社会组织加大对数字化技术的投入和应用,还加强对数字化基础设施的建设和维护,为关联网络的形成提供基础保障。此外,政府还需要完善相关法规和制度,保障数字化产业的规范发展,搭建公共服务平台,为企业提供数字化转型的支持和帮助等措施,提高整个产业的竞争力和可持续发展能力。一是政策扶持与引导。政府出台相关政策鼓励企业加大对数字化技术的研发和应用力度,提供财政支持和税收优惠等措施降低企业的创新成本,还引导金融机构加大对数字化产业的支持力度,为企业的数字化转型提供资金保障。这些政策的实施有助于推动企业积极投入数字化建设,加速产业的数字化升级。二是基础设施建设与维护。政府加大对数字化基础设施的投入力度包括建设高速互联网、推广物联网技术、建设云计算和大数据中心等,为企业提供稳定、高效的网络环境和计算能力。此外,还加强对基础设施的维护和管理,确保其正常运行,减少因设施故障对用户和企业造成的影响。这些基础设施的建设和维护有助于提高产业的运行效率和服务质量,满足游客的需求并提升企业的竞争力。三是法规制度完善。政府需要完善相关法规和制度保障数字化产业的规范发展,包括数据安全、隐私保护、知识产权保护等方面,为企业提供安全可靠的网络环境,还需要加大对数字化产业的监管力度,打击违法违规行为维护市场秩序。这些法规制度的完善,保障产业的健康发展,维护企业和游客的合法权益,为产业的可持续发展提供强有力的支撑。

2. 跨界融合与创新发展

跨界融合与创新发展是体育旅游产业数字化的重要特征。随着科技的进步和产业的发展,体育旅游产业与其他产业的界限逐渐模糊,跨界融合成为趋势。通过跨界合作和产业链整合,推动产业的升级和创新发展,提供更加丰富多样的体育旅游产品和服务,满足消费者多样化的需求。一是跨界合作。体育旅游产业与其他产业的跨界合作,实现资源共享和优势互补。例如,与健康产业合作推出运动康复项目;与娱乐产业合作推出主题运动乐园;与文化旅游产业合作打造特色运动旅游线路等。这些跨界合作拓展市场空间和盈利能力,还加强与其他产业的融合发展,形成新的商业模式和产业链条,提高整个产业的竞争力和可持续发展能力,为产业的可持续发展提供强有力的支撑。二是创新发展。体育旅游产业数字化需要不断创新发展,以适应市场的变化和满足消费者的需求。通过引入新技术、新模式和新业态推动产业的创新发展,提高产业的附加值和竞争力。利用人工智能技术为游客提供智能推荐和定制化服务;利用虚拟现实技术为游客提供沉浸式体验;利用大数据技术对业务数据进行实时监测和分析,为管理决策提供支持,实现资源的优化配置和业务流程的智能化管理,提高运营效率和服务质量等。

3. 社会参与共建共享

社会参与共建共享是体育旅游产业数字化的重要方向。随着互联网的普及和社交媒体的发展,越来越多的企业和个人参与到体育旅游产业中来,共同推动产业的发展和进步。一是社会参与。通过众筹、共享经济等模式汇聚社会力量,参与体育旅游产业的发展。通过众筹模式为体育旅游项目筹集资金;通过共享经济模式整合社会资源,为游客提供更加便捷、个性化的服务体验等。这些社会参与的方式扩大产业的规模和影响力,提高整个产业的竞争力和可持续发展能力,为产业的可持续发展提供强有力的支撑。二是共建共享。体育旅游产业数字化需要实现共建共享,以实现资源的优化配置和协同发展。政府、企业和社会组织共同投入资源建设数字化平台和基础设施等,为关联网络的形成提供基础保障;共同制定行业标准和规范,推动产业的健康发展;另外,通过数据共享实现信息互通互利共赢等措施,提高整个产业的竞争力和可持续发展能力,为产业的可持续发展提供强有力的支撑。

(三)体育旅游产业数字化的外部动因

1. 经济发展方式转变与发展阶段的需要

一是从线下到线上的经营模式转变。传统的体育旅游产业主要依赖线下实体经营,如体育场馆、旅行社等。然而,随着数字技术的广泛应用,线上平台逐渐成为体育旅游产品和服务的主要销售渠道。消费者通过互联网、移动应用等渠道随时随地获取体育旅游信息,进行预订、支付等操作。从线下到线上的经营模式转变,不仅降低了运营成本,提高了服务效率,还拓宽了市场范围,为体育旅游产业的快速发展提供了有力支撑。二是从单一收入来源到多元收入来源的转变。传统的体育旅游产业主要依赖门票销售、场馆租赁等单一收入来源。然而,在数字化技术的推动下,体育旅游产业正在实现多元收入来源的转变。一方面,通过开发线上平台,企业获取广告收入、会员费用等新的收入来源;另一方面,通过与其他产业跨界合作,企业开发体育旅游衍生品,如纪念品、文化衫等,拓宽收入来源。多元收入来源的转变,有助于降低企业的经营风险,提高营利能力。三是跨界合作推动创新发展需要。体育旅游产业数字化需要与其他产业进行跨界合作以实现资源的共享和优势的互补。通过跨界合作拓展市场空间和营利能力,还加强与其他产业的融合发展,形成新的商业模式和产业链条,提高整个产业的竞争力和可持续发展能力,为产业的可持续发展提供强有力的支撑。

2. 社会发展转型与体育消费增加是直接原因

一是体育旅游产业的数字化转型。过去的体育旅游产业依赖于线下的活动和实体设施,消费者需要亲自到达活动现场或者特定的旅游地点才能参与其中。然而,随着科技的进步,特别是互联网和移动通信技术的发展,我们正在见证着一个全新的数字化时代。这个时代的到来,使得体育旅游产业得以突飞猛进地发展,不再受制于地理限制,极大地拓宽了参与的可能性和便利性。数字技术的运用改变了体育旅游产业的运营模式。通过线上平台,消费者随时随地预订体育旅游产品,无论是远洋帆船赛还是山地自行车赛,甚至是虚拟的在线健身课程。此外,数字技术也使得体育活动的参与更加便捷,通过手机 App 就能轻松预约健身课程或者参与网络马拉松。二是社会发展转型与体育消费增加。体育旅游产业的数字化转型不仅仅是一种技术进步的体现,更是一种社会发展转型的象征。在物质生活得到满足之后,人们开始更多地关注身心健康和生活质量。体育活动作为一种有效的健康管理和生活方式的手段,逐渐成为现代生活的重要组成部分。数字化转型使体育旅游更加普及化和大众化。过去,参与体育活动往往需要较高的门槛,需要特定的场地、器材或者技能。而现在,通过互联网和移动技术,许多体育活动变得更易于参与,甚至通过虚拟现实技术带来全新的体验,这无疑极大地刺激了体育消费的增加。无论是观看在线直播、购买健身器材还是报名参加网络比赛,都在无形中推动了体育消费市场的繁荣。此外,社会发展转型还表现为对健康的关注度不断提高。人们更加重视身体健康,对体育活动的需求也随之增加。数字化技术使得人们更加方便地进行健康管理,通过智能手环、智能手表等设备监控身体状况,或者通过线上健身课程进行日常锻炼。关注度的提高不仅直接推动了体育消费的增加,也间接促进了体育旅游产业的发展。

3. 资源要素约束与粗放式发展是间接原因

一是资源要素约束是体育旅游产业发展中一个不可忽视的问题。在体育旅游产业中,土地、水资源、环境等自然资源以及人力资源、技术等要素都受到严格的限制。体育旅游项目的开发需要占用大量的土地和自然资源,而在一些地区,这些资源的供应已经非常紧张,难以满足大量的需求。此外,一些体育旅游项目需要特殊的环境条件,如高山、峡谷等,这些地方的环境承载能力有限,无法承受大量的游客。二是粗放式发展也是体育旅游产业面临的一个问题。一些体育旅游项目在开发过程中,缺乏科学规划和管理,导致项目质量参差不齐,甚至存在安全隐患。一些户外运动项目在开发过程中,没有考虑到当地的气候、地质等条件,导致在极端天气或地质灾害中发生安全事故。这些粗放式的发展模式不仅给游客带来安全隐患,也给当地的环境和资源带来压力。此外,数字化技术还为体育旅游产业提供了新的发展思路。数字化技术可以帮助体育旅游产业实现精细化管理和智能化服务,提高资源利用效率和项目质量。通过数字化技术,对体育旅游项目的客流量进行实时监测和管理,避免在高峰期出现拥堵和安全问题。数字化技术也帮助企业进行市场分析和营销推广,提高项目的知名度和吸引力。

4. 体育资源配置方式的变革是重要条件

一是体育资源配置方式变革提高资源利用效率。传统的体育资源配置方式往往依赖人力和经验,不仅效率低下,而且容易出错。而数字化技术的应用,使得体育资源的配置变得更加智能化和精准。通过大数据分析,了解游客的需求和行为模式,从而更加精准地配置体育资源,提高资源利用效率。这样不仅能够减少浪费和成本,也能够提高整个行业的效益和服务质量。二是体育资源配置方式变革优化游客体验。在数字化时代,游客的需求和行为模式发生了深刻的变化,游客更加注重个性化和便捷的服务,也更加注重体验的品质。而数字化技术的应用,可以更好地满足游客的需求,提高满意度和忠诚度。三是体育资源配置方式变革推动体育旅游产业数字化升级。数字化技术的应用和创新促进了体育旅游产业的创新和升级,推动了整个行业的可持续发展。虚拟现实(VR)技术的应用可以让游客更好地体验到运动的乐趣和感受,从而拓展了体育旅游产业的发展空间。数字化技术也促进了体育旅游产业的智能化发展,通过物联网技术实现对体育设施、场馆等的智能化管理和运营,提高了设施的使用率和安全性。

(三)体育旅游产业数字化的外在方向

1. 社会需求得到最大满足

一是数字化技术为游客提供了更加便捷的服务。在快节奏的现代生活中,时间和精力成为宝贵的资源,因此,游客对体育旅游服务的需求也变得更加便捷和高效。数字化技术的应用帮助游客随时随地获取体育旅游信息、购买门票、预订服务等,省去了繁琐的手续和时间。通过手机 App 或网站平台,游客随时查询赛事信息、预订门票和酒店,极大地提高了旅游的便捷性。这不仅为游客节省了时间和精力,还为消费者在旅游过程中提供了更加流畅的体验。二是数字化技术提高了体育旅游服务的个性化程度。游客的需求和偏好都是不同的,数字化技术帮助企业更好地了解游客的需求和偏好,从而提供更加个性化的服务。通过大数据分析技术,企业对游客的消费行为、兴趣爱好进行分析,为游客推荐更加合适的体育旅游产品和服务,从而更好地满足游客的需求。个性化服务的提供不仅提高了游客的满意度,也为企业带来了更多的商机。根据游客的历史消费记录和偏好,企业为其推荐相关的体育旅游产品和服务,从而增加其参与度和满意度。

2. 经济效益得到最大化

一是数字化技术提高了体育旅游产业的效率和质量。通过数字化技术，企业实现了自动化、智能化管理，提高了运营效率和质量。通过数字化技术，企业可以快速处理订单、实现快速结算，提高服务速度和准确性。此外，数字化技术还帮助企业实现了精细化管理，通过对大量数据的分析和挖掘，企业更加精准地了解市场需求和消费者行为，从而制定更加科学合理的发展战略和经营策略。这些效率和质量提升的实现，不仅降低了企业的运营成本，也提高了企业的经济效益。二是数字化技术扩大了体育旅游产业的市场范围和消费群体。通过互联网平台和移动应用，体育旅游企业轻松地拓展自己的市场范围，吸引更多的潜在客户。数字化技术也帮助企业实现精准营销和个性化推荐，提高客户满意度和忠诚度。这些因素的综合作用，使得体育旅游企业的经济效益得到显著提高。通过互联网平台和移动应用，企业吸引全国乃至全球的消费者，实现跨地域经营，提高市场份额和经济效益。三是数字化技术为体育旅游产业提供了更广阔的商业机会。随着互联网的普及和移动设备的广泛使用，体育旅游产业的商业模式也发生了巨大的变化。除了传统的线下业务外，企业还通过互联网平台和移动应用开展线上业务，实现线上线下融合发展。线上业务的开展不仅降低了企业的运营成本，还提高了企业的品牌知名度和市场影响力。此外，数字化技术还帮助企业拓展更多的商业领域和合作伙伴关系，进而提高企业的经济效益。

3. 资源配置得到最优化

一是数字化技术提高了体育旅游产业的资源利用效率。通过数字化技术，企业实现资源的精细管理和优化配置，提高资源利用效率。通过大数据分析技术，企业根据市场需求和消费者行为，对门票、酒店、餐饮等资源进行精准配置，避免资源的浪费和短缺。精准配置不仅能提高资源利用效率，还可以降低企业的成本支出，提高经济效益。二是数字化技术提高了体育旅游产业的管理水平。数字化技术的应用可以帮助企业实现信息化、智能化管理，提高管理效率和准确性。通过数字化技术，企业实现订单处理、结算、客户管理等环节的自动化和智能化，提高了管理效率和质量。此外，数字化技术还可以帮助企业实现跨地域管理和远程监控，提高管理范围的覆盖率和管理效率。管理效率和管理水平的提升，不仅降低了企业的运营成本，也优化了资源配置，提高了经济效益。三是数字化技术可以帮助企业优化产品和服务。数字化技术的应用帮助企业不断创新产品和服务，满足消费者多样化的需求。创新不仅提高了整个行业的竞争力，也为游客提供了更加优质的产品和服务，进而提高企业的经济效益。此外，数字化技术还可帮助企业实现资源的共享和优化配置，提高资源利用效率和管理水平。优化措施的实施，使得体育旅游企业的资源配置得到最优化。四是数字化技术提高了企业的市场竞争力。数字化技术的应用帮助企业实现自动化、智能化管理，提高运营效率和质量。这些效率和质量提升的实现，不仅降低了企业的运营成本，也提高了企业的市场竞争力。数字化技术还可帮助企业实现精准营销和个性化推荐，提高客户满意度和忠诚度。因素的综合作用，使得体育旅游企业在市场竞争中占据优势地位，实现可持续发展。

4. 先进科技成果得到充分利用

一是人工智能技术的应用为体育旅游产业带来了巨大的变革。人工智能技术实现对大量数据的分析和挖掘，从而帮助企业更好地了解市场需求和消费者行为。人工智能技术还可以实现自动化、智能化管理，提高企业的运营效率和质量。智能客服快速处理游客的咨询和投诉，提高服务质量和效率。二是物联网技术的应用也为体育旅游产业数字化发展提供了支持。物联网技术实现设备之间的互联互通，从而为企业提供更加准确的数据和信息。通过物联网技术，企业实时监测设备的使用情况和状态，及时进行维护和保养，提高设备的利用效率和安全性。三是大数据技术的应用为体育旅游产业数字化发展提供了数据支持。大数据技术对海量数据进行处理和分析，从而为企业提供更加准确的市场预测和决策支持。

第二节 体育旅游产业数字化的机理特征

一、体育旅游产业数字化的机理

（一）生产要素机理

数据资源已经成为体育旅游产业的核心生产要素之一，通过收集和分析消费者数据、市场数据、运营数据等，体育旅游企业优化产品和服务，并发现市场机会和风险，制定更加科学合理的营销策略。数据资源的获取、整合和利用是体育旅游企业数字化转型的关键。数字化技术是推动体育旅游产业创新和发展的重要力量，从互联网、移动应用、大数据、人工智能到物联网、区块链等，每一种新技术都可能为体育旅游产业带来革命性的变革。体育旅游企业需要具备相应的技术能力，包括技术研发、应用创新、系统集成等，以应对不断变化的市场需求和消费者行为。数字化转型不仅需要技术支撑，更需要具备数字化思维和能力的人才储备，从数据分析、产品设计到技术研发、市场营销等，每一个环节都需要具备相应的专业人才。体育旅游企业需要加强人才储备和培养，提高员工的数字化素养和技能水平，以适应数字化转型的需求。

体育旅游产品数据驱动的产品研发和服务创新已经越来越依赖于数据资源。

通过收集和分析消费者数据、市场数据等，企业更加深入地了解消费者需求和市场趋势，从而研发出更加符合市场需求的产品和服务。通过数据分析和挖掘，企业还发现消费者的潜在需求和偏好，从而提供更加个性化的产品和服务。数据驱动的产品研发和服务创新模式不仅提高产品的质量和满意度，还降低生产成本和风险。数字化技术不仅优化产品研发和服务创新流程，还赋能企业的运营管理和效率提升。通过应用大数据、人工智能等技术手段，企业可以更加精准地进行市场预测和决策分析，优化资源配置和生产计划安排。通过应用物联网、区块链等技术手段，企业还可以实现供应链的数字化管理和运营过程的可视化监控，从而提高生产效率和质量水平，降低运营成本和风险。技术赋能的运营优化和效率提升模式不仅提高企业的竞争力还为消费者提供更加优质、高效的服务体验。

（二）市场需求机理

1. 消费者需求的演变

一是消费升级与个性化需求。随着人们生活水平的提高和消费观念的转变，体育旅游消费者对产品和服务的需求不断升级。更注重个性化和定制化的体验，追求更加独特和刺激的体育旅游项目。数字化技术为企业提供了更多了解消费者需求和偏好的机会，从而能够提供更符合消费者期望的产品和服务。二是互动性和社交性需求。目前消费者更注重互动和社交的需求。在体育旅游过程中与他人建立联系、分享经历和交流感受。数字化技术为企业提供了增强互动性和社交性的机会。通过社交媒体、在线社区等技术手段，企业与消费者建立更紧密的联系，了解需求和反馈，为消费者提供更多的社交互动平台。互动性和社交性需求不仅提高消费者的参与度和黏性，还为企业带来更多的口碑传播和客户推荐。通过社交媒体平台，企业与消费者进行实时互动，发布活动信息和优惠券，让消费者之间进行互动和分享，形成口碑传播和客户推荐。

2. 市场细分的深化

一是目标市场的精细化划分。体育旅游市场细分越来越精细化。企业需要根据不同的目标市场特点，提供有针对性的产品和服务。数字化技术帮助企业更深入地了解不同目标市场的需求和偏好，从而制定更加精准的市场策略。通过分析消费者的搜索记录和购买行为，企业识别出不同年龄、性别和兴趣爱好的目标群体，从而针对每个群体提供定制化的产品和服务，满足不同目标市场的需求。二是消费者行为的精细化分析。除了目标市场的细分，企业还需要根据消费者的行为特点进行细分。例如，对于经常参加体育旅游活动的消费者，企业推荐更多的相关产品和服务，并提供更多的优惠和福利；对于首次参加体育旅游活动的消费者，企业提供更多的指导和帮助，以增强其参与感和满意度。消费者行为的精细化分析帮助企业更好地了解市场需求和消费者行为，提高产品和服务的精准度和有效性。

（三）关联产业机理

1. 与相关产业的关联

一是与体育用品制造产业的关联。体育旅游产业与体育用品制造产业之间存在密切的关联，体育旅游产业的发展带动了体育用品制造产业的繁荣，为其提供了广阔的市场和发展空间，体育用品制造产业的创新和发展也推动了体育旅游产业的升级和转型。二是与文化娱乐产业的关联。体育旅游产业与文化娱乐产业之间的关联日益紧密，文化娱乐产业为体育旅游产业提供了丰富的文化资源和娱乐内容，丰富了体育旅游的体验和吸引力，体育旅游产业也为文化娱乐产业提供了更多的市场机会和消费群体。三是与餐饮住宿产业的关联。体育旅游产业与餐饮住宿产业之间存在密切的联系，餐饮住宿产业为体育旅游者提供了优质的食宿服务和舒适的休息场所，也与体育旅游产业形成了良好的互动和合作。四是与交通运输产业的关联。体育旅游产业与交通运输产业之间的关联不可或缺，交通运输产业为体育旅游者提供了便捷的交通方式和快速的出行体验，也为体育旅游产业的快速发展提供了支撑和保障。

2. 数据共享与技术创新推动关联产业协同发展

数字化技术为体育旅游产业与相关产业之间的数据共享和整合提供了可能，通过数据共享和整合，各个产业更好地了解市场需求和消费者行为，实现资源优化配置和生产计划的合理安排，数据共享与整合推动下的关联产业协同发展，不仅提高了生产效率和质量水平，也增强了产业的竞争力和市场适应性。数字化技术的不断创新和发展为体育旅游产业与相关产业的融合发展提供了强大动力，人工智能、物联网等技术手段的应用，使得体育用品制造、文化娱乐、餐饮住宿等产业更好地与体育旅游产业融合发展，提供更加智能化、个性化的产品和服务体验，技术创新促进下的关联产业融合发展，有助于推动整个体育旅游产业的升级和转型。

（四）企业竞争机理

1. 数字化技术引领企业竞争升级

数字化技术已经成为体育旅游产业发展的重要驱动力。企业需要紧跟数字化趋势，运用新技术手段，提升产品和服务的质量和效率。通过运用大数据、人工智能等技术，企业可以更加精准地了解用户需求和行为习惯，从而为用户提供更加个性化、便捷的服务，这不仅有助于提升用户体验，还可以增强用户黏性，提高市场竞争力。数字化技术可以帮助企业实现业务流程自动化、智能化，从而降低人力成本、提高效率，通过运用物联网技术，企业实现对体育场馆、设备的远程监控和管理，减少运维成本。数字化技术还为企业提供了更多的商业模式和营利渠道，通过开发在线预订、虚拟赛事等新型服务，企业拓展收入来源，提高营利能力。

2. 数据资源成为企业竞争核心

数据已经成为体育旅游产业的核心资源之一，企业需要不断获取和利用各种数据资源，以深入了解市场需求和消费者行为，优化产品和服务，提高市场竞争力。通过对用户数据的挖掘和分析，企业更加精准地了解用户需求和行为习惯，从而制定更加精准的营销策略，提高营销效果。通过对用户反馈数据的分析，企业了解用户对产品的满意度和改进意见，从而对产品进行持续优化和升级，提高产品质量和竞争力。通过对运营数据的监控和分析，企业及时发现潜在的风险和问题，从而采取有效的措施进行防范和管理，保障企业的稳健运营。

3. 创新能力决定企业竞争胜负

创新能力已经成为体育旅游企业竞争的关键因素之一，企业需要不断创新和变革，以适应市场的变化和满足消费者的需求。企业需要不断开发符合市场需求的新产品和服务，以满足消费者的多元化需求，开发智能健身设备、在线健身课程等新型产品和服务，以满足消费者对健康和健身的需求。企业需要不断探索新的营销方式和渠道，以吸引更多的用户和客户，运用社交媒体、短视频等新型营销方式，提高品牌知名度和影响力。企业需要不断优化组织结构和业务流程，以提高运营效率和响应速度，构建扁平化、柔性化的组织结构，提高团队的协作和创新能力。

（五）政府行为机理

1. 政策引导推动体育旅游产业数字化发展

政府在体育旅游产业数字化发展中起着重要的政策引导作用。政府需要制定相关的政策法规，明确数字化发展的方向和目标，为体育旅游产业的数字化发展提供法律保障，政策法规包括财政支持、税收优惠、金融扶持等方面的措施，以激励企业加大数字化投入和创新力度。政府通过制定行业标准和质量认证制度，推动体育旅游产业的规范化和专业化发展。这有助于提升整个行业的服务质量和竞争力，为消费者提供更好的产品和服务体验。政府还通过搭建合作平台、推动产学研合作等方式，促进体育旅游产业与其他相关产业的融合发展。这不仅拓展体育旅游产业的发展空间，还促进相关产业的协同发展，形成良性的产业生态。

2. 基础设施建设支撑体育旅游产业数字化发展

基础设施建设是体育旅游产业数字化发展的重要支撑。政府需要加大投入，提升基础设施的水平和质量，以满足体育旅游产业数字化发展的需求。政府需要推进宽带网络、移动通信网络等信息基础设施的建设和升级，确保体育旅游企业能够享受到高速、稳定的网络服务，提升企业的运营效率和用户体验。政府还需要加强物联网、云计算、大数据等新一代信息技术在体育旅游产业中的应用和推广，通过建设智慧体育场馆、智能旅游目的地等项目，提升体育旅游产业的智能化水平和服务质量。政府还需要关注农村和偏远地区的体育旅游基础设施建设，推动城乡体育旅游资源的均衡发展。这有助于拓展体育旅游市场的广度和深度,促进全民参与和共享体育旅游发展的成果。

3. 监管保障体育旅游产业数字化发展健康有序

监管是保障体育旅游产业数字化发展健康有序的重要手段。政府需要建立健全的监管体系,加强对体育旅游市场的监管和管理。政府需要加强对体育旅游企业的资质审核和经营许可管理,确保企业具备合法经营资格和良好信誉。这有助于维护市场秩序和消费者权益。政府还需要建立健全的投诉处理和纠纷解决机制,及时处理消费者投诉和企业纠纷,提升消费者的满意度和信任度,促进良性竞争和发展。政府还需要加大对体育旅游的执法力度和处罚力度,打击违法违规行为和不正当竞争行为,这有助于维护市场公平竞争的环境和消费者的合法权益。

二、体育旅游产业数字化的特征

(一) 消费价格特征

1. 个性化定价体现消费者差异化需求

个性化定价是体育旅游产业数字化消费价格的重要特征之一。在数字化时代,消费者的需求更加多元化和个性化,企业需要针对不同消费者制定不同的价格策略。差异化定价方式可以提高企业的市场竞争力,满足不同消费者的需求。企业通过数据分析和挖掘,了解消费者的偏好、需求和行为模式,根据消费者的不同特点,企业制定不同的价格策略,提供个性化的产品和服务,对于高频次、高价值的消费者,企业提供定制化的服务和高档的体验,并相应地提高价格;对于低频次、低价值的消费者,企业提供标准化的服务和平价的体验,以吸引更多的消费者。企业通过动态定价的方式,根据市场需求和竞争情况灵活调整价格,动态定价有效地平衡供求关系,提高企业的市场适应能力和盈利能力,在旅游旺季或热门时间段,企业提高价格以满足高需求;在旅游淡季或非热门时间段,企业降低价格以刺激消费。

2. 动态定价反映市场供求变化和竞争状况

动态定价是体育旅游产业数字化消费价格的另一个重要特征。在数字化时代,市场的供求关系和竞争状况时刻发生变化,企业需要灵活调整价格以适应市场变化。动态定价不仅可以提高企业的市场适应能力,还能帮助企业更好地满足消费者的需求。企业通过实时监测市场供求关系的变化,及时调整产品和服务的价格,当市场需求大于供给时,企业提高价格以平衡供求;当市场供给大于需求时,企业降低价格以刺激消费,动态定价方式帮助企业更好地满足消费者的需求,提高市场竞争力。企业通过对比竞争对手的价格策略和市场反应,制定更加合理的价格策略,通过实时监测竞争对手的产品价格和服务质量,企业灵活调整自身的价格策略以获取更大的市场份额。

3. 比价竞争促进企业创新和优胜劣汰

比价竞争是体育旅游产业数字化消费价格的另一个重要特征。在数字化时代,消费者更加注重性价比,会比较不同产品和服务之间的价格和质量。比价竞争的方式促进了企业的创新和优胜劣汰,推动了整个行业的进步和发展。企业需要不断提高自身的创新能力和服务质量,以提供更加优质的产品和服务,通过不断优化产品和服务的质量和体验,企业获得更高的消费者满意度和忠诚度,进而提高市场占有率和盈利能力。企业需要更加注重消费者的反馈和评价,及时调整自身的价格策略和产品服务,通过积极响应消费者的需求和反馈,为企业提供更加符合市场需求的产品和服务,提高市场竞争力,对于消费者反馈较差的企业,比价竞争的方式将促使其改进自身产品和服务质量,否则将面临被市场淘汰的风险。比价竞争也将促进整个行业的优胜劣汰和转型升级,在数字化时代下整个行业的转型发展是非常重要的,只有通过转型升级提高整个行业的竞争力和发展水平,才能更好地满足消费者的需求,推动整个行业的可持续发展。因此,比价竞争将加速行业的优胜劣汰,促使企业更加注重创新和转型升级,进而推动整个行业的进步和发展。

(二)市场定位特征

1. 目标市场精细化

数字化技术使得体育旅游企业能够更加准确地了解消费者需求和行为特征,从而对目标市场进行精细化划分。根据消费者的年龄、性别、职业、兴趣爱好等不同维度,将市场细分为不同的目标群体,为每个目标群体提供更加精准的产品和服务。市场精细化定位的方式可以提高企业的市场竞争力,满足不同消费者的需求,也有利于提高企业的营销效果和降低营销成本。

2. 产品定位差异化

在数字化时代,体育旅游企业需要将产品和服务差异化,以满足不同消费者的需求。根据自身的特点和优势,选择不同的产品定位策略。有些企业可能注重提供高品质的体育旅游服务,有些企业可能注重提供个性化的体育旅游体验,有些企业则可能注重提供综合性的体育旅游解决方案。通过产品定位的差异化,企业更好地满足不同消费者的需求,提高市场占有率和盈利能力。

3. 竞争定位优势化

在数字化时代,体育旅游市场竞争激烈,企业需要找到自身的竞争优势和核心价值,才能在市场竞争中脱颖而出。企业需要根据自身的特点和发展战略,确定自身的竞争定位。有些企业可能注重提供创新性的产品和服务,有些企业可能注重提供高品质的服务和良好的消费者体验,有些企业则可能注重提供低成本的产品和服务。通过竞争定位的优势化,企业更好地满足消费者的需求,提高市场竞争力。

4. 形象定位品牌化

在数字化时代,品牌形象对于体育旅游企业的市场定位至关重要。企业需要建立和维护良好的品牌形象,以获得消费者的信任和忠诚度。数字化技术为企业形象定位提供了更多的渠道和手段。企业通过社交媒体、网络广告、内容营销等方式,塑造自身的品牌形象。通过形象定位品牌化,企业提高了品牌知名度和美誉度,增强了市场竞争力。

5. 定位动态调整化

在数字化时代,市场的变化和消费者需求的变化都非常迅速。因此,体育旅游企业需要时刻关注市场变化和消费者需求变化,及时调整自身的市场定位。当发现目标市场的需求发生变化时,企业需要及时调整产品和服务策略;当发现竞争对手的竞争策略发生变化时,企业需要及时调整自身的竞争策略。通过市场定位的动态调整化,企业可以更好地适应市场变化和满足消费者需求。

(三)品牌形象特征

1. 品牌标识的数字化创新

品牌标识是体育旅游企业品牌形象的重要组成部分,它具有识别度高、记忆性强等特点,能够有效地传达企业的核心价值和品牌文化。在数字化时代,品牌标识的设计和传播方式也发生了深刻变化,品牌标识的设计更加注重简洁、时尚和易于记忆。数字化时代的信息传播速度快、范围广,要求品牌标识能够在短时间内吸引消费者的注意力并留下深刻印象,许多体育旅游企业采用简洁的图形和文字组合,以及鲜明的色彩搭配,来突出品牌的特点和价值。品牌标识的传播方式更加多元化和互动化,传统的品牌标识传播主要依靠广告、宣传册等传统渠道,而在数字化时代,企业利用各种社交媒体、网络平台等数字化渠道进行传播,扩大品牌的知名度和影响力,企业通过微博、微信等社交媒体平台发布品牌动态、与消费者互动,提高消费者的参与度和忠诚度。

2. 品牌文化的数字化表达

品牌文化是体育旅游企业的核心价值观和独特气质,它代表着企业的精神和形象,影响着消费者的情感认同和忠诚度,在数字化时代,品牌文化的表达方式也发生了变化。品牌文化更加注重与消费者的情感共鸣,在数字化时代,消费者更加注重情感体验和个性化需求,企业需要通过情感共鸣来建立与消费者的联系,企业通过数字化渠道发布与消费者生活息息相关的内容,如健身技巧、旅游攻略等,来吸引消费者的关注和兴趣。品牌文化更加注重与科技的融合,在数字化时代,科技的发展为品牌文化的表达提供了更多可能性。企业利用虚拟现实(VR)、增强现实

(AR)等技术为消费者提供沉浸式的体验，让消费者更加深入地了解企业的产品和服务以及企业文化，在体育赛事中利用 VR 技术为观众提供身临其境的比赛观赏体验，或者在旅游景点利用 AR 技术为游客提供互动式的导游服务等，数字化表达方式不仅可以让消费者更好地了解和认同企业的品牌文化，还能提高消费者的参与度和体验感，进而促进消费者的忠诚度和口碑传播。

3. 品牌体验的数字化优化

品牌体验是消费者对体育旅游企业产品和服务的主观感受和评价，它直接影响到消费者的购买决策和忠诚度，在数字化时代企业通过数字化手段优化品牌体验，提升消费者的满意度和忠诚度。数字化时代提供了更加智能化的服务方式，通过智能化终端设备和应用软件等为消费者提供自助式服务，包括在线购票、智能导览、在线客服等。这不仅提高了服务效率，减少了排队等待时间，还能根据消费者需求进行个性化推荐和服务，让消费者获得更加便捷和舒适的体验。数字化时代提供了更加多样化的互动方式，通过社交媒体、直播平台等为消费者提供互动式的娱乐体验，包括在线竞赛、虚拟比赛、互动游戏等，不仅增加消费者的参与度和黏性，还通过消费者自传播扩大品牌的影响力和口碑效应。数字化时代提供了更加数据化的营销方式，通过大数据分析、人工智能等技术对消费者行为进行分析，包括购买偏好、浏览习惯等，帮助企业精准定位目标客户群体并提供定制化的产品和服务营销策略，提高营销效果和转化率，进而提升消费者的忠诚度和品牌价值。

（四）空间时间特征

1. 空间优化的数字化创新

在体育旅游产业中，空间优化主要是指对旅游目的地的空间布局和资源配置进行优化，以提高旅游体验和旅游效率。在数字化时代，空间优化的方式也发生了变化。数字化技术为空间优化提供了更加精准的数据支持，通过卫星定位、遥感技术等数字化手段，企业对旅游目的地进行高精度、高分辨率的测绘和规划，以实现更加合理的空间布局和资源配置，企业通过遥感技术获取旅游目的地的地形、地貌等信息，为旅游线路的设计和旅游产品的开发提供更加准确的数据支持。数字化技术为空间优化提供了更加智能化的服务方式，通过智能化终端设备和应用软件等，企业为消费者提供智能化的导游服务、智能化的交通服务以及智能化的安全保障服务等，以提高旅游体验和旅游效率，企业通过智能化终端设备为消费者提供实时的交通导航和车位预约等服务，让消费者更加便捷地到达旅游目的地，并获得更好的旅游体验。

2. 时间延展的数字化实现

在体育旅游产业中，时间延展主要是指通过数字化技术将旅游体验的时间范围进行拓展，包括延长旅游体验时间和拓展旅游体验内容等。数字化技术通过虚拟现实、增强现实等技术将传统的线下旅游体验拓展到线上，通过数字虚拟空间为消费者提供沉浸式的体验，让消费者在任何时间、任何地点都能获得身临其境的旅游体验，消费者通过VR设备在线上体验旅游目的地的风光和文化遗址等。数字化技术通过人工智能等技术对旅游目的地的历史数据进行挖掘和分析，进而为消费者提供更加个性化的旅游建议和规划，让消费者更加深入地了解旅游目的地的文化和历史，进而拓展旅游体验的时间范围，通过AI技术对历史天气数据进行分析，为消费者提供更加合适的旅游时间和路线建议。

3. 时空融合的数字化发展

在体育旅游产业中，时空融合主要是指将空间优化和时间延展进行有机结合，以实现更加全面深入的旅游体验。数字化技术通过定位导航等技术将空间优化和时间延展进行有机结合，让消费者更加便捷地到达旅游目的地，并在最佳时间获得最佳的旅游体验，通过GPS定位和导航技术为消费者提供实时的交通信息和最佳路线建议，让消费者更加高效地到达旅游目的地并获得更好的旅游体验。数字化技术通过大数据分析等技术对消费者的行为和偏好进行分析，进而为消费者提供更加个性化的时空融合服务，让消费者在最佳的时间和地点获得最佳的旅游体验，通过大数据分析消费者的行为和偏好，为消费者提供定制化的旅游线路规划和建议，以及实时交通信息等让消费者获得更加全面深入的旅游体验。

第三节　体育旅游产业数字化的影响因素

一、体育旅游产业数字化的制约因素

（一）政策法规的制约

体育旅游产业数字化的发展需要相应的政策法规支持。然而，目前相关的政策法规还存在一些不足之处，制约了体育旅游产业数字化的快速发展。政策法规的制定和实施需要不断完善和适应数字化时代的新要求，由于数字化技术的更新换代速度很快，政策法规往往难以跟上时代的发展，对于虚拟货币、区块链等新兴技术的监管和规范还存在一定的空白，导致市场存在不确定性和风险。政策法规的执行也需要得到加强，虽然目前已经有一些政策法规涉及体育旅游产业数字化方面，但是在实际执行中还存在一些困难和问题，对于线上旅游平台的监管不够严格，导致一些平台存在虚假宣传、价格欺诈等问题，影响了消费者的权益和市场的健康发展。

(二) 技术标准的制约

体育旅游产业数字化的发展需要统一的技术标准支持。然而,目前相关的技术标准还存在不统一、不规范的问题,制约了体育旅游产业数字化的规范化发展。技术标准的制定需要得到各方面的重视和参与,由于数字化技术的复杂性和多样性,技术标准的制定需要涉及多个领域和方面,包括信息技术、通信技术、网络安全技术等等。但是目前相关的技术标准制定还缺乏足够的协调和合作,导致标准存在不统一、不规范的问题。技术标准的实施也需要得到加强,虽然目前已经有一些技术标准涉及体育旅游产业数字化方面,但在实际应用中还需要加大推广和执行力度,对于智能设备、移动应用等的开发和应用需要遵循统一的技术标准,然而一些企业为了自身利益往往不愿意遵循标准,导致市场存在不规范竞争和资源浪费等问题。

(三) 信息安全的制约

体育旅游产业数字化的发展需要强大的信息安全保障。然而,目前相关的信息安全保障还存在不足之处,制约了体育旅游产业数字化的健康发展。信息安全的风险需要得到重视和控制,由于数字化技术的开放性和互联性,信息安全的风险也相应增加,黑客攻击、网络病毒等安全问题给体育旅游产业数字化的发展带来极大的威胁和损失。信息安全的保障也需要得到加强,虽然目前已经有一些信息安全技术应用到体育旅游产业数字化方面,但是在实际应用中还需要加大保障力度,对于个人信息、交易信息等的保护还不够充分和全面,导致消费者存在隐私泄露和财产损失等风险。

(四) 消费习惯的制约

体育旅游产业数字化的发展需要消费者适应新的消费习惯。然而,目前一些消费者的消费习惯还存在保守和传统的特点,制约了体育旅游产业数字化的快速发展。由于数字化技术的复杂性和多样性,消费者对于数字化的认知还存在不足和误区,导致对于数字化的应用还不够积极和主动。消费者的消费习惯还需要引导和改变,由于传统的消费方式已经深入人心,一些消费者对于数字化的应用还存在疑虑和不信任感,导致不愿意尝试数字化的产品和服务,更愿意选择传统的旅游方式,而不愿意尝试在线旅游平台提供的服务,这在一定程度上也制约了体育旅游产业数字化的发展。

二、体育旅游产业数字化的积极因素

(一) 市场需求的积极因素

体育旅游产业数字化的发展满足了消费者对于更加便捷、个性化、高品质的旅游体验的需求。数字化技术的应用,使得企业能够更好地了解消费者的需求和偏好,提供更加精准的旅游建议和服务,进而提高消费者的满意度和忠诚度。数字化时代带来了更加丰富的旅游资源,通过网络平台和移动应用等数字化渠道,消费者更加便捷地获取旅游信息和资源,包括旅游景点、酒店、交通等,进而更好地规划旅游行程和安排,数字化技术也使得企业提供更加个性化的产品和服务、定制化的旅游线路、个性化的旅游体验等,满足消费者对于高品质、独特体验的需求。数字化时代也带来了更加广泛的市场覆盖,通过网络平台和社交媒体等数字化渠道,企业扩大品牌知名度和影响力,吸引更多的潜在客户和目标消费者,数字化技术也使得企业更加灵活地拓展市场和业务范围,通过线上平台开展跨境旅游业务、拓展海外市场等。

(二) 运营效率的积极因素

体育旅游产业数字化的发展提高了企业的运营效率和管理水平。数字化技术使得企业更好地进行资源整合和管理,通过数字化平台和信息系统等手段,企业实现资源的集中管理和优化配置,提高资源的利用效率和效益,数字化技术也使得企业更加准确地掌握市场需求和消费者信息,进而更好地进行产品设计和市场策略的调整。数字化技术也提高了企业的生产效率和服务质量,通过自动化和智能化等技术手段,企业加快业务流程和决策反应速度,提高生产效率和服务质量。数字化技术也使得企业更好地进行员工培训和管理,增强员工的专业素质和服务意识,进而提高服务质量。

(三) 产品创新的积极因素

体育旅游产业数字化的发展促进了产品创新和升级。数字化技术的应用,使得企业推出更加新颖、独特、高品质的产品和服务,满足消费者对于高品质、独特体验的需求。数字化技术使得企业推出更加新颖的产品和服务,通过大数据分析和人工智能等技术手段,企业对市场趋势和消费者需求进行精准分析,进而推出更加符合市场需求的产品和服务,通过人工智能技术进行旅游线路规划和推荐,为消费者提供更加个性化的旅游体验。数字化技术也促进了产品和服务的升级和创新,通过数字化技术和智能化设备等手段的应用,企业优化旅游产品和服务的品质和效率;通过智能化设备进行旅游景点管理和服务提供,提高服务质量和游客体验;通过大数据分析进行旅游线路优化和产品设计升级等。

(四) 产业融合的积极因素

体育旅游产业数字化的发展促进了产业融合和创新发展。数字化技术的应用使得不同产业之间可以更好地进行融合和协同发展,实现资源共享和优势互补,进而推动整个产业的升级和发展。数字化技术使得体育旅游产业可以与其他产业进行更好的融合,实现资源共享优势互补。例如,与互联网科技产业进行合作,推出更加智能化、个性化的产品和服务;与文化产业合作,推出更加有文化内涵和特色的产品和服务,进而拓展了体育旅游产业的发展空间和潜力。数字化技术也促进了体育旅游产业内部的融合和创新发展,通过数字化平台和网络技术的应用,企业加强与其他企业的合作和交流,分享经验和资源推动产业的协同发展;通过建立行业联盟或合作平台,实现信息共享资源共享推动产业的协同创新和发展。

三、体育旅游产业数字化的需求因素

(一) 技术进步推动数字化需求

随着科技的飞速发展,尤其是互联网、大数据、人工智能等技术的广泛应用,体育旅游产业数字化已成为一种必然趋势。互联网为旅游信息的传播和获取提供了便捷渠道,大数据有助于精准分析消费者需求和市场趋势,而人工智能则能提升服务质量和效率。因此,技术进步是推动体育旅游产业数字化需求的关键因素。

(二) 市场趋势引领数字化需求

市场竞争日益激烈,体育旅游产业需要不断创新以适应市场变化。数字化作为一种创新手段,能够帮助企业提升竞争力、拓展市场、优化资源配置。消费者对高品质、便捷性、个性化服务的需求也在不断增长,数字化能够满足这些需求,推动市场持续升级。

(三) 消费者偏好驱动数字化需求

随着消费者对旅游体验的需求日益多元化和个性化,传统的旅游产品和服务已经难以满足这些需求。数字化能够提供更加丰富的旅游资源和更加便捷的服务方式,让消费者能够更加方便地获取旅游信息、规划行程、预订服务,从而提升旅游体验的质量和满意度。因此,消费者偏好是驱动体育旅游产业数字化需求的重要动力。

（四）政策支持促进数字化需求

政府对体育旅游产业的政策支持也是推动数字化需求的重要因素。政府通过制定相关政策，鼓励企业加大投入，推动技术创新和产业升级。政府还通过建设基础设施、优化营商环境等措施，降低企业运营成本，提高市场竞争力，进一步促进数字化在体育旅游产业中的应用和发展。

（五）产业协同发展催生数字化需求

体育旅游产业与其他产业的协同发展也是催生数字化需求的重要因素。与文化创意产业、健康产业等产业的融合发展，创新出更多具有文化内涵和健康元素的体育旅游产品和服务。这些新产品和服务需要借助数字化手段进行推广和营销，以满足消费者的多元化需求。因此，产业协同发展催生了体育旅游产业数字化的新需求。

（六）国际竞争压力加速数字化进程

随着全球化的深入推进，国际竞争压力日益加大。体育旅游产业作为国内重要的支柱产业之一，面临着来自国际同行的竞争压力。为了提升国际竞争力，企业需要不断创新和升级产品和服务。数字化作为一种创新手段，能够帮助企业提升服务质量和效率，拓展国际市场，应对国际竞争压力。因此，国际竞争压力也是加速体育旅游产业数字化进程的重要因素。

四、体育旅游产业数字化的趋势因素

（一）技术驱动的升级和创新

随着数字化技术的不断进步和应用，体育旅游产业数字化的发展将更加依赖于技术的驱动。人工智能、大数据、物联网、5G等新兴技术的应用，将为体育旅游产业带来更多的创新和升级。通过人工智能和大数据分析，更加精准地了解消费者需求和行为习惯，为消费者提供更加个性化、高品质的旅游产品和服务；通过物联网技术，实现旅游设施的智能化管理和服务提供，提高服务质量和效率；通过5G技术，提供更加快速、稳定的网络服务，为消费者提供更加便捷、高效的旅游体验。

（二）体验式和沉浸式旅游的兴起

随着消费者对于旅游体验的需求不断升级，体验式和沉浸式旅游逐渐成为体育旅游产业数字化的发展趋势。体验式旅游注重消费者的参与和体验，让消费者更加深入地了解当地文化和风俗,提高旅游的趣味性和互动性;沉浸式旅游则通过虚拟现实、增强现实等技术手段,让消费者身临其境地感受旅游场景和氛围,提高旅游的沉浸感和感知度。体育旅游产业数字化将更多地融入体验式和沉浸式元素,为消费者提供更加丰富、多元的旅游体验。

(三)个性化和定制化服务的普及

在数字化时代,消费者对于旅游服务的需求也呈现出个性化和定制化的特点。根据消费者的兴趣和偏好,为其推荐合适的旅游线路和活动;根据消费者的需求和预算,为其定制旅游行程和住宿等。体育旅游产业数字化将更加注重个性化和定制化服务的普及和应用,提高消费者满意度和忠诚度。

(四)安全和隐私保护

随着体育旅游产业数字化的快速发展,安全和隐私保护也变得越来越重要。安全和隐私保护包括数据安全、网络安全、个人信息保护等方面。通过加强安全和隐私保护,提高消费者的信任感和安全感,进而促进体育旅游产业的可持续发展。通过加强数据安全保护措施,确保消费者个人信息的保密性和完整性;通过加强网络安全保护措施,减少网络攻击和病毒等安全威胁对体育旅游产业数字化的影响。

第四节 体育旅游产业数字化的对策思路

一、政府宏观调控:强化顶层设计,改善体育服务业数字化新政策环境

(一)打造智慧体育旅游新业态

要实现体育旅游产业的数字化,必须构建起先进、高效、安全的数字化基础设施。包括5G网络、物联网、云计算、大数据中心等新型基础设施建设,以及传统体育旅游设施的数字化改造。通过数字化基础设施的建设,实现体育旅游资源的优化配置和高效利用,提升体育旅游产业数字化整体运行效率。在数字化基础设施的支撑下,打造智慧体育旅游产业数字化的新业态。利用大数据和人工智能技术,开发智能导览、智能推荐、虚拟现实体验等创新型产品和服务,提升游客的体育旅

游体验。通过数字化手段,实现体育旅游产业数字化的精细化管理,提高服务质量和水平。

(二)赋能体育旅游产业转型升级

数字化技术是推动体育旅游产业数字化转型升级的核心动力。要加快推动5G、人工智能、大数据等前沿技术在体育旅游产业数字化中的创新应用,提升体育旅游产业数字化的科技含量和竞争力。利用5G网络的超高速度和低时延特性,开发高清直播、互动游戏等新型体育旅游产品,满足消费者的多元化需求。此外,要通过数字化技术创新应用,赋能体育旅游产业的各个环节。在市场营销方面,利用大数据和人工智能技术,进行精准的用户画像和需求分析,实现个性化营销和定制化服务。在运营管理方面,利用数字化手段提高管理效率和决策科学性。通过大数据分析游客行为和消费习惯,优化产品和服务设计,通过智能化管理系统提高景区和场馆的运营效率。

(三)营造良好的数字化发展环境

要实现体育旅游产业数字化的强化顶层设计,离不开政策的引导和支持。政府应制定和完善相关政策法规,明确体育旅游产业数字化发展的目标、路径和措施,为体育旅游产业数字化提供有力的政策保障。要加大对数字化基础设施建设的投入力度,优化投资结构,引导和鼓励社会资本参与体育旅游产业数字化的建设和发展。优化政策支持体系是改善体育服务业数字化政策环境的重要环节。政府应从财政、金融、税收等多个方面出发,构建完善的政策支持体系,为体育旅游产业数字化发展提供有力保障。

二、产业结构优化:推进产业融合,构筑体育服务业数字化发展新优势

(一)推进产业融合促进体育旅游产业数字化发展

一是推动体育旅游产业数字化与其他产业的深度融合。体育旅游产业数字化与文化、科技、健康等产业的融合是推进产业融合的重要方向。通过体育旅游产业数字化与其他产业的深度融合,推动体育旅游产业数字化的多元化发展,提升体育旅游产业数字化的竞争力和影响力。与文化创意产业合作,打造具有文化内涵的体育旅游项目;与科技产业合作,开发智能化的体育旅游产品和服务;与健康产业合作,推动健康旅游的发展。二是推动体育旅游产业数字化内部的融合发展。体育旅游产业数字化内部的融合发展也是推进产业融合的重要方面。通过加强产业

链上下游企业的合作,形成完整的体育旅游产业数字化的链条,提升体育旅游产业数字化的整体竞争力。加强景区、酒店、旅行社等企业之间的合作,形成完整的体育旅游产业数字化的服务体系;加强体育场馆、运动装备制造企业之间的合作,形成完整的体育旅游产业数字化的运动体验服务体系。三是推动跨界合作与创新发展。跨界合作与创新发展是推进体育旅游产业数字化融合的重要途径。通过体育旅游产业数字化与其他产业的跨界合作,打破传统体育旅游产业的界限,推动体育旅游产业数字化的创新发展。与互联网企业合作,开发在线体育旅游产业数字化产品和服务;与教育机构合作,开展体育旅游数字化人才培训和教育工作;通过技术创新和模式创新,推动体育旅游产业数字化转型升级和高质量发展。

(二)构筑体育服务业数字化发展新优势

一是构建数字化基础设施和技术体系。构建数字化基础设施和技术体系是构筑体育旅游服务业数字化发展新优势的基础。政府应加大对数字化基础设施建设的投入力度,推动5G网络、物联网、云计算、大数据等新型基础设施建设在体育旅游产业数字化中的应用;应鼓励和支持企业加强技术研发和创新应用,推动新技术在体育旅游产业数字化中的应用。通过构建数字化基础设施和技术体系,提升体育旅游产业的数字化水平和竞争力。二是开发数字化产品和服务。开发数字化产品和服务是构筑体育旅游产业数字化服务业发展新优势的关键。企业应充分利用数字化技术手段,开发智能化的体育旅游产品和服务。开发虚拟现实体验等创新型产品和服务,提供个性化的定制服务、智能化的导游服务、便捷化的支付服务等。通过开发数字化产品和服务,提升游客的体验感和满意度,推动体育旅游产业数字化的可持续发展。三是提升数字化管理和运营水平。提升数字化管理和运营水平是构筑体育旅游产业数字化服务业发展新优势的重要环节。企业应加强数字化管理和运营能力建设,提高管理效率和决策科学性。利用大数据技术对游客行为和消费习惯进行分析和预测,利用人工智能技术对景区和场馆进行智能化管理,利用云计算技术提高数据处理和分析能力。通过提升数字化管理和运营水平,降低成本、提高效率、提升竞争力、推动体育旅游产业数字化的可持续发展。

三、企业数字化转型:以消费需求为导向,激发体育旅游数字化服务业的活力

(一)以消费需求为导向,推动数字化转型

深入了解消费者需求,企业应通过市场调研、数据分析等方式,深入了解消费者的需求和偏好,通过了解消费者的需求,企业制定更加精准的体育旅游数字化产

品和服务策略,满足消费者的个性化需求。优化产品和服务设计,在了解消费者需求的基础上,企业应优化体育旅游数字化产品和服务设计,提高体育旅游数字化产品的质量和服务的水平,通过数字化技术手段,企业开发体育旅游智能化的产品和服务,提高消费者的体育旅游体验感和满意度。创新营销方式,企业应利用数字化技术手段,创新营销方式,提高体育旅游数字化营销效果,利用社交媒体、短视频等平台进行线上营销,吸引更多的潜在消费者;利用大数据技术对消费者行为进行分析和预测,实现体育旅游数字化的精准营销。

（二）优化数字化管理和运营水平,提升企业运营效率

一是建立数字化管理和运营体系。企业应建立完善的数字化管理和运营体系,包括数字化战略规划、组织架构、流程管理等方面。通过明确的体育旅游数字化战略和目标,指导企业的数字化转型和发展。建立数字化管理和运营团队,负责企业的体育旅游数字化管理和运营工作。二是加强数字化基础设施建设。企业应加强数字化基础设施建设,包括网络建设、数据中心建设、信息系统建设等方面。通过完善的体育旅游数字化基础设施,提高企业的数据获取、处理和分析能力,为企业的数字化管理和运营提供有力支持。三是提升数字化管理和运营能力。企业应提升数字化管理和运营能力,包括数据分析能力、数据挖掘能力、数据可视化能力等方面。通过加强体育旅游数字化数据分析和技术应用,提高企业的决策科学性和市场洞察力。

（三）促进企业内部数字化转型,提升管理水平

一是优化企业组织架构和管理流程。企业应调整组织架构和管理流程,以适应体育旅游产业数字化转型的需要。通过建立灵活、高效的组织架构,促进各部门之间的协作和沟通,优化管理流程,提高决策效率和执行力。二是建设数字化平台和信息系统。企业应积极建设数字化平台和信息系统,实现体育旅游产业业务数据的实时采集、分析和处理。通过体育旅游产业数字化平台的建设,提高企业内部管理效率,为消费者提供更优质的服务。

四、人才队伍建设:强化人才培养,夯实体育服务业数字化人才基石

（一）加强人才培养,提升数字化技能水平

一是建立完善的人才培养体系。政府和企业应共同建立完善的人才培养体系,包括制定人才培养计划、设立专项资金、提供培训课程等。通过系统性的培养,

使人才具备数字化技能和相关理论知识,为体育旅游产业数字化的发展提供有力支持。二是加强高校和科研机构合作。高校和科研机构是培养人才的重要基地。政府应鼓励高校和科研机构加强与体育旅游企业的合作,共同开展数字化技术研究和人才培养工作。通过合作推动理论与实践相结合,提高人才的实践能力和创新能力。三是开展职业培训和继续教育。职业培训和继续教育是提升人才技能的重要途径。政府和企业应定期开展职业培训和继续教育活动,针对体育旅游产业的数字化发展需求,为人才提供有针对性的培训课程。鼓励人才积极参加各类学术交流和技术研讨活动,拓宽视野,提高综合素质。

(二)加强人才引进,优化人才结构

一是制定优惠政策,吸引高端人才。政府应制定一系列优惠政策,如提供优厚的薪酬待遇、给予科研经费支持等,吸引国内外优秀的高端人才投身体育旅游产业的数字化发展。通过引进高端人才,提升整个行业的创新能力和竞争力。二是建立人才库,储备优秀人才。政府和企业应共同建立体育旅游产业数字化人才库,通过公开招聘、社会推荐等方式广泛招募优秀人才。加强与高校、科研机构的联系,及时了解和掌握优秀人才的动态信息,为体育旅游产业的数字化发展储备充足的人才资源。三是推动国际交流与合作。政府应积极推动国际交流与合作,加强与国际体育旅游组织和企业的联系与合作。通过国际交流与合作,引进国外先进的数字化技术和经验,促进我国体育旅游产业数字化的发展,为我国体育旅游产业培养具有国际视野的高端人才。

(三)优化人才管理机制,激发人才活力

一是建立科学的人才评价机制。政府和企业应建立科学的人才评价机制,对人才的业绩和能力进行全面、客观的评价。通过评价机制的建立,激励人才不断进取、提升自身能力水平,为人才的选拔和晋升提供依据。二是完善激励机制和福利待遇体系。政府和企业应完善激励机制和福利待遇体系,为人才提供良好的工作环境和生活条件。通过激励机制的完善和福利待遇的提高,激发人才的积极性和创造力,促进人才的稳定和发展。三是加强企业文化建设。企业文化是吸引和留住人才的重要因素。企业应加强企业文化建设,营造积极向上、团结协作的工作氛围。通过企业文化的建设,增强员工的归属感和责任感,提高员工的凝聚力和向心力。

第五节　体育旅游产业数字化的实现模式

一、体育旅游产业数字化的政府主导型模式

(一)政策引导与支持

1. 制定产业发展规划

体育旅游产业面临着数字化转型的重要机遇。政府要制定科学合理的产业发展规划,明确体育旅游产业数字化发展的目标、重点任务和实施路径。通过制定体育旅游产业数字化发展规划,政府为体育旅游产业数字化发展提供明确的指导和支持,促进体育旅游产业的可持续发展。一是政府要深入调研体育旅游产业的发展现状和市场需求,了解数字化技术应用和发展的趋势。在此基础上,制定符合体育旅游产业数字化实际情况的产业发展规划,明确体育旅游产业数字化发展的战略方向和重点领域。二是政府需要加强与相关部门的沟通协调,确保体育旅游产业数字化发展规划的顺利实施,政府还需要引导企业和社会资本积极参与体育旅游产业数字化发展,形成政府、企业和社会共同推动的合力。

2. 出台优惠政策

为了推动体育旅游产业数字化发展,政府要出台一系列优惠政策,为企业提供更多的支持和帮助。通过优惠政策,降低企业的运营成本,提高企业的盈利能力,进一步激发企业的创新活力。一是政府出台财政补贴政策,对在体育旅游产业数字化技术研发和应用方面取得显著成果的企业给予一定的资金支持。鼓励企业加大投入力度,推动体育旅游产业数字化技术的创新和应用。二是政府出台税收优惠政策,对在体育旅游产业数字化发展中作出突出贡献的企业给予税收减免。降低企业的税负,提高企业的竞争力,进一步推动体育旅游产业数字化的发展。此外,政府出台土地使用优惠政策,为体育旅游产业数字化发展提供必要的土地资源保障。通过优化土地资源配置,提高土地利用效率,为体育旅游产业数字化发展创造良好的环境。

3. 加强监管和规范

在推动体育旅游产业数字化发展的过程中,政府要加强监管和规范工作,确保市场的公平竞争和产业的健康发展。通过加强监管和规范,防止市场乱象的出现,保护消费者的合法权益,促进产业的可持续发展。一是政府要建立健全监管机制,

加强对体育旅游产业数字化发展的监管力度。通过定期开展检查、评估等工作，确保企业按照相关规定进行数字化技术的研发和应用。对于违反规定的行为，政府应依法予以惩处，维护市场的公平竞争秩序。二是政府要制定和完善相关法规和规章，为体育旅游产业数字化发展提供法律保障。通过明确体育旅游产业数字化发展的法律地位、权益保护等内容，为体育旅游产业数字化的健康发展提供有力支持。政府还要加强对法规和规章的宣传和普及工作，提高企业和公众的法律意识。此外，政府还要加强与相关部门的合作与协调，共同打击体育旅游产业数字化领域的违法违规行为。通过建立跨部门的信息共享机制和联合执法机制，形成监管合力，确保体育旅游产业数字化发展的顺利进行。

（二）基础设施建设

1. 完善数字化基础设施

体育旅游产业数字化的发展离不开完善的基础设施支持。政府和企业要共同努力，加强数字化基础设施建设，为产业的数字化转型提供有力保障。政府需加大对数字化基础设施建设的投入力度，提高基础设施的覆盖率和质量。通过建设高速互联网、5G网络等通信基础设施，提高网络速度和稳定性，为体育旅游产业数字化发展提供稳定可靠的网络环境。政府要加强对数字化基础设施的维护和管理，确保基础设施的正常运行和安全。通过建立完善的维护机制和应急预案，及时处理各种故障和问题，保障体育旅游产业数字化的发展不受影响。

2. 构建数字化平台

体育旅游产业数字化的发展需要构建数字化平台，实现信息共享、资源优化配置和协同创新。政府和企业要共同努力，打造具有影响力的数字化平台，推动体育旅游产业数字化的发展。政府要引导和支持企业建设体育旅游产业的数字化平台。通过提供政策支持和资金扶持，鼓励企业加大投入力度，推动体育旅游产业数字化平台的研发和应用。政府还要加强对体育旅游产业数字化平台的监管和管理，确保体育旅游产业数字化平台的合规性和安全性。企业要积极参与到体育旅游产业数字化平台的构建中来。通过与政府、高校、科研机构等合作，共同研发和应用体育旅游产业数字化平台，提高体育旅游产业数字化平台的创新性和实用性。企业还要加强对体育旅游产业数字化平台的运营和管理，提高体育旅游产业数字化平台的用户体验和服务质量。

3. 促进跨界合作

体育旅游产业数字化的发展要促进跨界合作，实现资源共享和优势互补。政府和企业要共同努力，推动体育旅游产业数字化的跨界合作发展。政府要加强与相关部门的沟通协调，打破行业壁垒和信息孤岛，推动体育旅游产业数字化的跨界合作发展。通过建立跨部门的信息共享机制和合作机制，促进不同行业之间的交流与合作,共同推动体育旅游产业数字化的发展。企业要积极寻求与其他行业的合作机会,通过与相关企业、机构等建立合作关系,共同研发和应用数字化技术,提高体育旅游产业数字化的竞争力和创新力。企业还要加强对跨界合作的运营和管理,提高合作效果和收益。此外,政府还要加强对跨界合作的监管和管理,通过制定相关法规和规章,规范跨界合作的行为和秩序,确保市场的公平竞争和产业的健康发展。政府还要加强对跨界合作的宣传和推广工作,提高公众对跨界合作的认知度和接受度。

(三)公共服务提供

1. 搭建公共服务平台

体育旅游产业数字化的公共服务提供是推动产业发展的重要环节。政府和企业要共同努力,搭建公共服务平台,为消费者提供便捷、高效的数字化服务。政府要引导和支持企业建设体育旅游产业数字化的公共服务平台。通过提供政策支持和资金扶持,鼓励企业加大投入力度,推动体育旅游产业数字化公共服务平台的建设和应用。政府还要加强对体育旅游产业数字化公共服务平台的管理和监管,确保体育旅游产业数字化平台的合规性和安全性。企业要积极参与到体育旅游产业数字化公共服务平台的建设中来。通过与政府、高校、科研机构等合作,共同研发和应用体育旅游产业数字化公共服务平台,提高体育旅游产业数字化平台的创新性和实用性。企业还要加强对体育旅游产业数字化公共平台的运营和管理,提高体育旅游产业数字化平台的用户体验和服务质量。

2. 加强数字化人才培养

体育旅游产业数字化的公共服务提供具备数字化技能的人才支持。政府和企业要共同努力,加强体育旅游产业数字化人才培养,为体育旅游产业数字化的发展提供人才保障。政府要制定体育旅游产业数字化人才培养政策,鼓励高校和培训机构开设相关专业课程,培养更多的体育旅游产业数字化技术人才和行业应用人才。政府还与企业合作开展人才培训计划,提高从业人员的体育旅游产业数字化素养和技能水平。企业要加强内部培训和人才引进工作。通过定期开展内部培训课程和引进外部优秀人才,提高员工的体育旅游产业数字化技能和素质。企业还要建立激励机制,鼓励员工积极学习和掌握体育旅游产业数字化技术。

3. 推动数据开放与共享

体育旅游产业数字化的公共服务提供要实现数据的开放与共享。政府和企业要共同努力,推动体育旅游产业数字化数据开放与共享工作,提高体育旅游产业数字化数据的利用效率和价值。政府要制定体育旅游产业数字化数据开放与共享政策,明确体育旅游产业数字化数据的开放范围、使用方式和权益保护等内容。通过建立体育旅游产业数字化数据开放平台和数据共享机制,促进体育旅游产业数字化数据的流通和利用。政府还要加强对体育旅游产业数字化数据开放与共享的监管和管理,确保体育旅游产业数字化数据的合规性和安全性。企业要积极参与体育旅游产业数字化数据开放与共享工作。通过与政府、其他企业等合作,共同推动体育旅游产业数字化数据的开放与共享。企业还要加强对体育旅游产业数字化数据的保护和管理,确保体育旅游产业数字化数据的隐私和安全。此外,政府还要加强对体育旅游产业数字化数据开放与共享的宣传和推广工作。通过举办相关活动、发放宣传资料等方式,提高公众对体育旅游产业数字化数据开放与共享的认知度和接受度。政府还要加强对体育旅游产业数字化数据开放与共享的监管和管理,确保体育旅游产业数字化市场的公平竞争和产业的健康发展。

二、体育旅游产业数字化的市场引导型模式

(一)市场定位分析

1. 市场需求分析

一是消费者行为变化。数字化技术使得体育旅游产业能够更准确地了解消费者的行为变化。通过收集和分析游客的行为数据、消费数据等信息,了解游客的偏好、需求和购买行为,为体育旅游产业数字化产品和服务的设计和开发提供有力的支持。数字化技术对市场趋势进行预测和分析,为企业的决策提供科学依据。二是市场需求预测。数字化技术使得体育旅游产业数字化能够更准确地预测市场需求。通过分析历史数据和市场趋势,预测未来一段时间内的市场需求情况,为企业制定生产计划和营销策略提供参考,数字化技术还帮助企业建立市场预测模型,提高预测的准确性和可靠性。三是消费者需求洞察。数字化技术使得体育旅游产业能够更深入地了解消费者的需求。通过体育旅游产业数字化收集和分析游客的反馈意见、评价等信息,了解消费者对产品和服务的需求和期望,为企业改进产品和服务提供参考,数字化技术还帮助企业建立消费者需求洞察系统,实现与消费者的实时互动和沟通。

2. 竞争态势分析

一是竞争对手分析。数字化技术使得体育旅游产业能够更全面地了解竞争对手的情况。通过体育旅游产业数字化分析竞争对手的产品、服务、营销策略等信息,了解竞争对手的优势和劣势,为企业制定有针对性的竞争策略提供参考。数字化技术还帮助企业建立竞争情报系统,及时获取市场动态和竞争对手的最新信息。二是市场占有率分析。数字化技术使得体育旅游产业能够更准确地了解自身在市场中的地位。通过体育旅游产业数字化分析市场占有率、市场份额等信息,了解企业在市场中的竞争地位和发展趋势,为企业制定发展策略提供参考。数字化技术

还可以帮助企业建立市场占有率分析模型,提高分析的准确性和可靠性。三是竞争格局分析。数字化技术使得体育旅游产业能够更深入地了解市场的竞争格局。通过体育旅游产业数字化分析市场竞争格局、市场份额分布等信息,了解市场的竞争状况和发展趋势,为企业制定市场竞争策略提供参考。数字化技术还可以帮助企业建立竞争格局分析模型,提高分析的全面性和客观性。

3. 消费者行为分析

一是消费者行为洞察。数字化技术使得体育旅游产业能够更深入地了解消费者的行为。通过体育旅游产业数字化收集和分析游客的行为数据、消费数据等信息,了解消费者的购买决策过程、消费习惯和偏好等信息,为企业改进产品和服务提供参考。数字化技术还帮助企业建立消费者行为洞察系统,实现与消费者的实时互动和沟通。二是消费者满意度分析。数字化技术使得体育旅游产业能够更准确地了解消费者的满意度。通过体育旅游产业数字化收集和分析游客的反馈意见、评价等信息,了解消费者对产品和服务的质量、价格、服务等各方面的满意度情况,为企业改进产品和服务提供参考。数字化技术还帮助企业建立消费者满意度分析模型,提高分析的准确性和可靠性。三是消费者忠诚度分析。数字化技术使得体育旅游产业能够更深入地了解消费者的忠诚度。通过体育旅游产业数字化收集和分析游客的购买历史、重复购买率等信息,了解消费者的忠诚度情况和企业品牌的影响力情况,为企业制定营销策略和品牌建设提供参考。数字化技术可以帮助企业建立消费者忠诚度分析模型,提高分析的准确性和可靠性。

(二) 产品创新分析

1. 个性化定制

一是定制化服务。数字化技术使得体育旅游产业能够为游客提供定制化的服务。通过收集和分析游客的行为数据、消费数据等信息,企业了解游客的偏好和需求,为游客提供个性化的旅游线路、运动项目和特色产品。定制化的服务能够提高产品的附加值和市场竞争力,满足不同游客的需求。二是智能化定制。数字化技术可以实现智能化定制。通过运用人工智能、大数据等技术手段,企业根据游客的历史数据和行为偏好,自动推荐合适的旅游线路和运动项目,实现个性化定制的智能化升级。智能化定制能够提高游客的满意度和体验感,为企业赢得更多的忠实客户。三是个性化营销。数字化技术可以帮助企业进行个性化营销。通过分析游客的行为数据和消费数据等信息,企业了解游客的偏好和需求,实现精准营销。通过邮件、短信等方式向游客推送个性化的旅游资讯和优惠信息,提高营销效果和客户满意度。

2. 智能化升级

一是智能化设备。数字化技术使得体育旅游产业能够引入更多的智能化设备,提供更加便捷的导航和解说服务,例如智能健身器材提供更加准确的运动数据分析和运动建议。智能化设备能够提高游客的体验感和参与度,为企业创造更多的商业机会。二是智能化管理。数字化可以帮助企业实现智能化管理。通过运用人工智能、大数据等技术手段,企业实现资源的优化配置和高效利用;通过分析游客的行为数据和消费数据等信息,企业可以优化旅游线路设计和运动项目安排,提高运营效率和服务质量。三是智能化决策。数字化技术还可以帮助企业进行智能化决策。通过运用人工智能、大数据等技术手段,企业进行市场预测、竞争分析、消费者行为洞察等,提高决策的科学性和准确性。智能化决策能够提高企业的市场竞争力,为企业带来更多的商业机会和竞争优势。

3. 多元化拓展

一是产品线拓展。数字化技术使得体育旅游产业能够拓展更多的产品线。企业开发线上运动平台,提供在线健身指导、运动社交等服务;开发线上赛事平台,提供在线报名、赛事直播等服务。多元化的产品线能够提高企业的市场占有率和盈利能力。二是跨界合作。数字化技术可以帮助企业实现跨界合作。体育旅游企业与健康、教育、文化等领域的企业进行合作,共同开发新的产品和服务;与金融机构进行合作,实现支付方式的多元化和便捷化。跨界合作能够为企业带来更多的商业机会和竞争优势。三是多元化渠道。数字化技术还可以帮助企业拓展多元化的销售渠道。企业通过电商平台、社交媒体平台、线下实体店等多种方式进行销售;通过自媒体、网红、意见领袖等渠道进行推广。多元化的渠道能够提高企业的市场覆盖率和品牌影响力。

(三) 市场推广分析

1. 数字化营销

一是搜索引擎优化(SEO)。通过优化网站内容和结构,提高体育旅游企业在搜索引擎中的排名,吸引更多的潜在客户。SEO 包括关键词优化、网站内容优化、内部链接优化等,通过提高网站的可见性和权威性,增加网站的流量和用户转化率。二是社交媒体营销(SMM)。利用社交媒体平台如微博、微信、抖音等,与目标受众进行互动和传播。通过发布优质的内容、进行话题营销、与粉丝互动等方式,提高品牌知名度和用户黏性。SMM 还可以通过广告投放等方式实现精准的目标用户定位和传播效果评估。三是内容营销。通过创建有价值的、与体育旅游相关的内容,吸引目标受众的关注和信任。内容营销包括博客文章、视频、图片等形式,围绕体育旅游的热点事件、旅游攻略、运动技巧等进行创作,提高用户的参与度和转化率。

2. 社交媒体推广

一是微信推广。利用微信的社交属性和用户基础,通过公众号、朋友圈、微信群等渠道进行体育旅游产品的推广。通过定制化的内容创作、互动活动等方式,吸引用户的关注和参与。利用微信支付的便捷性,实现快速预订和购买。二是微博推广。利用微博的开放性和互动性,通过发布实时信息、与大V或网红合作等方式,扩大体育旅游产品的曝光度和影响力。可通过话题营销、抽奖活动等方式,提高用户的参与度和转发率。三是短视频推广。利用短视频平台的视觉冲击力和用户黏性,通过拍摄有趣的、与体育旅游相关的短视频,吸引用户的关注和点赞。通过与网红或意见领袖合作、发起挑战等方式,提高视频的传播范围和影响力。

3. 线上线下融合推广

一是线上平台推广。通过线上平台如官网、App、电商平台等,进行体育旅游产品的展示和推广。通过优化用户体验、提供便捷的预订和支付服务等方式,提高用户的转化率和满意度。利用线上平台的用户数据和行为分析,实现精准的目标用户定位和个性化推广。二是线下活动推广。通过举办体育赛事、旅游节庆等活动,吸引目标受众的参与和关注。通过宣传海报、现场展示等方式,提高活动的曝光度和影响力。利用线下活动的互动性和体验性,提高用户的参与度和忠诚度。三是O2O模式推广。通过线上线下融合的方式,将线上的便利性和线下的实体体验相结合,提供更加全面和高效的市场推广。通过线上平台进行产品宣传和预订,在线下提供实体服务;通过线下活动吸引用户关注,引导用户到线上进行预订和支付等操作。O2O模式能够提高用户的满意度和忠诚度,扩大品牌的知名度和影响力。

三、体育旅游产业数字化的消费需求型模式

(一) 数字化信息获取

1. 数字化信息获取的便利性

一是互联网和移动设备的普及。随着互联网和移动设备的普及,消费者随时随地通过手机、平板电脑等设备获取体育旅游的相关信息。便利性使得消费者无须受限于传统渠道,如旅行社、报纸等,从而更加灵活地了解和选择体育旅游产品。二是搜索引擎和社交媒体的应用。搜索引擎和社交媒体为消费者提供了丰富的信息来源。通过输入关键词或关注相关账号,消费者轻松地获取体育赛事信息、体育旅游攻略、酒店推荐等。便利性使得消费者能够快速筛选和比较不同体育旅游产业数字化的产品,提高决策效率。三是数字化信息的即时性。数字化信息具有即时性特点,能够实时更新和发布最新的体育旅游资讯。消费者随时了解最新的体育赛事动态、体育旅游优惠等信息,为出行计划提供及时参考。

2. 数字化信息获取的精准性

一是个性化推荐系统。通过运用大数据和人工智能技术,体育旅游企业建立个性化推荐系统,为消费者提供精准的产品推荐。系统根据消费者的历史数据、行为偏好和兴趣爱好,为其推荐符合需求的体育旅游产品,提高消费者的满意度和体验感。二是数据分析与挖掘。通过对消费者行为数据、消费数据等进行分析和挖掘,体育旅游企业深入了解消费者的需求和偏好,为产品设计和优化提供有力支持。精准性使得企业能够更好地满足消费者的个性化需求,提升市场竞争力。三是搜索引擎优化(SEO)。通过优化网站结构和内容,提高体育旅游企业在搜索引擎中的排名,增加产品的曝光度和可见性。SEO策略有助于吸引更多潜在消费者的关注,提高网站的流量和转化率。

3. 数字化信息获取的交互性

一是在线社区与论坛。在线社区和论坛为消费者提供了交流和分享的平台。消费者在平台上发布自己的体育旅行经历、分享旅行心得和建议,与其他消费者互动交流。交互性不仅丰富了消费者的旅行体验,也为体育旅游企业提供了宝贵的用户反馈和市场洞察。二是实时互动与问答。通过社交媒体、在线客服等渠道,体育旅游企业与消费者进行实时互动与问答。消费者随时提出问题、寻求帮助和建议,企业则及时回应并提供解决方案。实时互动与问答有助于增强消费者与企业的联系和信任,提升客户满意度。三是虚拟现实(VR)与增强现实(AR)技术。VR和AR技术的应用为消费者提供了更加沉浸式的体验。通过佩戴VR眼镜或使用AR应用程序,消费者可以身临其境地感受体育赛事现场的氛围、体验体育旅游目的地的美景等。交互性不仅提高了消费者的决策准确性,也增强了对体育旅游产品的期待和兴趣。

(二)个性化产品选择

1. 个性化产品设计的灵活性

一是消费者参与设计。数字化技术使得消费者能够更加深入地参与到体育旅游产品设计中来。通过在线平台或应用程序,提供个人的意见和建议,与设计师共同创造符合需求和喜好的个性化体育旅游产品。消费者参与设计的方式不仅提高了体育旅游产品的独特性和个性化,也增强了消费者的满足感和忠诚度。二是模块化设计。模块化设计是一种将产品分解为独立模块,然后根据消费者需求进行组合的设计方法。在体育旅游产业中,模块化设计应用于赛事门票、酒店住宿、旅游线路等多个方面。消费者根据自己的喜好和预算,自由选择和组合模块,打造出符合个人需求的个性化产品。三是增强现实(AR)与虚拟现实(VR)技术。AR和VR技术的应用为消费者提供了更加直观的体育旅游产品设计体验。通过佩戴VR眼镜或使用AR应用程序,消费者预览产品的外观、功能和布局等,从而更加准确地判断产品的个性化程度和满足度。虚拟体验方式有助于消费者在选择产品时更加自信和满意。

2. 定制化产品的多样性

一是个性化赛事体验。体育旅游企业可以根据消费者的需求和兴趣，提供个性化的体育赛事体验产品。例如，为消费者定制独特的体育赛事门票、提供专属的观赛区域、安排个性化的体育赛后活动等。定制化的体育赛事体验产品能够满足消费者的个性化需求，提升观赛体验和满意度。二是定制化旅游线路。消费者可以根据自己的兴趣和时间安排，定制个性化的旅游线路，企业则根据消费者的需求，提供多种主题的旅游线路选择，如户外探险、文化之旅、亲子游等。定制化的体育旅游线路产品能够满足消费者的多样化需求，提高旅行体验质量。三是定制化服务。体育旅游企业能够提供定制化的服务，如私人导游、专属司机、VIP 服务等，可根据消费者的需求和预算进行个性化配置，满足消费者的特殊需求和期望。定制化的体育旅游服务产品能够提升消费者的旅行体验和满意度，为企业创造更多的商业机会。

3. 智能化推荐系统的精准性

一是数据挖掘与分析。通过收集和分析消费者的行为数据、偏好数据等，体育旅游企业可以建立智能化推荐系统。系统根据消费者的历史数据和行为偏好，为其推荐符合需求的个性化产品和服务。基于大数据的推荐系统能够提高体育旅游产品的精准性和匹配度，提高消费者的满意度和忠诚度。二是个性化推荐算法。个性化推荐算法是实现智能化推荐的关键技术之一。通过运用机器学习和人工智能技术，体育旅游企业建立个性化的推荐算法，为消费者提供更加精准的产品推荐。算法可根据消费者的历史行为、兴趣爱好和市场需求等因素，为消费者推荐符合其需求的个性化体育旅游产品和服务。三是实时反馈与调整。智能化推荐系统不仅要准确匹配消费者的需求，还要根据消费者的反馈进行实时调整。体育旅游企业通过社交媒体、在线客服等渠道获取消费者的实时反馈和意见，对推荐算法进行调整和优化，提高推荐的精准性和满意度。

（三）智慧化服务体验

1. 智慧化的服务界面

体育旅游产业数字化的智慧化服务体验体现在服务界面的智能化。通过先进的数字化技术，企业打造一个直观、便捷的服务界面，为消费者提供更加舒适、高效的体验。智慧化服务界面应具备清晰、简洁的设计风格，避免冗余和复杂的操作步骤。界面应提供多种语言选择，以满足不同国家和地区消费者的需求。智慧化服务界面应具备个性化的定制功能，通过收集和分析消费者的基本信息和旅游偏好，企业为消费者提供定制化的服务推荐、行程安排等，根据消费者的历史订单和浏览记录,推荐符合其喜好的旅游线路和活动。此外,智慧化服务界面还应具备实时、互动功能,消费者通过在线客服、留言板等方式与企业的服务人员进行实时沟通,解决旅游过程中遇到的问题和困难,实时的互动增强消费者的信任感和满意度,提高服务质量。

2. 智慧化的服务流程

体育旅游产业数字化的智慧化服务体验还体现在服务流程的智能化。通过数字化技术,企业优化服务流程,提高服务效率和质量。企业利用智能化的预订系统,为消费者提供便捷的在线预订服务,消费者通过手机、电脑等设备随时随地进行预订操作,节省时间和精力,预订系统应具备多种支付方式选择,以满足消费者的不同需求。企业利用智能化的景区导览系统,为游客提供个性化的导览服务,通过收集和分析游客的位置信息、兴趣爱好等数据,系统为游客推荐最佳的游览路线、景点介绍等,从而提高游客的体验感和满意度。此外,企业还利用智能化的酒店管理系统,为游客提供便捷的入住和退房服务,通过自动化的入住和退房流程,游客可以节省时间和精力,提高住宿体验,酒店管理系统还应具备智能化的客房管理和服务功能,为游客提供更加舒适、贴心的住宿体验。

3. 智慧化的服务质量保障

体育旅游产业数字化的智慧化服务体验不仅体现在服务界面和服务流程的智能化上,更体现在服务质量保障的智能化上。通过数字化技术手段,企业可以建立完善的服务质量保障体系,提高服务质量和客户满意度。企业利用大数据技术对服务质量进行实时监控和分析。通过对消费者反馈、投诉等数据的收集和分析,企业可以及时发现并解决服务中存在的问题和不足;企业还利用大数据技术对服务质量进行预测和预警,提前采取措施预防问题的发生。企业利用人工智能技术对服务质量进行智能评估和改进,通过对消费者行为、喜好等数据的分析,企业建立完善的服务质量评估模型和改进方案;企业还利用人工智能技术对服务质量进行自动优化和改进,提高体育旅游产业数字化服务质量和效率。此外,企业还利用区块链技术对服务质量进行可追溯和可信任管理,通过区块链技术建立完整的服务记录和数据存储系统,消费者和企业可随时查询和验证服务质量信息,并通过可追溯和可信任的管理方式提高消费者的信任感和满意度,促进体育旅游产业数字化的可持续发展。

第六节　体育旅游产业数字化的创新机制

一、体育旅游产业数字化的保障机制

（一）政策保障

政策保障是体育旅游产业数字化转型升级的重要基础。政府应制定一系列政策，为体育旅游产业数字化转型升级提供明确的指导方向和有力的政策支持。一是制定体育旅游产业数字化转型升级战略。政府应明确数字化转型的目标、任务和时间表，为体育旅游产业数字化转型升级提供明确的方向，应将体育旅游产业数字化转型升级纳入国家发展战略，确保其与国家整体发展目标相一致。二是完善法律法规。政府应建立健全与体育旅游产业数字化转型升级相关的法律法规，确保体育旅游产业数字化转型升级过程中的数据安全、知识产权保护等得到有效保障。三是提供财政支持。政府通过对体育旅游产业数字化转型升级、财政补贴、税收优惠等措施，鼓励企业加大数字化转型的投入，降低转型成本，提高企业参与度。四是加强监管与评估。政府应加强对体育旅游产业数字化转型升级的监管，确保体育旅游产业在数字化转型升级过程中的合规性和公平性；应建立体育旅游产业数字化转型升级评估机制，对体育旅游产业数字化转型升级的效果进行定期评估，及时发现问题并采取措施加以改进。

（二）技术保障

技术保障是体育旅游产业数字化转型升级的关键环节。政府和企业应加大对体育旅游产业数字化转型升级的研发和应用力度，提高体育旅游产业数字化转型升级技术水平，为体育旅游产业数字化转型升级提供有力支持。① 加强技术研发。政府和企业应加大对体育旅游产业数字化转型升级的研发力度，推动技术创新，提高技术水平，研发适用于体育旅游产业的虚拟现实技术、增强现实技术等新兴技术，为游客提供更加真实、生动的体验。② 推动技术应用。政府和企业应积极推动数字化技术在体育旅游产业的应用，提高体育旅游数字化产品的科技含量和附加值，通过智能化管理系统和生产设备，实现体育旅游产业数字化生产过程的自动化和智能化；通过大数据分析技术，为游客提供更加个性化、精准的服务。③ 建立技术标准。政府应建立体育旅游产业数字化转型的技术标准体系，确保不同系统之间的兼容性和数据互通性;应加强技术标准的推广和应用,促进技术标准的普及和落地。

（三）人才保障

人才保障是体育旅游产业数字化转型升级的重要支撑。政府和企业应加强人才培养和引进工作,为体育旅游产业数字化转型升级提供充足的人才支持。① 加强人才培养。政府和企业应加大对体育旅游产业数字化人才的培养力度,通过高校合作、培训班、研讨会等方式,提高从业人员的数字化技能和素质;应注重培养具有创新精神和跨界思维的人才,为产业的数字化转型提供更多创新力量。② 引进优秀人才。政府和企业应积极引进具有丰富经验和专业技能的优秀人才,为体育旅游产业数字化转型升级提供智力支持,通过招聘、猎头等方式引进优秀人才,提供良好的工作环境和福利待遇,吸引更多优秀人才加入。③ 建立人才库。政府和企业应建立体育旅游产业数字化人才库,对各类人才进行分类管理和储备,方便企业快速找到所需的人才资源,提高人才利用效率。

（四）市场保障

市场保障是体育旅游产业数字化转型升级的重要驱动力。政府和企业应加强市场推广和营销工作,提高体育旅游数字化产品的知名度和美誉度,为体育旅游产业数字化转型升级提供市场支持。一是加强市场推广。政府和企业应加大对体育旅游数字化产品的市场推广力度,通过广告、公关、网络营销等多种渠道提高产品的知名度和美誉度,开展品牌营销活动和线上线下活动,吸引更多潜在客户关注和参与。二是拓展市场份额。政府和企业应积极拓展市场份额,通过与国内外企业合作、参加国际展会等方式扩大产品的销售渠道和市场份额,开展跨境电商等业务拓展海外市场,提高体育旅游数字化产品的国际竞争力。三是建立客户关系管理系统。政府和企业应建立完善的客户关系管理系统,通过收集和分析客户数据了解客户需求和行为习惯,为客户提供更加个性化、精准的服务,提升客户满意度和忠诚度,进而促进体育旅游数字化产品的销售和市场推广工作。四是加强行业合作与交流。政府和企业应加强与其他行业和机构的合作与交流,通过共享资源、优势互补等方式,实现互利共赢,推动整个体育旅游行业的数字化转型升级,组织行业研讨会、展览等活动促进信息共享和经验交流,为体育旅游行业内的企业和机构提供更多的合作机会和发展空间。

二、体育旅游产业数字化的服务机制

（一）服务流程优化机制

1. 服务流程标准化

一是体育旅游产业数字化服务流程定义与梳理。在体育旅游产业数字化转型升级过程中，对体育旅游产业数字化服务流程进行定义和梳理，明确体育旅游产业数字化服务流程的各个环节、责任人、时间节点等，确保体育旅游产业数字化服务流程的清晰和规范，并对体育旅游产业数字化服务流程进行分类和归档，为后续的标准化工作打下基础。二是体育旅游产业数字化服务流程标准化建设。针对梳理后的体育旅游产业数字化服务流程，进行标准化建设，制定统一的服务流程标准，包括服务流程的描述、操作规范、时间要求等。通过标准化建设，确保不同部门、不同岗位之间的服务流程具有一致性和可操作性，提高服务效率和质量。三是体育旅游产业数字化服务流程标准化培训与推广。为了确保体育旅游产业数字化服务流程标准化的有效实施，对员工进行标准化培训和推广，通过培训员工了解并掌握服务流程标准化的要求和操作方法，增强员工的标准化意识和技能水平，加强对体育旅游产业数字化服务流程标准化的宣传和推广，提高员工的认同感和参与度。

2. 服务流程自动化

一是体育旅游产业数字化服务流程自动化技术应用。在体育旅游产业数字化转型升级过程中，体育旅游企业应积极引入自动化技术，如人工智能、大数据分析等，提高服务流程的自动化水平，通过自动化技术的应用，减少人工干预和错误率，提高服务效率和质量。自动化技术可以实现对体育旅游产业数字化服务流程的实时监控和预警，及时发现并解决问题。二是体育旅游产业数字化服务流程自动化系统建设。为了实现体育旅游产业数字化服务流程的自动化，应建立相应的自动化系统，系统应包括服务流程的自动化设计、执行、监控等功能模块。通过自动化系统的建设，实现体育旅游产业数字化服务流程的自动化运行和管理，提高体育旅游产业数字化服务的响应速度和准确性，自动化系统实现对体育旅游产业数字化服务流程数据的收集和分析，为后续的优化工作提供数据支持。

3. 服务流程个性化

一是客户需求分析与预测。在体育旅游产业数字化转型升级过程中，对客户需求进行深入的分析和预测，通过对客户需求的了解和分析，发现客户的需求变化和趋势，为后续的体育旅游产业数字化服务流程个性化提供数据支持，通过对客户需求的预测和分析，提前做好体育旅游产业数字化服务准备和服务调整工作。二是体育旅游产业数字化服务流程个性化设计。在了解客户需求的基础上，对体育旅游产业数字化服务流程进行个性化设计,根据客户的个性化需求和偏好,对体育旅游产业数字化服务流程进行定制化设计和优化,通过个性化设计满足客户的个性化需求和提高客户满意度,个性化设计还提高体育旅游产业数字化服务的竞争力和品牌形象。

（二）技术服务创新机制

1. 技术研发

一是加大体育旅游产业数字化研发投入力度。体育旅游企业应重视技术研发的重要性,加大对研发经费的投入力度,通过建立研发团队、引进高端人才、加强与高校和科研机构合作等方式,提高企业的技术研发能力;应注重对体育旅游产业数字化研发成果的保护,加强知识产权保护意识,为企业技术创新提供有力保障。二是关注前沿体育旅游产业数字化技术动态。体育旅游企业应密切关注国内外科技前沿的动态,跟进新技术的发展趋势。针对体育旅游产业数字化的特点和需求,关注人工智能、大数据、物联网等技术在体育旅游领域的应用前景,为企业技术创新提供方向和思路。三是建立体育旅游产业数字化技术研发与业务协同机制。体育旅游企业在技术研发过程中,应建立体育旅游产业数字化技术与业务协同机制,通过深入了解业务需求和发展趋势,将体育旅游产业数字化技术研发与业务发展紧密结合,使体育旅游产业数字化技术成果能够更好地服务于实际业务,提高企业的核心竞争力。

2. 技术转化

一是加强体育旅游产业数字化技术转化能力。体育旅游企业应加强技术转化的能力,将体育旅游产业数字化科技成果转化为实际生产力。通过引进和培养技术转化人才,建立技术转化机构,完善技术转化流程,提高技术转化的效率和成功率,同时应关注技术市场的发展动态,及时掌握市场需求和趋势,为企业技术转化提供有力支持。二是搭建体育旅游产业数字化技术服务平台,为科技成果转化提供良好的环境和条件。平台应包括技术试验、产品开发、市场推广等功能,为科技成果的转化提供全方位的服务和支持。通过平台的搭建,吸引更多的科技成果落户企业,推动企业技术创新和产品升级。

3. 技术服务

一是提供体育旅游产业数字化、个性化技术服务方案。体育旅游企业应根据不同客户的需求和特点,提供个性化的体育旅游产业数字化技术服务方案,通过深入了解客户的业务需求和技术难题,结合企业的技术优势和经验积累,为客户提供量身定制的体育旅游产业数字化技术服务解决方案,应关注客户反馈和意见,不断改进技术服务质量和水平。二是加强体育旅游产业数字化技术培训与咨询服务,提高客户的技术水平和应用能力。通过开展技术培训课程、提供在线咨询、组织技术交流活动等方式,帮助客户掌握新技术的应用方法和实际操作技能,应关注客户的实际需求和发展趋势,为客户提供持续的技术支持和咨询服务。三是打造体育旅游产业数字化技术服务品牌形象,提高企业的知名度和美誉度。通过优质的技术服务、专业的技术团队、完善的服务流程等优势,树立起企业在体育旅游产业中的数字化技术服务品牌形象,应加强品牌宣传和推广工作,提高品牌在行业内的竞争力和影响力。

(三)客户服务机制

1. 客户服务理念

一是以客户为中心的体育旅游产业数字化服务理念。体育旅游企业应树立以客户为中心的服务理念,将客户的需求和满意度放在首位,通过深入了解客户需求,提供个性化的服务方案,满足客户的期望和需求,应关注客户的反馈和意见,不断改进服务质量,提高客户满意度。二是持续创新的体育旅游产业数字化服务理念。体育旅游企业应具备持续创新的服务理念,不断推出新的服务项目和产品,满足客户不断变化的需求,通过引入新技术、新方法,提高服务效率和质量,为客户提供更好的体验和服务。

2. 客户服务流程

一是体育旅游产业数字化客户服务流程设计。体育旅游企业应设计科学合理的客户服务流程,确保服务的高效性和准确性,流程应包括客户需求收集、服务方案制定、服务实施、服务效果评估等环节,确保每个环节都有明确的责任人和时间要求,应建立完善的客户服务标准和质量管理体系,确保服务流程的规范化和标准化。二是体育旅游产业数字化客户服务流程优化。为了提高服务效率和质量,体育旅游企业应对客户服务流程进行持续优化,通过收集客户反馈、分析服务数据,找出服务流程中的问题和瓶颈,提出改进措施并加以实施,应关注行业发展趋势和客户需求变化,及时调整服务流程和策略,保持服务流程的灵活性和适应性。

3. 客户服务技术

一是体育旅游产业数字化客户服务技术应用。体育旅游企业应积极应用数字化客户服务技术,提高服务的便捷性和效率,通过引入互联网、移动设备等数字化技术手段,建立线上服务平台和移动应用程序,为客户提供24小时不间断的服务支持,应利用大数据、人工智能等技术手段对客户数据进行挖掘和分析,为客户提供更加精准的服务推荐和个性化体验。二是体育旅游产业智能化客户服务技术应用。体育旅游企业应关注智能化客户服务技术的发展和应用,通过引入智能客服机器人、智能语音识别等技术手段,提高服务的自动化和智能化水平,应结合客户需求和业务特点,开发具有自主知识产权的智能化客户服务系统和技术产品,提升企业的核心竞争力。

三、体育旅游产业数字化的安全机制

（一）技术安全机制

1. 技术研发

一是强化体育旅游产业数字化技术研发能力。体育旅游企业应重视技术研发能力的提升，加大投入力度，引进优秀的体育旅游产业数字化技术研发团队，提高体育旅游产业数字化技术研发水平。通过自主研发、合作研发等方式，不断推动体育旅游产业数字化技术创新，为体育旅游产业数字化转型升级提供强大的技术支持。二是建立体育旅游产业数字化技术研发标准。为了确保体育旅游产业数字化技术研发的规范性和标准化，体育旅游企业应建立技术研发标准，明确技术研发的目标、流程和要求，应积极参与行业标准的制定和推广，推动体育旅游产业数字化的技术进步和标准化发展。

2. 技术应用

一是确保体育旅游产业数字化技术应用的稳定性和安全性。在体育旅游产业数字化转型升级过程中，技术的应用至关重要，企业应确保技术应用的稳定性和安全性，避免因技术故障或漏洞导致的损失和不良影响，应加强技术应用的风险评估和防范工作，及时发现并解决潜在的技术风险。二是提高体育旅游产业数字化技术应用的智能化水平。为了满足消费者对智能化服务的需求，通过引入人工智能、大数据等先进技术，优化服务流程，提高服务效率和质量，应加强体育旅游产业数字化智能化技术的应用和创新，为消费者提供更加便捷、高效的体育旅游产业数字化服务。

3. 技术监管

一是建立体育旅游产业数字化技术监管机制。为确保体育旅游产业数字化技术安全机制的有效实施，体育旅游企业应建立技术监管机制。该机制应包括技术安全检查、风险评估、应急响应等方面的工作内容。通过定期的体育旅游产业数字化技术安全检查和风险评估，及时发现并解决潜在的技术安全隐患，应建立应急响应机制，制定相应的应急预案，确保在面临体育旅游产业数字化技术安全问题时能够迅速、有效地应对。二是加强体育旅游产业数字化技术监管力度。体育旅游企业应加强对体育旅游产业数字化技术安全的监管力度，确保各项技术安全措施的有效实施，应加强对员工的技术安全培训和教育，增强员工的技术安全意识和技能水平，还应积极与相关部门合作，共同推动体育旅游产业数字化的技术安全监管工作，为体育旅游产业数字化的健康发展提供有力保障。

（二）数据安全机制

1. 数据采集

一是制定体育旅游产业数字化数据采集规范。体育旅游企业应制定详细的数据采集规范，明确体育旅游产业数字化数据采集的目的、范围、方式和流程，规范应确保体育旅游产业数字化数据的合法性、准确性和完整性，避免非法数据的采集和滥用，应加强对数据采集人员的培训和管理，提高数据采集的质量和效率。二是采用体育旅游产业数字化加密技术保护数据传输。在体育旅游产业数字化数据采集过程中，体育旅游企业应采用加密技术保护数据的传输安全，通过采用SSL/TLS等加密协议，确保体育旅游产业数字化数据在传输过程中的保密性和完整性，防止数据被窃取或篡改。

2. 数据存储与共享

一是建立完善的体育旅游产业数字化数据存储与共享管理制度。体育旅游企业应建立完善的数据存储与共享管理制度，明确数据的存储与共享方式、存储与共享位置和访问权限。管理制度应确保数据的保密性、完整性和可用性，防止数据被非法访问或篡改，应加强对体育旅游产业数字化数据存储与共享设施的安全管理和维护，确保体育旅游产业数字化数据存储与共享的安全性和稳定性。二是采用体育旅游产业数字化加密技术保护数据存储与共享。在体育旅游产业数字化数据存储与共享过程中，体育旅游企业应采用加密技术保护数据的存储与共享安全。通过采用全盘加密、文件加密等方式，确保数据在存储与共享过程中的保密性和完整性，防止数据被窃取或篡改，还应加强体育旅游产业数字化对加密密钥的管理和保护，确保密钥的安全性和可靠性。

（三）网络安全机制

1. 网络安全防护

一是建立完善的体育旅游产业数字化网络安全防护体系。体育旅游企业应建立完善的网络安全防护体系，包括防火墙、入侵监测系统、病毒防护系统等。系统能够有效地防止外部攻击和内部泄露，确保体育旅游产业数字化系统的安全性。应加强对体育旅游产业数字化网络设备的保护和管理，防止未经授权地访问和操作。二是采用体育旅游产业数字化加密技术保护数据传输。在体育旅游产业数字化数据传输过程中，体育旅游企业应采用加密技术保护数据的传输安全。通过采用SSL/TLS等加密协议，确保体育旅游产业数字化数据在传输过程中的保密性和完整性，防止数据被窃取或篡改，应加强对体育旅游产业数字化加密密钥的管理和保护，确保密钥的安全性和可靠性。

2. 网络安全监测

一是建立体育旅游产业数字化网络安全监测机制。体育旅游企业应建立网络安全监测机制,包括定期的网络安全检查、漏洞扫描、安全日志分析等。措施能够及时发现潜在的安全隐患和风险,并采取相应的措施进行防范和应对,应加强对体育旅游产业数字化网络安全事件的监测和分析,及时发现并应对各种网络攻击和数据泄露事件。二是采用大数据分析技术进行体育旅游产业数字化网络安全监测。在体育旅游产业数字化网络安全监测过程中,体育旅游企业应采用大数据分析技术进行网络安全监测,通过收集和分析大量的网络流量数据、安全日志数据等,发现异常行为和潜在的安全威胁,及时采取相应的措施进行防范和应对,应加强对体育旅游产业数字化大数据分析技术的研发和应用,提高网络安全监测的准确性和效率。

3. 网络安全应急响应

一是建立完善的体育旅游产业数字化网络安全应急响应机制。体育旅游企业应建立完善的网络安全应急响应机制,包括应急响应流程、应急响应小组、应急响应预案等,能够及时应对各种网络攻击和数据泄露事件,最大限度地减少损失和影响,应加强对员工的应急响应培训和教育,增强员工的应急响应意识和技能水平。二是加强与相关部门的合作和沟通。在体育旅游产业数字化网络安全应急响应过程中,体育旅游企业应加强与相关部门的合作和沟通,与公安、网信等部门建立紧密的合作关系,共同应对各种网络攻击和数据泄露事件,应积极参与行业协会和组织的相关活动和工作,推动体育旅游产业数字化网络安全建设和发展。

第七节　体育旅游产业数字化的优化路径

一、供给引领:多举措推动体育旅游产业数字化转型

(一)鼓励体育旅游企业"上云用数赋智"

1. 鼓励体育旅游企业"上云"

一是推广云计算技术。政府和企业应积极推广云计算技术,将基础设施向云端迁移。通过云计算,企业降低IT成本、提高效率,能够快速响应体育旅游市场需求变化,云计算还为企业提供灵活、可扩展的计算资源,为体育旅游产业数字化发展提供强大的支持。二是建立云服务平台。政府应鼓励企业建立云服务平台,为

体育旅游产业数字化提供全方位的服务,通过云服务平台,企业共享资源、实现信息共享和数据互通,提高体育旅游产业数字化的协同效率,云服务平台还为企业提供数据分析和挖掘服务,帮助企业更好地了解消费者需求和市场趋势。三是培养云计算人才。政府和企业应重视云计算人才的培养。通过培训、招聘等方式,建立一支具备云计算技能的专业团队,加强与其他企业和机构的合作与交流,共同推动云计算技术在体育旅游产业数字化的应用和发展。

2. 促进体育旅游企业"用数"

一是强化数据分析能力。政府和企业应鼓励企业加强数据分析能力,挖掘数据价值,通过大数据分析技术,让企业更好地了解消费者行为和市场趋势,为体育旅游产业数字化产品和服务开发提供有力支持,数据分析还为企业提供精细化的运营策略,提高市场竞争力。推动数据共享和融合,政府应鼓励企业之间实现数据共享和融合,通过跨企业的数据共享和融合,打破信息孤岛现象,提高整个行业的协同效率,数据共享和融合还为企业提供更全面的市场分析和预测,帮助企业更好地把握市场机遇。二是加强数据安全保障。政府和企业应加强体育旅游产业数字化数据安全保障工作,通过建立健全数据安全保障体系,确保数据的保密性、完整性和可用性,加强相关人员的培训和教育,增强数据安全意识和防范能力。

3. 推动体育旅游企业"赋智"

一是提升智能化水平。政府和企业应鼓励企业提升智能化水平,将人工智能等技术应用于产品和服务中,通过智能化技术的运用,为企业提供更个性化、便捷的服务,满足消费者对高品质、高体验度的需求,智能化技术还为企业提供更精准的市场预测和决策支持。二是加强产学研合作。政府应鼓励企业加强与高校、科研机构的合作与交流,通过产学研合作,共同推动体育旅游智能化技术的发展和应用。三是创新管理模式。政府和企业应鼓励企业创新管理模式,通过智能化技术的运用和管理模式的创新,提高企业的运营效率和市场竞争力,积极探索新的营利模式,为体育旅游产业数字化的可持续发展提供有力支持。

(二)确立体育旅游产业重点领域数字化转型

1. 健身休闲领域数字化转型

一是智能化健身设施与设备。在健身休闲领域,体育旅游产业数字化转型升级,引入智能化健身设施与设备,通过物联网、大数据等技术手段,实现健身设备的智能化管理,提高设备的运行效率和使用体验,智能化健身设施与设备能够为消费者提供更加个性化的健身方案,满足不同群体的需求。二是健身社交与互动平台。体育旅游产业数字化转型升级促进健身社交与互动平台的构建,利用互联网和移动应用等技术,打造线上健身社区,吸引更多健身爱好者参与互动,通过平台,让消费者分享健身成果、交流健身经验,形成良好的健身氛围,为企业提供精准的营销和推广渠道。

2. 赛事活动领域数字化转型

一是数字化票务与观众体验优化。在赛事活动领域,体育旅游产业数字化转型的关键在于数字化票务与观众体验优化,通过在线售票、电子票务等方式,实现赛事活动的数字化管理,提高票务销售效率和便利性,利用大数据分析技术,对观众行为进行分析,为观众提供更加个性化的观赛体验和服务,提升观众满意度。二是虚拟现实与增强现实技术的应用。虚拟现实(VR)与增强现实(AR)技术为体育赛事活动的体育旅游产业数字化转型升级提供了新的可能性,通过 VR/AR 技术,为观众提供沉浸式的观赛体验,让观众仿佛亲临现场。此外,VR/AR 技术还用于体育赛事活动的宣传和推广,提高赛事的知名度和参与度。

3. 体育旅游目的地管理领域数字化转型

一是大数据分析与目的地智能管理。体育旅游目的地管理领域的数字化转型升级应关注大数据分析与目的地智能管理,通过收集并分析游客的行为数据、消费数据等,为目的地提供智能化的管理决策支持,利用大数据分析技术对游客流量进行预测,优化旅游线路设计,提高目的地的运营效率和管理水平。二是智能导游与个性化旅游服务。在体育旅游目的地管理中,智能导游与个性化旅游服务的开发和应用对于提升游客体验和满意度至关重要。通过人工智能、物联网等技术手段,实现导游服务的智能化和个性化,利用智能导游设备为游客提供实时讲解等服务;通过个性化旅游服务平台为游客推荐合适的旅游产品和服务,满足不同游客的需求。

(三)完善体育旅游产业数字化治理体系

1. 治理体系框架的构建

一是明确治理目标。完善体育旅游产业数字化治理体系的首要任务是明确治理目标,这包括明确体育旅游产业数字化治理的目标、原则和方向,以及确定数字化体育旅游产业数字化治理的重点领域和关键环节,要确保治理目标与体育旅游产业数字化的发展战略和政策导向相一致。二是建立组织架构。为了实现有效的体育旅游产业数字化治理,建立相应的组织架构,包括设立专门的体育旅游产业数字化治理机构,负责制定体育旅游产业数字化治理政策、标准和规范,协调各方资源,推动体育旅游产业数字化治理工作的开展,要明确各相关部门的职责和权限,形成协同工作机制。三是制定政策法规。制定完善的政策法规是实现体育旅游产业数字化治理的重要保障,包括制定体育旅游产业数字化建设的规划、标准、技术规范等,明确体育旅游产业数字化建设的目标和任务;制定体育旅游产业数字化服务的质量标准和管理办法,确保体育旅游产业数字化服务的有效性和安全性;制定数据保护和隐私政策,保护消费者隐私和数据安全。

2. 治理机制的完善

一是建立信息共享机制。信息共享是实现体育旅游产业数字化治理的关键环节。要建立体育旅游产业数字化信息共享机制,促进政府部门、企业、社会组织等各方之间的信息交流与共享,通过信息共享,更好地了解市场需求和行业动态,为决策提供有力支持。二是强化监督机制。监督机制是确保体育旅游产业数字化治理有效实施的重要保障,要建立监督机制,对体育旅游产业数字化建设和服务进行监督和评估,确保其符合政策法规和技术标准;要加强对数据保护和隐私政策的执行情况的监督,防止数据泄露和滥用。三是创新激励机制。创新激励机制是推动体育旅游产业数字化治理的重要动力,要建立创新激励机制,鼓励企业、科研机构等开展数字化技术创新和应用研究,推动新技术在体育旅游产业数字化中的应用;要加大对创新成果的奖励和支持力度,激发创新活力。

3. 治理能力的提升

一是加强人才培养。加强人才培养是提升体育旅游产业数字化治理能力的重要途径。要培养一批具备数字化技术和管理能力的专业人才,为体育旅游产业数字化治理提供人才保障;要加强与高校、科研机构等的合作与交流,引进和培养一批高素质的数字化人才。二是推动技术应用。推动技术应用是提升体育旅游产业数字化治理能力的关键环节。要积极推广和应用先进的数字化技术和管理手段,提高体育旅游产业数字化建设的效率和质量;要加强对新技术的研究和应用探索,推动新技术在体育旅游产业数字化中的应用和发展。三是强化国际合作与交流。强化国际合作与交流是提升体育旅游产业数字化治理能力的重要途径。要加强与国际组织和先进国家的合作与交流,学习借鉴其先进的数字化治理经验和做法;要积极参与国际标准和规则的制定和推广,推动体育旅游产业数字化的国际化发展。

二、需求驱动:多维度推动体育旅游数字化消费升级

(一)探索精细化市场细分与差异化产品定位

1. 精细化市场细分

一是市场需求的洞察。① 消费者行为分析。要实现体育旅游产业数字化的精细化市场细分,对消费者的行为进行深入分析,通过收集和分析消费者在体育旅游数字化产品和服务方面的购买行为、使用习惯、偏好等方面的数据,了解消费者的需求和期望,为市场细分提供依据。② 市场需求趋势预测。通过对历史数据的分析,结合行业发展趋势和政策导向,对体育旅游市场的需求趋势进行预测,有助于企业提前布局,针对不同市场需求推出相应的产品和服务,满足消费者多样化的需求。

二是目标市场的细分。① 地理区域细分。根据不同地理区域的特点和市场需求,将体育旅游市场划分为不同的区域。根据气候、地形、文化等因素将市场进行划分,地理区域市场细分有助于企业针对不同区域的消费者推出符合其需求的产品和服务。② 消费者群体细分。根据消费者的年龄、性别、职业、收入等特征,将体育旅游市场划分为不同的消费者群体,针对年轻人群体推出时尚、潮流的体育旅游产品,针对中老年群体推出健康、休闲的体育旅游产品,消费者群体细分有助于企业更好地满足不同消费者的需求,提高市场占有率。③ 兴趣爱好细分。根据消费者的兴趣爱好,将体育旅游市场划分为不同的兴趣爱好群体,针对喜欢户外运动的人群推出徒步、攀岩等户外运动旅游产品,针对喜欢水上运动的人群推出帆船、皮划艇等水上运动旅游产品,兴趣爱好细分有助于企业为消费者提供更加个性化和专业化的产品和服务。

三是细分市场营销定制化营销,针对不同细分市场的消费者,企业采取定制化的营销策略,通过深入了解消费者的需求和期望,为消费者提供定制化的产品和服务。为喜欢户外运动的消费者提供定制化的户外运动装备和行程安排,为喜欢水上运动的消费者提供定制化的水上运动培训和体验活动。① 精准营销。通过大数据分析技术,企业精准地了解不同细分市场的消费者特征和需求,实现精准营销,通过社交媒体、搜索引擎等渠道收集和分析消费者的兴趣爱好、购买行为等信息,为消费者提供个性化的推荐和营销信息。② 联合营销。针对不同细分市场的消费者,企业采取联合营销策略,与其他相关企业或机构合作,共同推出符合消费者需求的产品和服务,与旅行社合作推出旅游线路产品,与酒店合作推出住宿套餐产品等。联合营销策略有助于提高企业的市场竞争力,扩大市场份额。

2. 差异化产品定位

一是利用大数据分析进行精准定位。消费者行为分析,通过收集和分析消费者在体育旅游产业数字化领域的大量数据,企业深入了解消费者的需求、偏好和行为模式,通过挖掘这些数据,精准地掌握不同消费者的兴趣爱好和消费习惯,从而为差异化产品定位提供有力支持。市场细分与差异化定位,在了解消费者行为的基础上,根据不同的市场细分,如年龄、性别、职业、收入等,进行差异化产品定位,针对年轻人群,推出更多富有创意和活力的体育旅游产品;针对中老年人群,提供更多注重健康和休闲的体育旅游产品。

二是借助数字技术提升产品独特性。① 创新性产品设计。利用数字技术,企业设计出更具创新性的体育旅游产业数字化产品,通过虚拟现实(VR)和增强现实(AR)技术,为消费者提供沉浸式的运动体验;利用人工智能(AI)技术,开发智能化的健身旅游产品,满足消费者个性化的健身需求。② 定制化服务。借助数字化平台,企业为消费者提供定制化的服务,根据消费者的需求和偏好,为消费者量身定制体育旅游线路、活动和体验,使每个消费者都能获得独特的、符合自己需求的体育旅游体验。

（二）建立体育旅游柔性供应链

1. 数字化技术驱动柔性供应链协同

一是供应链信息共享。通过数字化技术，实现体育旅游产业数字化的柔性供应链各环节信息共享。从供应商到消费者，所有参与者都实时获取和更新产品、库存、订单等信息。这有助于减少信息不对称，提高决策效率和准确性。二是供应链协同管理。数字化技术促进体育旅游产业数字化的柔性供应链各参与方的协同管理。通过实时数据共享，供应链成员共同制定和执行计划，协调生产、运输、销售等环节，实现资源优化配置。数字化技术还支持供应链成员之间的协作，提高整体运营效率。

2. 以消费者为中心的柔性供应链优化

一是消费者需求驱动体育旅游产业数字化的柔性供应链调整，通过数字化技术，实时收集和分析消费者需求数据。根据消费者需求的变化，及时调整供应链策略，优化产品组合和库存管理。通过数据分析发现某款运动装备在某个地区的销售量增加，迅速调整生产计划和库存分配，以满足市场需求。二是个性化定制与快速响应。数字化技术实现个性化定制与快速响应的结合，消费者通过体育旅游产业数字化平台提出个性化需求，供应链系统能够迅速响应并调整生产计划。数字化技术还支持快速生产、快速配送等环节，确保产品及时到达消费者手中。

3. 智能化的柔性供应链决策与优化

一是智能预测与决策支持。利用大数据分析和人工智能技术，对体育旅游市场的需求进行智能预测，基于预测结果，供应链系统自动生成优化方案，为决策者提供有力支持。根据历史数据和当前市场趋势，智能算法预测未来一段时间内的产品需求量，从而指导生产计划和库存管理。二是实时监控与调整，数字化技术实现柔性供应链的实时监控与调整，通过实时数据采集和分析，及时发现潜在的问题和风险，如库存积压、运输延误等。针对这些问题，柔性供应链系统自动调整策略，确保供应链的稳定运行。实时监控还帮助企业及时了解市场变化，快速应对市场变化。

（三）构建以用户为中心的体育旅游产品体验

1. 个性化定制与用户体验优化

一是个性化需求洞察。通过数字化技术，深入了解消费者的个性化需求。通过收集和分析消费者的购买行为、使用习惯、偏好等信息，精准地掌握消费者的需求和期望。基于这些数据，企业为消费者提供更加个性化的产品和服务。二是定制化产品与服务。基于个性化需求洞察，企业推出定制化的体育旅游产业数字化产品和服务,为消费者提供定制化的运动装备、健身计划、旅游线路等。定制化的产品和服务能够更好地满足消费者的个性化需求,提升用户体验。三是用户体验优化。数字化技术用于优化用户体验。通过实时收集和分析用户反馈,企业及时发现并改进产品和服务中的问题。数字化技术还支持产品的快速迭代和升级,确保产品始终保持最佳状态。

2. 智能技术与服务提升用户体验

一是智能化服务。利用人工智能、大数据等技术,企业为消费者提供智能化的服务。通过智能推荐系统,为消费者推荐适合的运动装备、旅游线路等。智能化服务能够根据消费者的历史数据和偏好,提供更加精准的建议和方案。二是智能化辅助。数字化技术还为消费者提供智能化的辅助服务。通过智能健身设备、虚拟现实技术等,为消费者提供更加个性化的健身体验。智能化自助服务能够提高消费者的运动效果和体验,增强用户的满意度和忠诚度。三是智能化数据分析与优化。数字化技术还支持对用户数据的智能化分析。通过对用户数据进行分析和挖掘,企业深入了解消费者的需求和行为特征,从而优化产品和服务;通过分析消费者的运动数据和健康状况,为消费者提供更加个性化的健身计划和建议。智能化数据分析与优化能够进一步提升用户体验和满意度。

3. 跨平台整合与共享提升用户体验

一是跨平台整合。数字化技术实现跨平台的整合与共享。企业将体育旅游产品和服务整合到不同的平台和渠道中,如官方网站、社交媒体、移动应用等。跨平台整合能够提高产品的可访问性和易用性,方便消费者随时随地获取产品和服务信息。二是共享体验与社区建设。数字化技术还支持共享体验与社区建设。企业建立体育旅游社区或论坛,让消费者之间进行交流和分享经验。共享体验能够增强消费者的归属感和参与感,提高用户的满意度和忠诚度。社区建设还为企业提供更多的用户反馈和建议,帮助企业不断改进产品和服务。

三、供需对接:重构体育供给与体育旅游产业数字化需求的互动逻辑

(一)运用数字技术打造新型供需关系,促进供需有效对接

1. 运用数字技术建立精准的供需信息平台

一是供需信息收集与整合。随着大数据、物联网等技术的快速发展,数字技术已经成为收集和整合大量供需信息的重要手段。通过大数据分析,企业深入了解市场需求、产品供应情况、价格波动等信息。数字技术还帮助企业收集和分析消费者反馈,了解消费者需求和偏好。全面的信息收集和整合为建立体育旅游产业数

字化精准的供需信息平台提供了基础。二是供需信息匹配与推荐。基于精准的供需信息，企业建立供需信息匹配与推荐系统。系统根据消费者的需求和偏好，为消费者推荐合适的体育旅游数字化产品和服务。通过算法分析消费者的购买历史、浏览记录等数据，预测消费者的兴趣和需求，进而为其推荐相关的体育旅游数字化产品和服务。系统还根据市场供需情况，为企业提供合理的定价策略和销售策略。供需信息的匹配与推荐有助于提高消费者的满意度和企业的营利能力。三是供需信息动态更新。数字技术实现供需信息的动态更新。企业通过实时体育旅游产业数字化数据采集和分析，及时了解市场变化和消费者需求的变化。针对变化，企业及时调整产品策略、营销策略和销售策略，确保供需关系的稳定和有效对接。动态更新的供需信息为企业的决策提供有力支持，帮助企业更好地把握市场机遇和应对挑战。

2. 运用数字技术优化供应链管理

一是供应链协同与优化。数字技术实现体育旅游产业数字化供应链各环节的协同与优化。数字技术还支持供应链成员之间的协作和沟通，提高整体运营效率。协同效应有助于降低成本、提高产品质量和服务水平。二是库存管理与优化运用数字技术实现库存的精细化管理。通过实时数据采集和分析，企业及时了解库存情况，合理安排生产和采购计划。精细化的库存管理有助于减少库存积压和缺货现象的发生。数字技术还支持库存的动态调整和优化，确保库存水平与市场需求相匹配。库存管理优化有助于提高企业的运营效率和客户满意度。三是物流管理与优化。数字技术优化体育旅游产业数字化物流管理。通过实时跟踪和监控物流信息，企业及时了解产品运输情况，确保产品按时到达消费者手中。实时的物流信息有助于提高物流效率和降低成本。数字技术还支持物流过程的优化和改进，提高物流效率和降低成本。物流管理的优化有助于提高企业的竞争力和市场占有率。

3. 运用数字技术提升消费者体验与满意度

一是个性化服务与体验。数字技术实现体育旅游产业数字化个性化服务与体验的提升。通过收集和分析消费者的购买行为、使用习惯、偏好等信息，企业为消费者提供更加个性化的产品和服务。个性化的服务体验有助于提高消费者的满意度和忠诚度。数字技术还支持产品的快速迭代和升级，确保产品始终保持最佳状态。持续的产品创新有助于满足消费者不断变化的需求和提高市场竞争力。二是互动与反馈机制。运用数字技术建立体育旅游产业数字化互动与反馈机制。企业通过数字化平台与消费者进行实时互动和沟通，及时了解消费者需求和反馈。互动机制有助于增强消费者对企业的信任感和归属感。针对这些反馈和建议，企业及时改进产品和服务，提升消费者满意度和忠诚度。三是数据驱动的持续改进。数字技术帮助企业实现体育旅游产业数字化数据驱动的持续改进。通过收集和分析消费者数据和市场数据，企业深入了解消费者需求和市场趋势。基于这些数据，企业持续改进产品和服务，提升用户体验和满意度。数据驱动的决策支持有助于提高企业的决策效率和准确性。持续改进的企业文化有助于提高企业的竞争力和可持续发展能力。

（二）运用数字技术缩短产品生命周期，促进供需快速对接

1. 运用数字技术缩短产品生命周期

一是产品设计与开发数字化。数字技术为体育旅游产业数字化产品设计与开发提供了更加高效、精准的工具。通过数字化设计软件和仿真技术，企业在产品原型阶段就进行模拟测试和优化，大幅缩短了产品的开发周期。数字技术实现产品的模块化设计和定制化生产，满足消费者多样化的需求，进一步缩短产品上市时间。二是生产制造数字化。数字技术实现体育旅游产业数字化生产制造的自动化和智能化。通过引入先进的机器人技术和智能制造系统，企业实现生产线的自动化和柔性化生产，提高生产效率和质量。数字化生产方式减少生产过程中的浪费和延误，缩短产品的生产周期。三是市场反馈与调整数字化。数字技术帮助企业及时获取体育旅游产业数字化市场反馈和消费者意见。通过数据分析，企业了解产品的销售情况、消费者反馈和市场需求变化等信息。基于这些数据，企业快速调整产品策略和营销策略，满足市场变化的需求。快速响应市场的能力有助于缩短产品的生命周期。

2. 运用数字技术促进供需快速对接

一是供需信息实时共享。数字技术实现体育旅游产业数字化供需信息的实时共享。通过建立数字化平台，企业实时发布产品信息、库存情况和销售数据等，消费者也实时了解产品的供应情况和价格等信息。实时共享的供需信息有助于提高市场的透明度和竞争性，促进供需快速对接。二是智能推荐与匹配。数字技术实现智能推荐与匹配。通过分析消费者的购买历史、浏览记录等数据，企业为消费者推荐合适的产品和服务。智能推荐与匹配有助于提高消费者的购买效率和满意度，促进供需快速对接。智能推荐与匹配还为企业提供更加精准的市场定位和营销策略。三是供应链协同与优化。数字技术实现体育旅游产业数字化供应链的协同与优化。数字技术还支持供应链成员之间的协作和沟通，提高整体运营效率。供应链协同与优化的能力有助于提高企业的竞争力和市场占有率。

（三）运用数字技术实现精准营销，促进供需积极对接

1. 运用数字技术实现精准营销

一是数据收集与分析。数字技术帮助企业体育旅游产业数字化收集和分析大量数据，包括消费者行为、购买历史、兴趣爱好等。通过对这些数据的分析，企业深

入了解消费者的需求和偏好,为精准营销提供数据支持。基于数据的精准营销有助于提高企业的市场响应速度和营销效果。二是个性化推荐与定制化服务。数字技术实现体育旅游产业数字化、个性化推荐与定制化服务。通过分析消费者的购买行为和兴趣爱好,企业为消费者提供个性化的产品和服务推荐。个性化推荐有助于提高消费者的购买意愿和满意度,促进供需积极对接。数字技术还支持产品的定制化生产,满足消费者多样化的需求。三是实时互动与沟通。数字技术实现实时体育旅游产业数字化互动与沟通。通过数字化平台,企业与消费者进行实时互动和沟通,及时了解消费者的需求和反馈。实时互动有助于增强消费者对企业的信任感和归属感,提高消费者的满意度和忠诚度。针对消费者的反馈和建议,企业及时改进产品和服务,提升供需对接的积极性和有效性。

2. 运用数字技术促进供需积极对接

一是供需信息透明化。数字技术实现体育旅游产业数字化供需信息的透明化。通过数字化平台,企业实时发布产品信息、库存情况和销售数据等,消费者也实时了解产品的供应情况和价格等信息。透明化的供需信息有助于提高市场的公平性和竞争性,促进供需积极对接。透明化的供需信息还有助于减少信息不对称和沟通成本,提高企业的运营效率和营利能力。二是智能匹配与优化。数字技术实现体育旅游产业数字化智能匹配与优化。通过分析消费者的购买历史、浏览记录等数据,企业为消费者推荐合适的产品和服务。智能匹配有助于提高消费者的购买效率和满意度,促进供需积极对接。智能匹配还为企业提供更加精准的市场定位和营销策略。智能匹配与优化的能力有助于提高企业的竞争力和市场占有率。三是供应链协同与优化。数字技术实现体育旅游产业数字化供应链的协同与优化。通过数字化平台,企业实时共享供应链信息,协调生产、运输、销售等环节。协同机制有助于减少信息不对称和沟通成本,提高供应链的整体效率和灵活性。数字技术还支持供应链成员之间的协作和沟通,提高整体运营效率。协同效应还有助于增强企业的抗风险能力和可持续发展能力。

(四)运用数字技术实现线上与线下的深度融合,促进供需高效对接

一是线上线下资源整合。数字技术实现体育旅游产业数字化线上线下资源的整合。通过建立数字化平台,企业将线下的体育旅游产业数字化产品和服务信息整合到线上,消费者通过体育旅游产业数字化平台了解产品信息、预订服务、购买门票等。企业也将线上的优惠活动、促销信息等整合到线下,为消费者提供更加便捷的服务和体验。线上线下资源的整合有助于提高企业的市场响应速度和营销效果。二是线上线下服务融合。数字技术实现体育旅游产业数字化线上线下服务的融合。通过体育旅游产业数字化平台,企业提供在线咨询服务、预约服务、个性化定制服务等。消费者通过数字化平台获取服务信息、预约服务时间、选择个性化服

务等。线上线下服务的融合有助于提高消费者的购买意愿和满意度,促进供需高效对接。三是线上线下体验融合。数字技术实现体育旅游产业数字化线上线下体验的融合。通过体育旅游产业数字化平台,企业提供虚拟现实、增强现实等技术,为消费者提供更加沉浸式的体验。企业也在线下设置体验区、展示区等,为消费者提供更加直观的体验。线上线下体验的融合有助于增强消费者的购买意愿和忠诚度,促进供需高效对接。

第五章 体育旅游产业数字化转型升级的实证研究

第一节 我国东北地区冰雪体育旅游产业数字化转型升级

一、东北地区冰雪体育旅游产业数字化转型升级的时代价值

(一)促进冰雪体育旅游产业高质量发展

数字化转型升级是促进东北地区冰雪体育旅游产业高质量发展的重要手段。通过数字化技术的应用,实现东北地区冰雪体育旅游产业的智能化、精细化和个性化发展,提高东北地区冰雪体育旅游产业的整体质量和效益。一是数字化技术提高东北地区冰雪体育旅游产业的管理水平和效率。通过数字化管理系统的应用,实现冰雪场馆、设施、人员等的智能化管理,提高管理的精准度和效率。数字化技术还实现冰雪体育旅游产业的精细化管理,对各个环节进行精确的监控和评估,及时发现问题和不足,为改进和提高提供科学依据。二是数字化技术提升东北地区冰雪体育旅游产业的服务质量和体验。通过数字化技术的应用,提供更加智能化、个性化的服务,提高游客的体验和满意度。数字化技术还实现冰雪体育旅游产业的个性化发展,根据游客的需求和偏好,提供更加符合其需求的旅游线路和活动安排。三是数字化技术推动东北地区冰雪体育旅游产业的绿色发展和可持续发展。通过数字化技术的应用,实现对冰雪场馆、设施等的节能减排和环保管理,推动东北地区冰雪体育旅游产业的绿色发展和可持续发展。

（二）提升冰雪体育旅游产业竞争力

数字化转型升级是提升东北地区冰雪体育旅游产业竞争力的重要途径。在竞争激烈的体育旅游市场中，东北体育冰雪体育旅游产业要通过数字化转型升级发展自身的竞争力和吸引力。一是数字化转型升级提高东北地区冰雪体育旅游产业的营销效率和效果。通过数字化营销手段的应用，实现精准营销和个性化推广，提高营销的效率和效果。数字化营销还可以扩大东北地区冰雪体育旅游产业的品牌知名度和影响力，提高其市场竞争力。二是数字化转型升级推动东北地区冰雪体育旅游产业的创新发展。通过数字化技术的应用，探索新的产品和服务模式，如虚拟现实、增强现实等，为游客提供更加新颖、有趣的体验。

（三）推动冰雪体育旅游产业创新

数字化转型升级是推动东北地区冰雪体育旅游产业创新的重要动力。在数字化时代，创新已经成为产业发展的关键因素之一。通过数字化转型升级，推动东北地区冰雪体育旅游产业的创新发展。一是数字化技术为东北地区冰雪体育旅游产业的创新提供技术支持和保障。通过大数据分析、人工智能等技术手段的应用，对市场需求、游客行为等进行深入的研究和分析，为东北地区冰雪体育旅游产品的创新和服务的改进提供科学依据和支持。二是数字化技术推动东北地区冰雪体育旅游产业的模式创新。通过与互联网、物联网等技术的融合和创新应用，实现新的商业模式和服务模式，为游客提供更加便捷、高效的服务体验。三是数字化技术促进东北地区冰雪体育旅游产业的互融创新发展。通过与其他领域的融合和创新应用，实现东北地区冰雪体育旅游产业与其他产业的协同发展和互利共赢。数字化技术还可推动东北地区冰雪体育旅游产业的开放性和包容性发展，为更多的企业及个人提供参与和发展的机会与平台。

二、东北地区冰雪体育旅游产业数字化转型升级的现实需求

（一）市场需求驱动

市场需求是推动东北地区冰雪体育旅游产业数字化转型升级的重要驱动力。随着消费者对体育旅游体验和服务质量的要求不断提高，东北地区冰雪体育旅游市场也呈现出快速增长的趋势。数字化技术为东北地区冰雪体育旅游产业提供更加便捷、高效的服务体验，满足消费者的需求。一是数字化技术提高东北地区冰雪体育旅游服务的效率和质量。通过数字化技术的应用，实现冰雪场馆、设施、人员

等的智能化管理,提高服务的精准度和效率。数字化技术还可实现东北地区冰雪体育旅游产业的精细化管理,对各个环节进行精确地监控和评估,及时发现问题和不足,为改进和提高提供科学依据。二是数字化技术推动东北地区冰雪体育旅游产业的高质量发展。通过数字化技术的应用,实现对冰雪场馆、设施等的节能减排和环保管理,推动东北地区冰雪体育旅游产业的高质量发展。

(二)产业发展需求

产业发展是推动东北地区冰雪体育旅游产业数字化转型升级的重要因素。随着东北地区冰雪体育旅游产业的快速发展,东北地区冰雪体育旅游产业也面临着转型升级的压力和机遇。数字化技术为东北地区冰雪体育旅游产业提供新的发展动力和机遇。一是数字化技术提高东北地区冰雪体育旅游产业的竞争力和创新能力。通过数字化技术的应用,实现精准营销和个性化推广,提高营销的效率和效果。数字化技术还推动东北地区冰雪体育旅游产业的创新发展,探索新的产品和服务模式,为东北地区冰雪体育旅游产业的发展注入新的动力和活力。二是数字化技术推动东北地区冰雪体育旅游产业的国际化发展。通过数字化技术的应用,实现与国际接轨的营销和服务模式,提高产业的国际化水平。数字化技术还将推动东北地区冰雪体育旅游产业的国际化合作和交流,为东北地区冰雪体育旅游产业的国际化发展提供更多的机会和平台。三是数字化技术促进东北地区冰雪体育旅游产业的跨界融合和创新发展。通过与其他领域的融合和创新应用,实现冰雪体育旅游产业与其他产业的协同发展和互利共赢。数字化技术还可推动冰雪体育旅游产业的开放性和包容性发展,为更多的企业及个人提供参与和发展的机会与平台。

(三)政策推动助力

政策推动是推动东北地区冰雪体育旅游产业数字化转型升级的重要保障。政府通过制定相关政策和措施,为东北地区冰雪体育旅游产业的数字化转型升级提供支持和保障。一是政府应加大对东北地区冰雪体育旅游产业数字化转型升级的投入和支持力度。通过财政补贴、税收优惠等政策措施,鼓励企业和个人加大对数字化技术的投入和应用力度。政府还应加强对东北地区冰雪体育旅游产业数字化转型升级的监管和管理力度,确保东北地区冰雪体育旅游产业的健康有序发展。二是政府要推动东北地区冰雪体育旅游产业与数字经济的融合发展。通过制定相关政策和措施,促进东北地区冰雪体育旅游产业与数字经济、互联网等领域的融合发展。政府还应加强对数字经济、互联网等领域的人才培养和引进力度,为东北地区冰雪体育旅游产业的数字化转型升级提供人才保障和支持。三是政府加强对东北地区冰雪体育旅游产业数字化转型升级的宣传和推广力度。通过举办相关活动、加强宣传推广等方式,提高公众对东北地区冰雪体育旅游产业数字化转型升级的认识和认可度。政府还应加强对东北地区冰雪体育旅游产业数字化转型升级的培训和教育力度,提高企业和个人的数字化素养和能力水平。

三、东北地区冰雪体育旅游产业数字化转型升级的内涵阐释

(一)技术驱动:数字化技术引领创新发展

技术驱动是东北地区冰雪体育旅游产业数字化转型升级的核心内涵。数字化技术为东北地区冰雪体育旅游产业提供了强大的技术支持和创新动力。一是数字化技术提高东北地区冰雪体育旅游产业的智能化水平。通过大数据、云计算、物联网等技术的应用,实现冰雪场馆、设施、人员等的智能化管理,提高服务的精准度和效率。数字化技术还可实现冰雪体育旅游产业的精细化运营,对各个环节进行精确的监控和评估,及时发现问题和不足,为改进和提高提供科学依据。二是数字化技术推动东北地区冰雪体育旅游产业的创新发展。通过与互联网、移动互联网等技术的融合和创新应用,探索新的产品和服务模式,为游客提供更加新颖、有趣的体验。数字化技术还可推动东北地区冰雪体育旅游产业的跨界融合和创新发展,如与文化、科技等领域的融合,为东北地区冰雪体育旅游产业的发展注入新的动力和活力。

(二)价值提升:数字化转型升级提升经济社会价值

价值提升是东北地区冰雪体育旅游产业数字化转型升级的重要目标。通过数字化转型升级,提升东北地区冰雪体育旅游产业的经济社会价值,促进产业的可持续发展。一是数字化转型升级提高东北地区冰雪体育旅游产业的经济效益。通过数字化技术的应用,提高服务的效率和质量,降低运营成本,提高产业的营利能力。数字化转型升级还扩大了东北地区冰雪体育旅游产业的品牌知名度和影响力,提高其市场竞争力。二是数字化转型升级提升东北地区冰雪体育旅游产业的社会效益。通过提供更加智能化、个性化的服务,满足消费者的需求,提高游客的体验和满意度。数字化转型升级还推动了东北地区冰雪体育旅游产业的高质量发展,为社会的可持续发展作出贡献。三是数字化转型升级促进东北地区冰雪体育旅游产业的国际化发展。通过与国际接轨的营销和服务模式的应用,提高东北地区冰雪体育旅游产业的国际化,促进国内外冰雪体育旅游市场的交流和合作。

(三)生态重构:数字化转型升级推动生态系统优化升级

生态重构是东北地区冰雪体育旅游产业数字化转型升级的重要内涵。通过数

字化转型升级,推动东北地区冰雪体育旅游产业生态系统的优化升级,实现东北地区冰雪体育旅游产业的可持续发展。一是数字化转型升级推动东北地区冰雪体育旅游产业生态系统的开放性和包容性发展。数字化转型升级还促进了东北地区冰雪体育旅游产业的开放性和包容性发展,为更多的企业及个人提供参与和发展的机会与平台。二是数字化转型升级推动东北地区冰雪体育旅游产业生态系统的智能化和精细化发展。通过大数据分析、人工智能等技术手段的应用,对市场需求、游客行为等进行深入的研究和分析,为冰雪体育旅游产品的创新和服务的改进提供科学依据和支持。数字化转型升级还推动了东北地区冰雪体育旅游产业的精细化运营和管理水平的提高。

四、东北地区冰雪体育旅游产业数字化转型升级的动力机理

(一)数字化提升冰雪体育旅游吸引力

随着消费者对于冰雪体育旅游体验的需求不断提高,更加注重冰雪体育旅游的品质和个性化。冰雪体育旅游作为一种独特的旅游方式,能够满足消费者对于新鲜、刺激、有趣的旅游体验的需求。因此,消费者对于冰雪体育旅游的需求也在不断增加。为了满足这一市场需求,冰雪体育旅游企业要积极进行数字化转型升级,提升自身的服务质量和营销手段。随着冰雪体育旅游市场的不断发展,竞争也日益激烈。为了在竞争中脱颖而出,冰雪体育旅游企业要不断提升自身的服务质量和营销手段。数字化转型升级可为企业提供更高效、更精准的营销和服务手段,提高企业的市场竞争力。通过数字化转型升级,企业可以更好地了解市场需求和游客偏好,制定更加精准的营销策略和服务方案,提高游客的满意度和忠诚度。

(二)数字化赋能冰雪体育旅游产业

随着数字化技术的不断发展,大数据、云计算、人工智能等先进技术为冰雪体育旅游产业的数字化转型升级提供了有力的技术支持,数字技术的应用可以帮助企业更好地收集、分析和利用数据,提高决策效率和准确性。通过大数据技术,企业实现对游客的行为数据、消费数据等的收集和分析,从而更加准确地了解市场需求和游客偏好。云计算技术还为企业提供更加灵活、可扩展的计算和存储资源,满足企业不断增长的业务需求。智能化技术的应用可以提高冰雪体育旅游的服务质量和效率,通过智能化技术企业实现自动化管理和运营,提高企业的运营效率和成本控制能力,智能化技术还为游客提供更加便捷、个性化的服务体验。通过智能化技术实现对冰雪场地的实时监控和管理,提高场地的使用效率和安全性,智能化技

术还为游客提供更加便捷、个性化的服务体验。

（三）政府助力冰雪体育旅游产业数字化转型升级

政府对于冰雪体育旅游产业的重视和支持也是推动数字化转型升级的重要力量。政府通过出台相关政策和措施，鼓励企业进行数字化转型升级，提供资金和技术支持，为企业的数字化转型升级创造良好的环境和条件。政府还加强对冰雪体育旅游产业的监管和管理力度，确保市场的公平竞争和健康发展。政府加大对冰雪体育旅游基础设施建设的投入力度，建设智能化的冰雪场地、完善的信息服务系统等，还加强对冰雪体育旅游产业的监管和管理力度确保市场的公平竞争和健康发展。基础设施的建设和完善将为游客提供更加便捷、舒适的旅游体验，也将为企业的数字化转型升级提供有力的支持和保障。

五、东北地区冰雪体育旅游产业数字化转型升级的机遇优势

（一）自然资源优势与市场机遇

东北地区作为中国的冰雪胜地，具有得天独厚的自然条件和丰富的冰雪资源，为冰雪体育旅游产业的数字化转型升级提供了广阔的市场空间。随着人们生活水平的提高和旅游观念的转变，冰雪体育旅游逐渐成为一种时尚和健康的旅游方式，受到了越来越多游客的青睐。因此，东北地区冰雪体育旅游产业数字化转型升级的市场机遇巨大。

在数字化转型升级方面，东北地区的冰雪体育旅游产业充分利用大数据、云计算、人工智能等先进技术，对游客的需求和行为进行深入分析，提供更加个性化、智能化的旅游服务。通过大数据分析，企业了解游客的偏好和消费习惯，为游客推荐更加符合其需求的冰雪体育旅游产品和服务。云计算和人工智能技术的应用还可提高冰雪体育旅游的服务质量和效率，为游客提供更加便捷、舒适的旅游体验。此外，东北地区的冰雪体育旅游产业还通过数字化转型升级，拓展国际市场，吸引更多国际游客前来体验。通过与国际旅游机构合作，推广东北地区的冰雪体育旅游资源，提高其在国际旅游市场的知名度和影响力。数字化转型升级还为东北地区的冰雪体育旅游产业提供更加多元化、个性化的旅游产品和服务，满足不同国家和地区游客的需求和偏好。

（二）技术推动与创新优势

数字化技术的应用可以帮助企业更好地收集、分析和利用数据，提高决策效率

和准确性。智能化技术的应用还可以提高冰雪体育旅游的服务质量和效率。因此,东北地区冰雪体育旅游产业数字化转型升级的技术优势十分明显。

一是在数据采集方面,大数据技术的运用实现了对游客行为、消费数据等的全面收集和分析。通过对这些数据的深入挖掘和分析,企业更加精准地把握市场需求和游客偏好,为游客提供更加个性化的产品和服务,这些数据还为企业制定营销策略、优化产品设计提供有力支持。二是云计算技术的应用为冰雪体育旅游产业提供了强大的计算和存储能力。通过云计算平台,企业实现数据的实时共享和处理,提高服务响应速度和运营效率,云计算还降低企业的运营成本,提高企业的盈利能力。三是人工智能技术的引入为冰雪体育旅游产业带来了智能化服务的新机遇。通过人工智能技术,企业实现了对游客的智能推荐和服务定制,提高了游客的满意度和忠诚度;人工智能技术还可帮助企业实现自动化管理和运营,降低人力成本,提高企业的运营效率。

六、东北地区冰雪体育旅游产业数字化转型升级的现实困境

(一)技术应用与基础设施建设滞后

东北地区冰雪体育旅游产业的数字化转型升级面临技术应用于基础设施建设滞后的现实困境。随着科技的快速发展,数字化技术已经成为推动东北地区冰雪体育旅游产业转型升级的关键因素。然而,在实际应用中,部分企业缺乏先进的技术设备和专业的技术人才,无法有效地进行数字化转型升级。部分地区的网络覆盖和数据传输速度也限制了数字化转型升级的推进。此外,东北地区冰雪体育旅游产业数字化基础设施建设相对滞后,如智慧景区建设、旅游信息平台建设等还处于初级阶段,无法满足游客日益增长的数字化需求。

(二)数据安全与隐私保护挑战

在数字化转型升级过程中,数据安全与隐私保护是东北地区冰雪体育旅游产业面临的另一个现实困境。随着大数据技术的广泛应用,企业在收集、存储和使用游客数据的过程中,面临着数据泄露、篡改和滥用等风险。一旦数据泄露或被非法获取,将对企业的声誉和游客的隐私造成严重影响。随着网络安全问题的不断出现,如何确保游客数据的安全性和隐私保护成为东北地区冰雪体育旅游产业数字化转型升级的重要挑战。

(三)市场接受度与消费者认知不足

市场接受度与消费者认知不足也是东北地区冰雪体育旅游产业数字化转型升

级面临的现实困境之一。尽管数字化转型升级提高企业的运营效率和服务质量，但是消费者对于数字化冰雪体育旅游服务的接受度和认知程度仍然存在一定的差距。部分消费者可能更倾向于传统的旅游服务方式，对于数字化冰雪体育旅游服务存在疑虑和担忧。此外，部分消费者可能缺乏对数字化旅游服务的了解和信任，这也制约了东北地区冰雪体育旅游产业数字化转型升级的市场接受度。因此，如何提高消费者对数字化冰雪体育旅游服务的认知度和信任度，是东北地区冰雪体育旅游产业数字化转型升级必须面对的问题。

（四）产业链协同与合作机制不完善

东北地区冰雪体育旅游产业数字化转型升级还面临产业链协同与合作机制不完善的问题。东北地区冰雪体育旅游产业涉及多个领域和环节，包括景区管理、酒店服务、交通出行等。然而，在实际操作中，这些领域和环节之间的协同与合作机制并不完善。企业之间缺乏有效的沟通与协调，导致资源共享和互利共赢的局面难以形成。政府在推动产业链协同与合作方面也缺乏有效的政策和措施支持，使得东北地区冰雪体育旅游产业数字化转型升级的进程受到一定程度的制约。

七、东北地区冰雪体育旅游产业数字化转型升级的创新机制

（一）创新组织架构，推动数字化转型升级

为了推动东北地区冰雪体育旅游产业的数字化转型升级，建立适应数字化发展的组织架构。明确数字化转型升级的目标和战略，制定详细的数字化转型升级计划，确保数字化转型升级的顺利进行。建立数字化转型升级的领导团队，负责数字化转型升级的规划、实施和监督。建立跨部门、跨领域的数字化协作机制，打破部门壁垒，实现信息共享和资源整合。在组织架构方面，采用扁平化、灵活化的组织结构，减少中间环节，提高决策效率和响应速度。引入敏捷开发等先进的管理理念和方法，加快数字化产品的研发和迭代速度，提高企业的创新能力和市场竞争力。

（二）创新技术应用，提升数字化水平

东北地区冰雪体育旅游产业数字化转型升级的关键在于技术创新和应用。积极引进和应用先进的信息技术，如大数据、云计算、人工智能等，提升数字化水平。一是利用大数据技术对游客的行为、消费数据等进行全面收集和分析，为游客提供更加个性化、精准的产品和服务。大数据技术还帮助企业优化产品设计、提高营销策略的精准度。二是云计算技术的应用可以提高企业的计算和存储能力，降低运

营成本，提高企业的营利能力。云计算还可以实现数据的实时共享和处理，提高服务响应速度和运营效率。三是人工智能技术的应用为冰雪体育旅游产业带来智能化服务的新机遇。通过人工智能技术，企业实现对游客的智能推荐和服务定制，提高游客的满意度和忠诚度。人工智能技术还帮助企业实现自动化管理和运营，降低人力成本，提高企业的运营效率。在技术创新方面，注重与科研机构、高校等合作与交流，引进和培养专业的技术人才团队。加大对员工的培训和教育力度，提高员工的数字化素养和技能水平，为企业的数字化转型升级提供有力的人才保障。

（三）创新商业模式，拓展数字化市场

东北地区冰雪体育旅游产业的数字化转型升级不仅要技术创新，还要商业模式的创新。积极探索新的商业模式拓展数字化市场，为游客提供更加多元化、个性化的产品和服务。利用互联网平台开展在线预订、支付等服务，提高服务的便捷性和效率，通过社交媒体等渠道加强与游客的互动交流，提高品牌知名度和美誉度。结合冰雪体育旅游的特点开展 VR 虚拟现实等沉浸式体验项目，让游客更加深入地了解冰雪体育旅游的文化内涵和特色，提高游客的参与度和满意度。探索与电商平台的合作模式，将冰雪体育旅游产品与服务进行线上销售，拓展销售渠道，提高产品的知名度和市场占有率。在商业模式创新方面，注重市场调研和分析，了解游客的需求和偏好，为游客提供更加个性化、贴心的产品和服务。注重与产业链上下游企业的合作与交流，实现资源共享和互利共赢，为企业的数字化转型升级提供有力的支持。

八、东北地区冰雪体育旅游产业数字化转型升级的实现模式

（一）以市场需求为导向，推动数字化转型升级

东北地区冰雪体育旅游产业数字化转型升级的实现，要以市场需求为导向，深入了解游客的需求和偏好，以此为基础推动数字化转型升级。加强市场调研，了解游客对冰雪体育旅游的需求和期望。通过收集和分析游客的反馈和数据，更加精准地把握市场趋势，为数字化转型升级提供方向。将市场需求与数字化技术相结合，开发出符合市场需求的冰雪体育旅游产品和服务。

（二）以技术创新为动力，推动数字化转型升级

技术创新是推动东北地区冰雪体育旅游产业数字化转型升级的重要动力。积极引进和应用先进的信息技术，提高数字化水平。加强技术研发和创新，不断提高

自身的技术实力。通过与科研机构、高校等合作,引进和培养专业的技术人才团队,提高企业的技术创新能力。注重技术的实际应用和推广,将先进的信息技术应用于冰雪体育旅游产业中,提高服务的智能化、便捷化水平。利用大数据技术分析游客的行为和消费习惯,为游客提供个性化的旅游推荐和服务;利用云计算技术提高服务的响应速度和效率;利用人工智能技术为游客提供智能化的旅游体验等。

(三)以合作共赢为目标,推动数字化转型升级

东北地区冰雪体育旅游产业数字化转型升级的要实现合作与共赢目标。企业与政府、行业协会、产业链上下游企业等各方加强合作与交流,共同推动数字化转型升级。一是企业与政府加强合作,争取政策支持和资金扶持。政府出台相关政策和措施,鼓励企业进行数字化转型升级,提供资金和技术支持,为企业的数字化转型升级创造良好的环境和条件。二是企业与行业协会加强合作,共同制定行业标准和规范。行业协会组织专家团队对企业进行指导和评估,帮助企业提高数字化水平和服务质量。三是企业与产业链上下游企业加强合作与交流实现资源共享和互利共赢。与旅游景区、酒店、交通等企业合作提供更加便捷、全面的旅游服务;与电商平台合作拓展销售渠道提高产品的知名度和市场占有率等。

九、东北地区冰雪体育旅游产业数字化转型升级的优化路径

(一)强化政策引导与支持

政府在推动东北地区冰雪体育旅游产业数字化转型升级中发挥着重要作用。为了优化转型升级路径,政府要加强政策引导与支持。一是政府制定相关政策,明确数字化转型升级的目标和战略,为冰雪体育旅游产业的数字化转型升级提供政策保障。二是政府加大对冰雪体育旅游产业的资金投入,支持企业进行数字化基础设施建设和技术创新。政府还通过税收优惠、贷款扶持等政策措施,降低企业的运营成本,提高企业的盈利能力。此外,政府还加强与科研机构、高校等的合作与交流,推动技术创新和人才培养,为企业的数字化转型升级提供有力支持。

(二)加强人才培养与引进

人才是推动东北地区冰雪体育旅游产业数字化转型升级的关键因素。为了优化转型升级路径,企业要强化人才培养与引进。一是企业加强对员工的数字化培训和教育力度,提高员工的数字化素养和技能水平。企业与高校、科研机构等合作,引进专业的技术人才团队,为企业的数字化转型升级提供有力的人才保障。此

外，企业建立激励机制，吸引和留住优秀人才，为企业的数字化转型升级提供源源不断的人才支持。企业通过与高校、科研机构等的合作与交流，引进先进的技术和理念，提高企业的技术水平和创新能力。

（三）深化产业链合作与协同

东北地区冰雪体育旅游产业数字化转型升级的优化路径还要深化产业链合作与协同。企业要与供应商、旅游景区、酒店等相关企业建立紧密的合作关系，实现资源共享和互利共赢。企业与电商平台、社交媒体等合作，拓展销售渠道和品牌影响力。通过产业链合作与协同，企业降低成本、提高效率、增强市场竞争力，为东北地区冰雪体育旅游产业的数字化转型升级提供有力支撑。此外，企业还通过与其他相关产业的合作与交流实现资源共享和优势互补为企业的数字化转型升级提供更加广阔的市场空间和发展机遇。

（四）加强品牌建设与营销推广

品牌建设与营销推广是推动东北地区冰雪体育旅游产业数字化转型升级的重要手段。为了优化转型升级路径企业要加强品牌建设与营销推广。一是企业明确品牌定位和目标市场制定相应的营销策略和推广计划。二是企业通过互联网平台开展在线预订、支付等服务提高服务的便捷性和效率，通过社交媒体等渠道加强与游客的互动交流提高品牌知名度和美誉度。此外，企业还结合冰雪体育旅游的特点开展 VR 虚拟现实等沉浸式体验项目，让游客更加深入地了解冰雪体育旅游的文化内涵和特色，提高游客的参与度和满意度，还通过参加展会、举办活动等方式，提高品牌知名度和影响力吸引更多的游客前来体验和消费。

第二节 我国东部地区体育赛事旅游产业数字化转型升级

一、东部地区体育赛事旅游产业数字化转型升级的时代价值

（一）推动产业升级与转型升级

东部地区体育赛事旅游产业数字化转型升级的时代价值一是体现在推动产业

升级与转型上。随着科技的快速发展和互联网的普及,数字化已经成为推动各行业转型升级的关键因素。对于东部地区体育赛事旅游产业而言,数字化转型升级是适应市场需求、提升竞争力的必然选择。通过引入先进的信息技术,优化赛事运营管理、提升服务质量,为游客提供更加便捷、舒适、个性化的体验,东部地区体育赛事旅游产业推动产业升级与转型,实现高质量发展。

(二)提升品牌形象与市场竞争力

东部地区体育赛事旅游产业数字化转型升级的时代价值还体现在提升品牌形象与市场竞争力上。数字化转型升级借助互联网平台和社交媒体等渠道,加强与游客的互动交流,提高品牌知名度和美誉度。通过数字化营销推广,东部地区体育赛事旅游产业更加精准地定位目标市场,提高品牌影响力和竞争力。因此,东部地区体育赛事旅游产业数字化转型升级有助于提升品牌形象和市场竞争力,增强企业的核心竞争力和市场竞争力。

(三)促进区域经济发展与社会进步

东部地区体育赛事旅游产业数字化转型升级的时代价值还体现在促进区域经济发展与社会进步上。体育赛事旅游产业是东部地区经济发展的重要支柱之一,数字化转型推动东部地区体育赛事旅游产业的转型升级和高质量发展,为东部地区的区域经济社会发展注入新的动力。东部地区体育赛事旅游产业还带动相关产业的发展,如酒店、餐饮、交通等,形成产业链协同发展的良好局面。此外,数字化转型升级还有助于提高东部地区体育赛事旅游产业的服务质量和效率,满足游客日益增长的需求,为东部地区的区域经济社会发展和民生改善作出积极贡献。因此,东部地区体育赛事旅游产业数字化转型升级有助于促进区域经济发展与社会进步。

(四)推动科技创新与可持续发展

东部地区体育赛事旅游产业数字化转型升级的时代价值还体现在推动科技创新与可持续发展上。数字化转型升级是科技创新的重要驱动力之一,推动东部地区体育赛事旅游产业的科技创新和可持续发展。通过引入先进的信息技术,优化赛事运营管理、提升服务质量,为游客提供更加便捷、舒适、个性化的体验;促进东部地区体育赛事旅游产业数字化转型升级的环保和可持续发展方面的科技创新。通过数字化技术实现节能减排、减少资源浪费和环境污染等方面的技术创新和应用,促进循环经济的可持续发展。因此,东部地区体育赛事旅游产业数字化转型升级有助于推动科技创新与可持续发展。

二、东部地区体育赛事旅游产业数字化转型升级的现实需求

(一) 适应市场需求的必然选择

随着科技的快速发展和互联网的普及,人们对于旅游服务的需求也在不断升级。传统的体育赛事旅游服务已经无法满足现代游客的需求,数字化转型升级成为适应市场需求的必然选择。通过数字化转型升级,东部地区体育赛事旅游产业引入先进的信息技术,优化赛事运营管理、提升服务质量,为游客提供更加便捷、舒适、个性化的体验。数字化转型升级还有助于打破传统模式,探索新的商业模式和营利模式,推动东部地区体育赛事旅游产业的创新发展。因此,东部地区体育赛事旅游产业数字化转型升级是适应市场需求的必然选择。

(二) 提升竞争力的必要手段

在激烈的市场竞争中,提升竞争力是企业生存和发展的关键。数字化转型升级是提升竞争力的必要手段之一。通过数字化转型升级,东部地区体育赛事旅游产业引入先进的信息技术,优化赛事运营管理、提升服务质量,提高品牌影响力和竞争力。因此,东部地区体育赛事旅游产业数字化转型升级有助于提升竞争力,增强企业的核心竞争力和市场竞争力。

(三) 推动产业高质量发展的必要途径

推动东部地区体育赛事旅游产业数字化高质量发展是经济发展的重要任务,数字化转型升级是推动东部地区体育赛事旅游产业高质量发展的必要途径。通过数字化转型升级,东部地区体育赛事旅游产业引入先进的信息技术,优化赛事运营管理、提升服务质量,推动东部地区体育赛事旅游产业数字化转型升级和高质量发展。数字化转型升级还有助于提高东部地区体育赛事旅游产业的服务质量和效率,满足游客日益增长的需求,为东部地区的区域经济社会发展和民生改善作出积极贡献。因此,东部地区体育赛事旅游产业数字化转型升级有助于推动产业高质量发展。

(四) 满足游客个性化需求的重要手段

随着人们生活水平的提高和消费观念的转变,游客对于旅游服务的需求也越来越个性化。数字化转型升级是满足游客个性化需求的重要手段。通过数字化转型升级,东部地区体育赛事旅游产业引入先进的信息技术,优化赛事运营管理、提

升服务质量,为游客提供更加便捷、舒适、个性化的体验。数字化转型升级还有助于挖掘东部地区体育赛事旅游产业的独特文化和特色,提升品牌形象和文化内涵,增强游客的认同感和归属感。因此,东部地区体育赛事旅游产业数字化转型升级有助于满足游客个性化需求。

三、东部地区体育赛事旅游产业数字化转型升级的内涵阐释

(一) 技术驱动与模式创新

东部地区体育赛事旅游产业的数字化转型升级,体现在技术驱动上。随着信息技术的飞速发展,互联网、大数据、云计算、人工智能等先进技术为体育赛事旅游产业带来了前所未有的变革。数字技术不仅改变了传统的赛事运营方式,还为游客提供了更加便捷、高效、个性化的服务体验。通过大数据分析,企业精准地了解游客的需求和喜好,从而提供更加个性化的产品和服务;通过云计算和人工智能技术,实现赛事运营的智能化和自动化,提高工作效率和准确性。

除了技术驱动,东部地区体育赛事旅游产业的数字化转型升级还体现在模式创新上。在数字化时代,传统的商业模式已经无法满足市场的需求,要探索新的商业模式和营利模式。通过与互联网平台合作,企业实现线上线下融合,拓展新的市场和客户群体;通过社交媒体等渠道,企业与游客建立更加紧密的联系,提高品牌影响力和市场竞争力。数字化转型升级还为企业带来更多的商业机会和合作伙伴,推动东部地区体育赛事旅游产业的创新和发展。

(二) 服务升级与品牌建设

东部地区体育赛事旅游产业的数字化转型升级,还体现在服务升级和品牌建设上。在数字化时代,游客的需求更加多元化和个性化,企业提供更加便捷、舒适、个性化的服务体验。通过数字化手段,企业优化赛事运营管理、提升服务质量,为游客提供更加优质的服务。通过线上预订、移动支付等方式,游客更加便捷地购买门票、预订酒店等;通过虚拟现实(VR)、增强现实(AR)等技术,让游客获得更加沉浸式的观赛体验。此外,数字化转型升级还有助于企业加强品牌建设。在数字化时代,品牌的影响力和竞争力更加重要。通过数字化营销推广,企业提升品牌形象和市场竞争力。通过社交媒体等渠道发布赛事信息和活动资讯,吸引更多游客关注和参与;通过大数据分析了解游客需求和喜好,为企业制定更加精准的营销策略提供支持。

(三) 产业链协同与合作

东部地区体育赛事旅游产业的数字化转型升级还体现在产业链协同与合作上。在数字化时代,产业链上下游企业之间的联系更加紧密和高效。通过数字化手段,企业整合产业链上下游资源,形成良好的发展生态圈。与互联网平台合作实现线上线下融合;与酒店、餐饮等企业合作提供更加完善的旅游服务;与产业链上下游企业建立紧密的合作关系实现资源共享和互利共赢。数字化转型升级还有助于企业加强产业链协同与合作形成良好的发展生态圈,推动东部地区体育赛事旅游产业的可持续发展和创新发展。通过与政府机构合作获得政策支持和引导;通过与科研机构合作推动技术创新和研发;通过与行业协会合作加强行业自律和规范发展;通过与国际组织合作推动国际交流和合作拓展海外市场等。

四、东部地区体育赛事旅游产业数字化转型升级的动力机理

(一) 技术驱动:信息技术的引领作用

在东部地区体育赛事旅游产业数字化转型升级的过程中,信息技术的引领作用是至关重要的。信息技术为东部地区体育赛事旅游产业提供了强大的数据处理和分析能力,通过大数据技术,实时收集、处理和分析游客的行为数据、消费数据等,从而更准确地了解游客的需求和喜好,为个性化服务提供支持。信息技术推动了体育赛事旅游产业的流程优化和效率提升,通过云计算和人工智能技术,实现赛事运营的智能化和自动化,提高工作效率和准确性,信息技术还为企业提供了更高效、更便捷的沟通渠道,如社交媒体、在线客服等,使得企业与游客之间的互动更加频繁和高效。

(二) 市场驱动:市场需求与竞争压力

市场需求是推动东部地区体育赛事旅游产业数字化转型升级的重要动力。随着人们生活水平的提高和消费观念的转变,游客对东部地区体育赛事旅游服务的需求也在不断升级。更加注重服务的便捷性、个性化、互动性和体验感,要获得更加优质、高效、个性化的服务。为了满足消费者的需求,企业引入先进的信息技术,优化赛事运营管理、提升服务质量,提供更加便捷、舒适、个性化的服务体验。企业还要根据市场需求的变化不断调整和优化产品和服务,保持与市场的紧密联系和竞争力。此外,市场竞争压力也是推动东部地区体育赛事旅游产业数字化转型升级的重要因素。在数字化时代,传统的商业模式已经无法满足市场的需求,企业要

探索新的商业模式和营利模式。通过数字化转型升级,企业提高服务质量和效率,降低成本。

(三)政策驱动:政府引导与政策支持

政府在东部地区体育赛事旅游产业数字化转型升级过程中发挥着重要的引导和支持作用。政府出台相关政策鼓励企业促进数字化转型升级,推动产业高质量发展,政府提供资金支持推动数字化基础设施建设,加强行业监管规范市场秩序等,政府还与科研机构合作推动技术创新和研发,与国际组织合作推动国际交流和合作拓展海外市场等为东部地区体育赛事旅游产业的数字化转型升级提供有力的政策支持和保障。政府还通过与行业协会合作加强行业自律和规范发展,通过与国际组织合作推动国际交流和合作拓展海外市场等为东部地区体育赛事旅游产业的数字化转型升级提供有力的政策支持和保障。此外,政府通过提供培训和教育支持帮助企业培养数字化人才提高技术应用水平为数字化转型升级提供有力的人才保障。

五、东部地区体育赛事旅游产业数字化转型升级的机遇优势

(一)技术机遇:先进信息技术的广泛应用

东部地区体育赛事旅游产业数字化转型升级面临的首要机遇是先进信息技术的广泛应用。随着互联网、大数据、云计算、人工智能等技术的不断发展,这些技术为体育赛事旅游产业的数字化转型升级提供了强大的技术支持。一是互联网技术为东部地区体育赛事旅游产业提供了更加便捷、高效的信息传播渠道。通过互联网平台,企业快速发布赛事信息、活动资讯,吸引更多游客关注和参与。互联网技术还为企业提供了更加便捷的在线预订、移动支付等服务,提升了游客的体验感和满意度。二是大数据技术为东部地区体育赛事旅游产业提供了更加精准的市场分析和预测能力。通过收集和分析游客的行为数据、消费数据等,企业更加准确地了解游客的需求和喜好,为个性化服务提供支持。大数据技术还帮助企业优化赛事运营管理,提高工作效率和准确性。三是云计算和人工智能技术也为东部地区体育赛事旅游产业的数字化转型升级提供了强大的支持。通过云计算技术,企业实现数据的高效存储和处理,提高数据处理和分析能力。人工智能技术帮助企业实现赛事运营的智能化和自动化,提高工作效率和准确性。

(二)市场机遇:市场需求与竞争压力的双重驱动

东部地区体育赛事旅游产业数字化转型升级面临的市场机遇是市场需求与竞

争压力的双重驱动。随着人们生活水平的提高和消费观念的转变,游客对体育赛事旅游服务的需求也在不断升级。消费者更加注重服务的便捷性、个性化、互动性和体验感,希望获得更加优质、高效、个性化的服务。为了满足这些需求,企业要引入先进的信息技术,优化赛事运营管理、提升服务质量,提供更加便捷、舒适、个性化的服务体验。根据市场需求的变化不断调整和优化产品和服务,保持与市场的紧密联系和竞争力。此外,市场竞争压力也是推动东部地区体育赛事旅游产业数字化转型升级的重要机遇。在数字化时代传统的商业模式已经无法满足市场的需求,企业探索新的商业模式和营利模式,通过数字化转型升级企业提高服务质量和效率降低成本,从而在激烈的市场竞争中脱颖而出。

(三)政策机遇:政府引导与政策支持的推动

东部地区体育赛事旅游产业数字化转型升级面临的政策机遇是政府引导与政策支持的推动。政府在体育赛事旅游产业数字化转型升级过程中发挥着重要的引导和支持作用。政府出台相关政策鼓励企业促进数字化转型升级推动产业高质量发展。政府提供资金支持推动数字化基础设施建设,加强行业监管规范市场秩序等,政府还与科研机构合作推动技术创新和研发,与国际组织合作推动国际交流和合作拓展海外市场等,为东部地区体育赛事旅游产业的数字化转型升级提供有力的政策支持和保障。

六、东部地区体育赛事旅游产业数字化转型升级的现实困境

(一)技术困境:技术应用与实际需求的匹配问题

在东部地区体育赛事旅游产业数字化转型升级的过程中,技术应用与实际需求的匹配问题是一个现实困境。虽然先进的信息技术为东部地区体育赛事旅游产业提供了强大的支持,但在实际应用中,技术往往难以完全满足产业的需求。一是技术的更新速度很快,而东部地区体育赛事旅游产业的发展相对滞后。这意味着在某些情况下,现有的技术可能无法满足产业的需求,要不断进行技术升级和更新。然而,技术的更新和升级要投入大量的人力、物力和财力,对于一些中小企业来说,这是一个不小的挑战。二是技术的实际应用与理论预期存在差距。在数字化转型升级过程中,企业往往期望通过技术手段提高服务质量和效率,但实际应用中却发现技术并不能完全解决所有问题。虽然大数据技术收集和分析大量数据,但在数据安全、隐私保护等方面也存在一些问题。三是技术应用的培训和普及也是一个大问题。虽然许多企业引入了先进的信息技术,但由于缺乏专业的技术人

员和培训机制,这些技术往往无法得到充分的应用和推广。这不仅影响了数字化转型升级的效果,还可能增加企业的运营成本。

(二)经济困境:数字化转型升级的经济成本与收益不确定性

东部地区体育赛事旅游产业数字化转型升级的经济困境主要表现在数字化转型升级的经济成本与收益不确定性上,数字化转型升级需要投入大量的人力、物力和财力,包括基础设施建设、技术研发、人员培训等方面的费用。对于一些中小企业来说,这是一个不小的经济压力。数字化转型升级的收益也存在不确定性,虽然数字化转型升级能够提高服务质量和效率,但这种提高是否能够转化为实际的收益增长,以及增长的速度和幅度如何,都是不确定的。这使得企业在决定是否进行数字化转型升级时面临经济风险。此外,市场竞争也是影响数字化转型升级经济困境的一个重要因素。在激烈的市场竞争中,企业要不断提高自身的竞争力以保持市场份额。然而,数字化转型升级要投入大量的资源和精力,如果企业在转型升级过程中无法取得明显的竞争优势,那么这种转型升级可能会带来更大的经济压力。

(三)人才困境:数字化转型升级所需的专业人才短缺

东部地区体育赛事旅游产业数字化转型升级的人才困境主要表现在数字化转型升级所需的专业人才短缺上。数字化转型升级要具备信息技术、市场营销、运营管理等多方面知识的人才。然而,目前市场上这类人才的数量相对较少,尤其是具备丰富实践经验的人才更是稀缺。由于体育赛事旅游产业的特殊性,一些传统的人才培养模式可能无法满足数字化转型升级的需求。传统的教育机构可能缺乏针对体育赛事旅游产业的数字化人才培养方案,导致企业在招聘和培养人才方面面临困难。此外,人才流动也是影响人才困境的一个重要因素。在数字化转型升级过程中,企业要不断引进和培养新的专业人才以适应市场需求的变化。然而,由于市场竞争和人才流动等原因,一些企业可能面临人才流失的风险。

七、东部地区体育赛事旅游产业数字化转型升级的创新机制

(一)技术创新机制:推动技术研发与应用

东部地区体育赛事旅游产业数字化转型升级的创新机制的首要方面是技术创新机制。为了推动数字化转型升级的进程,企业要积极推动技术研发与应用。一是企业加强与科研机构、高校等机构的合作,共同开展技术研发。通过合作,企业

获得最新的技术成果,并将其应用于东部地区体育赛事旅游产业的实际运营中。企业借助科研机构和高校的技术力量,培养和引进专业的技术人才,提高企业的技术水平。二是企业注重技术的实际应用。在技术研发过程中,企业紧密结合东部地区体育赛事旅游产业的实际需求,确保技术能够真正解决实际问题。在技术应用过程中,企业不断积累经验,对技术进行持续改进和优化,提高技术的实用性和可靠性。三是企业建立完善的技术创新体系,包括建立技术创新团队、完善技术研发流程、加强知识产权保护等。通过技术创新体系的建立,企业形成持续的技术创新能力,为数字化转型升级提供强大的技术支持。

(二)商业模式创新机制:探索新的营利模式和业务模式

东部地区体育赛事旅游产业数字化转型升级的另一个重要机制是商业模式创新机制。在数字化时代,传统的商业模式已经无法满足市场的需求,企业要探索新的盈利模式和业务模式。一是企业探索新的盈利模式。通过引入先进的数字技术,企业提高服务质量和效率,降低成本,从而获得更高的利润。利用数字技术拓展新的业务领域,如在线教育、虚拟现实体验等,增加新的收入来源。二是企业探索新的业务模式。传统的体育赛事旅游业务模式往往以线下活动为主,而数字化转型升级推动业务模式的创新。通过线上平台提供赛事报名、门票销售、在线客服等服务,实现业务的线上化。利用大数据技术对游客的行为进行分析,提供更加个性化的服务体验。

(三)合作创新机制:推动产业间的协同发展

东部地区体育赛事旅游产业数字化转型升级的合作创新机制也是重要的一环。在数字化转型升级过程中,企业与其他产业、机构等建立紧密的合作关系,共同推动产业的协同发展。一是企业与信息技术企业合作。信息技术企业在技术研发和应用方面具有优势,帮助体育赛事旅游企业解决技术难题,提高数字化水平。信息技术企业还提供技术支持和培训服务,帮助东部地区体育赛事旅游企业培养专业的技术人才。二是企业与旅游机构合作。旅游机构在旅游服务方面具有丰富的经验和资源,帮助东部地区体育赛事旅游企业提供更加优质的服务体验。旅游机构提供市场推广和品牌建设等方面的支持,帮助东部地区体育赛事旅游企业在市场竞争中脱颖而出。三是企业与政府机构合作。政府机构在政策制定和监管方面具有优势,帮助东部地区体育赛事旅游企业解决政策方面的难题。政府机构提供资金支持和税收优惠等政策扶持,帮助东部地区体育赛事旅游企业在数字化转型升级过程中降低成本和提高效益。通过合作创新机制的建立和实施,企业与其他产业、机构等形成紧密的合作关系,共同推动东部地区体育赛事旅游产业的数字化转型升级和发展。合作创新机制促进产业间的协同发展,提高东部地区体育赛事旅游产业数字化的竞争力和可持续发展能力。

八、东部地区体育赛事旅游产业数字化转型升级的实现模式

（一）全面数字化：以技术为驱动，推动产业全方位数字化

东部地区体育赛事旅游产业数字化转型升级的首要实现模式是全面数字化。这种模式以技术为驱动，推动产业的全方位数字化。一是企业建立全面的数字化基础设施。这包括建立高速互联网连接、云计算数据中心、大数据存储和处理系统等。通过这些基础设施，企业实现对海量数据的收集、存储、处理和分析，为数字化转型升级提供强大的技术支持。二是企业将数字化技术应用于各个业务环节。从赛事策划、组织到运营管理，再到服务提供和市场营销，都要引入数字化技术。利用大数据技术进行赛事预测和策划，利用云计算技术进行赛事管理和运营，利用人工智能技术提供个性化服务体验等。三是企业注重数字化人才的引进和培养。通过培训和引进具备数字化技能的人才，企业推动产业的全面数字化转型升级。企业建立完善的数字化培训体系，提高员工的数字化素养和技能水平。

（二）业务模式创新：以数字化为手段，创新业务模式和营利模式

东部地区体育赛事旅游产业数字化转型升级的另一个实现模式是业务模式创新。这种模式以数字化为手段，创新业务模式和营利模式。一是企业利用数字化技术对传统业务模式进行改造和创新。通过引入互联网技术和电子商务平台，企业拓展在线业务模式，实现业务的线上化。企业利用大数据技术对游客的行为进行分析，提供更加个性化的服务体验。二是企业创新营利模式。通过引入数字化技术，企业提高服务质量和效率，降低成本，从而获得更高的利润。企业利用数字技术拓展新的业务领域，如在线教育、虚拟现实体验等，增加新的收入来源。三是企业注重品牌建设和市场推广。在数字化时代，品牌的影响力更加重要。企业通过数字营销手段提高品牌知名度，吸引更多的游客关注和参与。企业利用社交媒体等渠道加强与游客的互动，提高游客的忠诚度和满意度。

（三）合作与协同：构建数字化生态圈，实现产业协同发展

东部地区体育赛事旅游产业数字化转型升级的实现模式是合作与协同。这种模式通过构建数字化生态圈，实现产业协同发展。一是企业与信息技术企业、旅游机构等相关产业建立紧密的合作关系。通过合作，企业获得先进的信息技术和解决方案，提高数字化水平。合作促进产业间的协同发展，提高东部地区体育赛事旅

游产业的竞争力和可持续发展能力。二是企业积极参与行业协会和联盟组织。通过与行业协会和联盟组织的合作与交流,企业了解行业动态和市场趋势,共同制定行业标准和规范。行业协会和联盟组织还为企业提供政策支持和市场推广等方面的帮助。三是企业注重与政府机构的合作与沟通。政府在政策制定和监管方面具有优势,帮助企业解决政策方面的难题。政府提供资金支持和税收优惠等政策扶持,帮助企业在数字化转型升级过程中降低成本和提高效益。此外,通过合作与协同模式的实施,企业构建数字化的生态圈,实现产业间的协同发展。在这个生态圈中,各个产业和企业相互支持、相互合作、共同发展。合作与协同模式还促进资源的共享和优化配置,提高东部地区体育赛事旅游产业的效率和竞争力。

九、东部地区体育赛事旅游产业数字化转型升级的优化路径

(一)加强数字化基础设施建设,提升数据处理能力

东部地区体育赛事旅游产业数字化转型升级应加强数字化基础设施建设,提升数据处理能力。随着东部地区体育赛事旅游产业的快速发展,数据的种类和数量也在不断增长,因此,构建更加高效、稳定、安全的数据处理基础设施,以提升数据的处理能力。一是企业加强数字化基础设施建设,包括建设高速互联网连接、云计算数据中心、大数据存储和处理系统等。这些基础设施是实现东部地区体育赛事旅游产业数字化转型升级的基础,为企业提供更加高效、安全、稳定的数据处理能力。二是企业注重数据的安全性和隐私保护。随着数据的增多,数据的安全性和隐私保护问题也日益突出。因企业采取更加严格的数据安全措施,保障数据的安全性和隐私保护。三是企业注重数据的标准化和规范化。为了提高数据的处理效率和质量,企业制定数据标准和规范,规范数据的格式和采集方式,确保数据的准确性和一致性。

(二)创新数字化营销模式,拓展新的业务领域

东部地区体育赛事旅游产业数字化转型升级的创新数字化营销模式,拓展新的业务领域。数字化营销为企业提供更加精准的目标客户群体定位,提高营销效果和降低营销成本。拓展新的业务领域为企业带来新的增长点。一是企业创新数字化营销模式。数字化营销利用大数据技术对客户的行为进行分析,从而为客户提供更加个性化的服务和产品。通过分析客户的浏览记录和购买行为,企业为客户提供更加精准的推荐和营销信息。二是企业注重移动端营销和社交媒体营销。随着移动互联网的普及和社交媒体的兴起,移动端营销和社交媒体营销已经成为

企业营销的重要手段。企业通过移动应用程序、社交媒体平台等渠道向目标客户推广自己的品牌和服务。三是企业注重拓展新的业务领域。通过引入新的技术和业务模式,企业拓展新的业务领域,如虚拟现实体验、在线教育等。这些新的业务领域为企业带来新的增长点,提高企业的竞争力和可持续发展能力。

(三)加强数字化人才培养和管理,提高员工数字化素养

东部地区体育赛事旅游产业数字化转型升级需加强数字化人才培养和管理,提高员工数字化素养。随着东部地区体育赛事旅游产业数字化转型升级的推进,企业的业务流程和员工的工作方式都将发生改变。因此,加强数字化人才培养和管理,提高员工的数字化素养和技能水平。一是企业加强数字化人才培养和管理。数字化人才是企业实现数字化转型升级的关键因素之一,注重数字化人才的引进和培养。企业通过与高校、培训机构等合作,培养具备数字化技能的人才。企业建立完善的人才管理体系,包括激励机制、晋升机制等,激发员工的积极性和创造力。二是企业提高员工的数字化素养和技能水平。随着东部地区体育赛事旅游产业数字化转型升级的推进,员工的工作方式和技能要求都将发生变化。企业加强对员工的数字化培训和教育,提高员工的数字化素养和技能水平。通过定期组织培训课程、邀请专家授课等方式实现。三是企业注重数字化文化的建设。数字化文化是企业实现数字化转型升级的重要因素之一,它代表着企业的价值观和发展方向。因此,企业注重数字化文化的建设,营造积极向上的工作氛围和学习氛围。通过制定企业文化宣言、开展企业文化活动等方式实现。

第三节 我国中部地区民族体育旅游产业数字化转型升级

一、中部地区民族体育旅游产业数字化转型升级的时代价值

(一)推动经济高质量发展

中部地区民族体育旅游产业数字化转型升级对于推动经济高质量发展具有重要意义。随着人们生活水平的提高,对于体育旅游的需求也在不断增加。而中部地区民族体育旅游产业作为一种具有独特魅力和文化内涵的旅游形式,越来越受

到游客的青睐。通过中部地区民族体育旅游产业数字化转型升级，带动相关产业的发展，如餐饮、住宿、交通等，提高中部地区的区域的经济发展水平。中部地区民族体育旅游产业数字化转型升级促进传统产业的转型升级，推动中部地区经济结构的优化和升级。在中部地区民族体育旅游产业数字化转型升级的过程中，注重数字化产业的创新和升级。通过引入新的技术和模式，推动中部地区民族体育旅游产业数字化的创新和升级，提高产业的竞争力和可持续发展能力。也要注重中部地区民族体育旅游产业的融合发展，将中部民族体育旅游与其他相关产业进行融合，形成具有区域特色的产业链和产业集群。

（二）促进文化交流与传承

中部地区民族体育旅游产业数字化转型升级对于促进文化交流与传承具有重要意义。在全球化背景下，不同民族、不同文化之间的交流与融合已经成为趋势。而中部地区民族体育旅游产业数字化转型升级作为展示和传承我国民族文化的重要载体，为我国不同少数民族之间的交流与融合提供平台。通过中部地区民族体育旅游产业数字化转型升级，吸引来自不同地区的游客前来体验和学习，增进相互了解和认知。在中部地区民族体育旅游产业数字化转型升级过程中，不同民族之间的文化交流与融合得以加强，有助于消除文化隔阂，增进民族团结，促进社会和谐稳定。通过参与民族体育旅游活动，更加深入地了解和体验到我国民族文化的独特魅力和价值观念，从而增强对自己文化的认同感和自信心。

（三）提升社会福祉与民生水平

中部地区民族体育旅游产业数字化转型升级对于提升社会福祉与民生水平具有重要意义。随着社会经济的发展和人民生活水平的提高，人们对于体育旅游的需求也在不断增加。而中部地区民族体育旅游产业数字化转型升级作为一种具有独特魅力和文化内涵的旅游形式，满足人们对于旅游的需求和追求。通过中部地区民族体育旅游产业数字化转型升级，提供更多的就业机会和收入来源，改善民生水平。带动其他相关产业的发展，提高中部地区的区域的经济发展水平。此外，中部地区民族体育旅游产业数字化转型升级还促进社会福祉的提升，如改善基础设施、提高公共服务水平等。在中部地区民族体育旅游产业数字化转型升级的过程中，注重产业的可持续发展和社会责任。通过引入新的技术和模式，推动中部地区民族体育旅游产业数字化的可持续发展和社会责任履行，提高中部地区民族体育旅游产业数字化的竞争力和可持续发展能力。也要注重对游客的引导和教育，提高游客的文化素质和文明素养，营造良好的旅游氛围和文化环境。

二、中部地区民族体育旅游产业数字化转型升级的现实需求

(一)适应数字化时代发展趋势

随着数字化技术的快速发展,各行各业都在积极推进数字化转型升级。对于中部地区的民族体育旅游产业来说,数字化转型升级是适应时代发展趋势的必然选择。数字化技术提高中部地区民族体育旅游产业的运营效率,通过数字化技术,实现中部地区民族体育旅游资源的数字化管理、旅游服务的智能化提供、旅游营销的精准化推广等,从而提高中部地区民族体育旅游产业的运营效率和服务质量。数字化技术提升中部地区民族体育旅游产业的市场竞争力,在数字化时代,信息传播的速度更快、范围更广,数字化技术帮助中部地区民族体育旅游产业更好地宣传和推广自身,吸引更多的游客前来体验,从而提升市场竞争力。

(二)满足游客个性化需求

随着人们生活水平的提高和旅游需求的多样化,游客对于体育旅游体验的需求也越来越个性化。中部地区民族体育旅游产业数字化转型升级满足游客的个性化需求。数字化技术帮助体育旅游企业更好地了解游客的需求和偏好,从而提供更加个性化的体育旅游产品和服务。通过大数据分析,了解游客的旅游习惯、兴趣爱好等信息,从而为游客提供更加符合其需求的旅游线路和服务。数字化技术为游客提供更加便捷、高效的旅游服务,通过手机 App、微信公众号等平台,游客随时随地查询旅游信息、预订旅游产品、购买门票等,从而提高了游客的旅游体验和满意度。

(三)推动产业融合发展

中部地区民族体育旅游产业数字化转型升级推动相关产业融合发展。数字化技术帮助中部地区民族体育旅游产业与其他产业进行融合,形成具有区域特色的产业链和产业集群与文化创意产业、体育产业等进行融合,开发出更多具有文化内涵和体育元素的旅游产品和服务。数字化技术促进中部地区民族体育旅游产业与不同产业之间的交流与合作。通过数字化平台和技术手段,中部地区民族体育旅游产业与不同产业之间实现信息共享、资源互利、合作共赢等目标,从而推动中部地区民族体育旅游产业数字化的协同发展。

(四)提升产业发展水平

中部地区民族体育旅游产业数字化转型升级提升产业发展水平。数字化技术

提高中部地区民族体育旅游产业的运营效率和服务质量,从而提升整个产业的发展水平。数字化技术推动中部地区民族体育旅游产业的创新和发展,从而为中部地区民族体育旅游产业的发展注入新的动力和活力。通过大数据分析、人工智能等技术手段,开发出更多具有创新性和实用性的体育旅游产品和服务,满足游客不断变化的需求。

三、中部地区民族体育旅游产业数字化转型升级的内涵阐释

(一)数字化转型升级的内在需求

中部地区民族体育旅游产业数字化转型升级的内涵首先体现在其内在需求上。随着科技的进步和互联网的普及,数字化已经成为各行各业发展的重要趋势。对于中部地区民族体育旅游产业而言,数字化转型升级是适应时代发展的必然选择,也是提升中部地区民族体育旅游产业竞争力和创新能力的关键。一是数字化转型升级能够提高中部地区民族体育旅游产业的效率和质量。通过引入先进的数字化技术,实现对旅游产品、服务、管理等方面的全面优化,提高中部地区民族体育旅游产业的运行效率和服务质量。数字化转型升级也能够推动中部地区民族体育旅游产业的创新和发展,为游客提供更加多元化、个性化的旅游体验。二是数字化转型升级能够满足游客的多样化需求。随着人们生活水平的提高和消费观念的转变,游客对于中部地区民族体育旅游体验的需求也越来越多样化。数字化转型升级通过大数据分析、人工智能等技术手段,深入了解游客的需求和偏好,为游客提供更加精准、个性化的服务,提高游客的满意度和忠诚度。三是数字化转型升级能够推动中部地区民族体育旅游产业的可持续发展。数字化转型升级不仅提高中部地区民族体育旅游产业的效率和竞争力,还推动中部地区民族体育旅游产业的高质量发展。通过引入环保技术、绿色理念等,实现中部地区民族体育旅游资源的节约利用和环境保护,推动中部地区民族体育旅游产业的可持续发展。

(二)数字化转型升级的技术支撑

中部地区民族体育旅游产业数字化转型升级的内涵还体现在其技术支撑上。数字化转型升级要依托先进的技术手段和基础设施,才能够实现中部地区民族体育旅游产业的全面升级和发展。一是数字化转型升级要依托互联网、物联网等先进技术手段。通过互联网技术实现信息的快速传递和共享,提高中部地区民族体育旅游产业的运行效率和服务质量;通过物联网技术实现设备的智能化管理和控制,提高中部地区民族体育旅游产业的自动化和智能化水平。二是数字化转型升

级要依托大数据、人工智能等先进技术手段。通过大数据技术对海量数据进行挖掘和分析，为决策提供科学依据；通过人工智能技术实现自动化决策、智能推荐等功能，提高中部地区民族体育旅游产业的智能化水平和服务质量。三是数字化转型升级要依托云计算、区块链等先进技术手段。通过云计算技术实现数据的高效存储和处理，提高中部地区民族体育旅游产业的运行效率和服务质量；通过区块链技术实现数据的可追溯性和安全性，保障游客的权益和安全。

（三）数字化转型升级的价值体现

中部地区民族体育旅游产业数字化转型升级的内涵还体现在其价值体现上。数字化转型升级不仅是对传统产业的改造和升级，更是对中部地区民族体育旅游产业价值链的重塑和提升。一是数字化转型升级能够提高中部地区民族体育旅游产业的价值创造能力。通过引入先进的数字化技术和管理手段，提高中部地区民族体育旅游产业的效率和竞争力，为游客提供更加优质、便捷的服务体验，从而创造更多的价值。二是数字化转型升级能够推动中部地区民族体育旅游产业的价值链拓展。通过数字化转型升级能够推动中部地区民族体育旅游产业向高端化、智能化方向发展，拓展新的价值领域和市场空间。三是数字化转型升级能够推动中部地区民族体育旅游产业的价值共享。通过数字化转型升级实现信息的共享和数据的开放，促进中部地区民族体育旅游产业内部的合作与交流，实现价值的共享和共赢。

四、中部地区民族体育旅游产业数字化转型升级的动力机理

（一）经济转型与升级的需求

随着全球经济的不断发展和我国经济结构的调整，经济转型和升级已经成为我国经济发展的重要任务。中部地区作为我国经济发展的重要区域，其民族体育旅游产业也面临着经济转型和升级的压力。数字化转型升级是经济转型和升级的重要途径之一，能够提高产业的效率和竞争力，推动中部地区民族体育旅游产业数字化的创新和发展，从而适应新的经济形势。因此，经济转型和升级的需求是推动中部地区民族体育旅游产业数字化转型升级的重要动力。

（二）消费者需求的变化

随着消费者生活水平的提高和消费观念的转变，消费者对于旅游体验的需求也在不断变化。更加注重旅游的便捷性、个性化、智能化等方面，希望获得更加优

质、高效的旅游服务。数字化转型升级满足消费者的需求，通过提供数字化旅游产品和服务，提高旅游体验的便捷性和舒适度。数字化转型升级也为消费者提供更加个性化、定制化的服务，满足消费者的个性化需求。因此，消费者需求的变化是推动中部地区民族体育旅游产业数字化转型升级的重要动力。

（三）技术创新与发展的推动

技术创新与发展是推动中部地区民族体育旅游产业数字化转型升级的重要动力。随着互联网、大数据、人工智能等技术的不断发展，数字技术为中部地区民族体育旅游产业的数字化转型升级提供了强大的技术支持。互联网技术实现信息的快速传递和共享，提高中部地区民族体育旅游产业的运行效率和服务质量，大数据技术对海量数据进行挖掘和分析，为决策提供科学依据，人工智能技术实现自动化决策、智能推荐等功能，提高中部地区民族体育旅游产业的智能化水平和服务质量。因此，技术创新与发展是推动中部地区民族体育旅游产业数字化转型升级的重要动力。

五、中部地区民族体育旅游产业数字化转型升级的机遇优势

（一）政策支持与引导的机遇

中部地区作为我国经济发展的重要区域，政府对于中部地区民族体育旅游产业数字化转型升级给予了高度关注和支持。近年来，政府出台了一系列政策措施，鼓励和支持中部地区民族体育旅游产业数字化转型升级。政府加大了对中部地区民族体育旅游产业数字化转型升级的基础设施建设的投入，提高了中部地区体育旅游景区的可进入性和可停留性；政府还推出了一系列优惠政策，如税收优惠、土地供应优惠等，为中部地区民族体育旅游产业数字化转型升级提供了有力的政策支持。政策措施为中部地区民族体育旅游产业数字化转型升级提供了良好的机遇。

（二）区位优势与交通便利的机遇

中部地区位于我国地理位置的中心地带，具有得天独厚的区位优势。中部地区交通网络发达，公路、铁路、航空等交通方式齐全，为游客的出行提供了便利条件。区位优势和交通便利为中部地区民族体育旅游产业数字化转型升级提供了良好的机遇。游客能够方便地到达体育旅游目的地，也在较短的时间内游览多个景点，提高中部地区民族体育旅游体验的效率和质量。

（三）文化资源与旅游资源的优势

中部地区拥有丰富的文化资源和旅游资源，为中部地区民族体育旅游产业数字化转型升级提供了良好的基础。中部地区拥有众多的民族体育项目和传统文化活动，如龙舟赛、舞龙舞狮、摔跤等，民族活动具有浓郁的民族特色和地方特色，吸引了大量游客前来观赏和体验。中部地区还拥有众多的自然景观和人文景观，如山川风光、古建筑群、博物馆等，这些景观为游客提供了多样化的旅游选择。文化资源和旅游资源的优势为中部地区民族体育旅游产业数字化转型升级提供了广阔的空间。

六、中部地区民族体育旅游产业数字化转型升级的现实困境

（一）产业结构与布局不合理

中部地区民族体育旅游产业存在明显的产业结构与布局不合理的问题。相较于其他产业，体育旅游产业的链条明显偏短，缺乏具有核心竞争力的产品和服务，各地区之间的协同发展也存在较大的问题。这主要是缺乏统一的规划和管理，以及各地区之间的经济、文化差异所导致的。这种不合理不仅影响了东部地区民族体育旅游产业的可持续发展，也限制了其与市场的深度融合。

（二）数字化转型意识不足

尽管数字化转型升级已成为各行业发展的趋势，但在中部地区民族体育旅游产业中，特别是在管理和决策层面，对数字化转型升级的认识和应用还存在较大的不足。部分管理者和决策者对数字化转型升级的理解仅停留在表面，认为只要引入一些新的技术工具即可，而忽视了数字化转型升级背后的深层含义和价值。这导致数字化转型升级的进程缓慢，甚至出现了方向性的错误。

（三）人才和技术储备不足

中部地区民族体育旅游产业的数字化转型升级要大量的技术人才和先进的技术工具作为支撑。然而，在中部地区，由于历史和地理等多方面的原因，这方面的人才和技术储备明显不足。尽管有一些高校和研究机构在培养相关的人才，但数量和质量都无法满足市场的需求。部分企业由于资金和观念的问题，对新技术和新工具的引入也显得较为迟缓。

（四）法规制度不适应

中部地区民族体育旅游产业的数字化转型升级要相应的法规制度进行保障和引导。然而，现有的法规制度往往基于传统的商业模式和管理模式，对数字化转型升级的适应性和支持力度存在较大的不足。这不仅限制了数字化转型升级的进程，也可能导致一些创新性的业务模式和服务方式无法得到合法的认可和支持。此外，由于数字化转型升级涉及的数据安全、隐私保护等问题，也要有更为完善和严格的法规制度进行规范和保障。

七、中部地区民族体育旅游产业数字化转型升级的创新机制

（一）资源开发与利用机制

中部地区拥有丰富的民族体育旅游资源，包括独特的自然景观、丰富的历史文化、多彩的民族风情等。丰富的资源是推动中部地区民族体育旅游产业数字化转型升级的基础和保障。因此，中部地区应加强对民族体育旅游资源的开发与利用，深入挖掘民族体育旅游资源的潜力与特色，将其有机地结合起来，形成具有中部地区地方特色的民族体育旅游产品和服务，满足游客的多样化需求。

一是制定科学的发展规划。在制定中部地区民族体育旅游产业数字化转型升级的规划时，应充分考虑东部地区的民族体育旅游资源特色和优势，确定合理的中部地区民族体育旅游产业数字化的开发方向和重点，避免盲目开发和重复建设。应注重与周边地区的协调与合作，形成优势互补的中部地区民族体育旅游产业数字化转型升级的发展格局。二是加强基础设施建设。中部地区民族体育旅游产业数字化转型升级要完善的基础设施支持。中部地区应加强交通、通信、水电等基础设施建设，提高中部地区民族体育旅游目的地的可进入性和接待能力。以及要注重提高中部地区民族体育旅游产业数字化转型升级的设施的舒适度和安全性，为中部地区民族体育旅游产业数字化转型升级提供良好的旅游环境和服务。三是注重资源保护与传承。在开发中部地区民族体育旅游产业数字化转型升级的资源中，要注重中部地区民族体育旅游资源的保护和传承工作。通过建立中部地区民族体育旅游资源保护制度、加强中部地区民族体育旅游资源修复工作、推广中部地区民族体育旅游产业低碳理念等措施，确保中部地区民族体育旅游资源的可持续利用和生态环境的持续改善。

（二）市场拓展与营销

市场拓展与营销是推动中部地区民族体育旅游产业数字化转型升级的重要环

节。中部地区应加强对中部地区民族体育旅游产业市场的拓展与营销，提高中部地区民族体育旅游产品的知名度和美誉度，吸引更多的游客前来消费。

一是强化品牌营销。中部地区应注重打造具有地方特色的民族体育旅游品牌，通过品牌营销提高旅游产品的知名度和美誉度。通过举办数字化民族体育旅游文化节、数字化民族体育赛事、数字化民族体育旅游推广活动等方式，吸引更多的游客关注和参与。二是拓展客源市场。中部地区应加强对客源市场的拓展工作，扩大游客来源。通过开发新的中部地区民族体育旅游线路和产品、加强与周边地区的合作、推广网络营销等方式，吸引更多的游客前来消费。以及注重与国内外知名旅游机构的合作与交流，提高中部地区民族体育旅游产业数字化转型升级的国际化水平。三是加强营销渠道建设。中部地区应加强营销渠道建设，通过线上和线下渠道的有机结合，提高中部地区民族体育旅游产品的销售效果。通过建立官方网站、开发手机应用程序、建立与各大旅游电商的合作等方式，实现线上销售和推广；通过与各大旅行社、酒店等合作，实现线下销售和推广；应注重对游客数据的收集和分析工作，提高营销的针对性和效果。

（三）管理与服务提升

管理与服务提升是推动中部地区民族体育旅游产业数字化转型升级的重要保障。中部地区应加强对民族体育旅游产业数字化转型升级管理的规范化和服务质量的提升工作，提高中部地区民族体育旅游游客的满意度和忠诚度。一是加强行业管理。中部地区应加强对中部地区民族体育旅游产业数字化转型升级的规范化管理，建立健全行业标准和规范体系，加强对民族体育旅游企业的监管和管理，确保市场的规范和有序发展。二是提高服务质量。中部地区应注重提高民族体育旅游数字化服务的品质和水平，加强对服务人员的培训和教育，增强其专业素质和服务意识；应注重对民族体育旅游设施的维护和更新工作，确保游客的安全和舒适度。

八、中部地区民族体育旅游产业数字化转型升级的实现模式

（一）数字化驱动模式

中部地区民族体育旅游产业数字化转型升级的首要模式是数字化驱动模式。数字化驱动模式以数字化技术为驱动力，推动中部地区民族体育旅游产业数字化转型升级。在数字化驱动模式下，中部地区民族体育旅游产业将充分利用数字化技术，如大数据、云计算、人工智能等，对民族体育旅游资源进行深度挖掘和整合。

通过对数据的收集、分析和处理，更准确地了解游客的需求和行为，从而提供更加个性化、精准的服务。数字化技术还提高中部地区民族体育旅游服务的效率和质量，降低运营成本，提升游客体验。此外，数字化驱动模式还促进中部地区民族体育旅游产业内部的协作和交流。通过数字化平台，企业更方便地共享资源、交流经验，形成良好的产业生态。这种生态有助于降低交易成本，提高市场竞争力，推动中部地区民族体育旅游产业数字化转型升级的可持续发展。

（二）智能化服务模式

智能化服务模式是中部地区民族体育旅游产业数字化转型升级的重要模式。智能化服务模式以智能化技术为手段，提供更加便捷、高效的服务。在智能化服务模式下，中部地区民族体育旅游产业数字化转型升级将利用人工智能、机器学习等技术，为游客提供智能化的服务。利用智能语音识别技术，游客通过语音指令完成预订、查询等操作；通过智能推荐系统，根据游客的历史数据和行为习惯，为其推荐合适的旅游线路和产品。智能化服务不仅提高游客的满意度和忠诚度，还降低中部地区民族体育旅游产业的服务成本，提高中部地区民族体育旅游产业的服务效率。此外，智能化服务模式还促进中部地区民族体育旅游产业数字化转型升级的创新和发展。通过引入新技术、新理念，推动中部地区民族体育旅游产业数字化转型升级的变革。利用大数据分析技术，深入挖掘游客的需求和行为特点，开发出更加符合市场需求的民族体育旅游产品和服务；利用物联网技术，实现中部地区民族体育旅游设施的智能化管理和监控，提高中部地区民族体育旅游设施的运营效率和安全性。

（三）线上线下融合模式

线上线下融合模式是中部地区民族体育旅游产业数字化转型升级的另一种重要模式。线上线下融合模式将线上和线下的服务有机地结合起来，形成互补的优势。在线上线下融合模式下，中部地区民族体育旅游产业数字化转型升级将充分利用互联网和移动设备等线上渠道，为游客提供便捷的预订、支付、查询等服务。也将加强线下渠道的建设和管理，为游客提供更加优质、个性化的服务体验。通过线下实体店的建设，提供更加直观、真实的旅游体验；通过与旅行社、酒店等合作，提供更加全面的旅游服务。此外，线上线下融合模式有助于提高游客的满意度和忠诚度。通过线上线下的有机结合，游客更加方便地获取旅游信息和服务，提高民族体育旅游体验的质量和效率。线上线下融合模式也有助于降低企业的运营成本和提高市场竞争力。通过线上渠道的拓展和线下服务的优化，企业降低交易成本、提高中部地区民族体育旅游服务效率和质量、增强中部地区民族体育旅游市场竞争力。

九、中部地区民族体育旅游产业数字化转型升级的优化路径

（一）技术驱动路径

技术驱动路径是中部地区民族体育旅游产业数字化转型升级的重要途径。技术驱动路径的核心是通过引进和应用先进技术，推动中部地区民族体育旅游产业数字化转型升级。一是中部地区民族体育旅游产业数字化转型升级应积极引进大数据、云计算、人工智能等先进技术，将其应用于体育旅游服务的各个环节。通过大数据分析，实现对游客需求的精准把握，为民族体育旅游产品设计、市场营销等提供有力支持。云计算技术的应用提高中部地区民族体育旅游产业数字化转型升级的可扩展性和高可用性，满足游客不断增长的需求。人工智能技术的应用提高中部地区民族体育旅游产业服务的智能化水平，为游客提供更加便捷、个性化的服务。二是中部地区民族体育旅游产业数字化转型升级应加强技术研发和创新，形成具有自主知识产权的技术体系。通过与高校、科研机构等合作，共同开展技术研究和创新活动，推动中部地区民族体育旅游产业数字化转型升级的科技进步。应鼓励企业加大技术研发投入，推动中部地区民族体育旅游产业数字化转型升级的技术成果转化和应用。

（二）产业链协同路径

产业链协同路径是中部地区民族体育旅游产业数字化转型升级的重要手段。产业链协同路径的核心是通过加强产业链的各环节的协同合作，实现资源的共享和优化配置。一是中部地区民族体育旅游产业数字化转型升级应加强产业链整合和协同合作。通过与上下游企业的合作，实现资源的共享和优势互补，提高中部地区民族体育旅游产业数字化转型升级的效率和竞争力。应加强与同行的交流和合作，了解行业动态和市场趋势，共同推动中部地区民族体育旅游产业数字化转型升级的健康发展。二是中部地区民族体育旅游产业数字化转型升级应建立完善的产业链体系。包括完善产业链的各个环节，如旅游资源开发、产品设计、市场营销、游客服务等。通过建立完善的中部地区民族体育旅游产业数字化转型升级的产业链体系，实现资源的优化配置和高效利用，提高中部地区民族体育旅游产业数字化转型升级的竞争力和可持续发展能力。

（三）人才支撑路径

人才支撑路径是中部地区民族体育旅游产业数字化转型升级的关键因素。人

才支撑路径的核心是通过培养和引进高素质、专业化的人才,为中部地区民族体育旅游产业数字化转型升级提供强有力的人才支撑。一是中部地区民族体育旅游产业数字化转型升级应加强人才培养工作。通过与高校、培训机构等合作,开设相关课程和培训项目,培养具备数字化技能和民族体育旅游专业知识的人才。以及应加强企业内部培训和学习活动,提高员工的数字化技能和素养。二是中部地区民族体育旅游产业数字化转型升级应积极引进具备数字化技能和民族体育旅游专业知识的优秀人才。通过引进优秀人才,为产业注入新的活力和动力,推动中部地区民族体育旅游产业数字化转型升级的创新和发展。以及应建立完善的人才激励机制,吸引更多的人才来到中部地区发展。三是中部地区民族体育旅游产业数字化转型升级还应建立完善的人才库和人才交流平台。通过人才库和人才交流平台的建设,促进人才的流动和共享,推动中部地区民族体育旅游产业数字化转型升级的发展。加强与高校、科研机构等合作,共同开展人才培养和引进工作。

第四节　我国西部地区山地体育旅游产业数字化转型升级

一、西部地区山地体育旅游产业数字化转型升级的时代价值

(一)推动经济发展与产业升级

西部地区山地体育旅游产业数字化转型升级的时代价值体现在推动经济发展与产业升级方面。随着全球经济的数字化趋势不断加强,数字化转型升级已成为各行各业发展的必然选择。对于西部地区的山地体育旅游产业而言,数字化转型升级不仅可提高西部地区体育旅游产业的竞争力和效率,还为经济发展注入新的动力。一是数字化转型升级促进西部地区山地体育旅游产业的创新发展。通过引入先进的技术手段和数字化管理方式,提升西部地区山地体育旅游产品的品质和服务水平,满足游客不断增长的需求。数字化转型升级还将推动西部地区山地体育旅游产业从传统的旅游服务向更高层次的体育旅游体验转变,为经济发展注入新的活力。二是数字化转型升级促进西部地区山地体育旅游产业的国际化发展。通过数字化技术手段的运用,提升旅游产品的国际知名度和竞争力,吸引更多的国际游客前来旅游。数字化转型升级还推动西部地区山地体育旅游产业与国际接

(二)提升旅游品质与服务水平

西部地区山地体育旅游产业数字化转型升级的时代价值还体现在提升旅游品质与服务水平方面。数字化技术的应用提升西部地区山地体育旅游服务的智能化、便捷化水平,为游客提供更加优质、个性化的服务。一是数字化技术的应用提升西部地区山地体育旅游服务的智能化水平。通过大数据分析、人工智能等技术手段的应用,实现对游客需求的精准把握,为游客提供更加个性化、贴心的服务。数字化技术还提升西部地区山地体育旅游服务的便捷化水平,如在线预订、智能导览等,为游客提供更加便捷、高效的旅游体验。二是数字化技术提升西部地区山地体育旅游服务的安全性。通过数字化技术手段的运用,实现对西部地区山地体育旅游过程的实时监控和管理,确保游客的安全和健康。数字化技术还提升西部地区山地体育旅游服务的应急处理能力,如突发事件时的快速响应和处置能力。

(三)推动社会进步与文化传承

西部地区山地体育旅游产业数字化转型升级的时代价值还体现在推动社会进步与文化传承方面。数字化技术的应用提升西部地区山地体育旅游产业的竞争力和效率,还为西部地区社会发展和文化传承注入新的动力。一是数字化技术推动社会进步。通过数字化技术手段的运用,促进西部地区山地体育旅游产业的可持续发展,推动社会经济的均衡发展。数字化技术还推动西部地区社会文化的交流与融合,促进不同民族、不同地区之间的文化交流与合作,推动社会的和谐发展。二是数字化技术促进文化传承。西部地区拥有丰富的山地文化和体育资源,通过数字化技术的运用将这些宝贵的文化遗产进行数字化保存和传承。数字化技术还推动西部地区民族传统体育项目的创新和发展,为西部地区民族传统文化的传承和发展注入新的活力。

(四)促进生态文明建设与可持续发展

西部地区山地体育旅游产业数字化转型升级的时代价值还体现在促进生态文明建设与可持续发展方面。西部地区山地是生态脆弱地区之一,而西部地区山地体育旅游产业的发展也面临着生态环境保护的挑战。通过数字化技术的运用实现对西部地区山地的生态保护和可持续发展。数字化技术实现对西部地区山地体育旅游的生态监测和评估,通过运用卫星遥感、无人机等先进技术手段对西部地区山地体育旅游进行实时监测和评估,及时发现并解决山地生态问题,数字化技术还推动生态保护意识的普及和传播,提高公众对生态保护的认识和重视程度。数字化技术促进西部地区山地体育旅游转型升级的可持续发展，通过运用大数据分析、人工智能等技术手段对西部地区山地体育旅游的资源进行合理开发和利用，实现西部地区山地体育旅游资源的高效利用和可持续发展，数字化技术还推动西部地区山地体育旅游的低碳发展模式和创新实践探索，为西部地区山地体育旅游转型升级的可持续发展注入新的动力和活力。

二、西部地区山地体育旅游产业数字化转型升级的现实需求

（一）顺应数字化发展趋势，提升产业竞争力

随着全球经济的数字化趋势不断加强，各行各业都在积极探索数字化转型之路。西部地区山地体育旅游产业面临着激烈的市场竞争，要想在竞争中脱颖而出，必须紧跟数字化发展趋势，提升自身的产业竞争力。数字化转型升级帮助西部地区山地体育旅游产业发展市场竞争力，通过引入先进的技术手段和数字化管理方式，实现西部地区山地体育旅游产品的智能化、个性化服务，满足游客不断增长的需求，数字化转型升级还帮助产业优化资源配置，提高效率，降低成本，从而提高市场竞争力。数字化转型升级帮助西部地区山地体育旅游产业拓展国际市场，随着全球化的深入发展，越来越多的国际游客来到我国旅游，西部地区山地体育旅游产业要适应国际化发展趋势，通过数字化技术手段的运用提升西部地区山地体育旅游产品的国际知名度和竞争力，吸引更多的国际游客前来旅游。

（二）满足游客多元化需求，提升旅游品质

随着人们生活水平的提高和旅游观念的转变，游客对旅游品质和服务水平的要求越来越高，西部地区山地体育旅游产业要满足游客的多元化需求，必须加快数字化转型升级，提升西部地区山地体育旅游品质和服务水平。数字化技术的应用提升西部地区山地体育旅游服务的智能化、便捷化水平，通过大数据分析、人工智能等技术手段的应用，实现对游客需求的精准把握，为游客提供更加个性化、贴心的服务，数字化技术还为游客提供更加便捷、高效的旅游体验。数字化技术提升西部地区山地体育旅游服务的安全性和应急处理能力，通过数字化技术手段的运用，实现对西部地区山地体育旅游过程的实时监控和管理，及时发现并解决安全问题，数字化技术还提高应急处理能力，如突发事件时的快速响应和处置能力，为游客提供更加安全、可靠的旅游环境。

（三）推动产业创新发展，实现可持续发展

西部地区山地体育旅游产业要实现可持续发展，必须推动产业创新发展，数字化技术的应用促进西部地区山地体育旅游产业的创新发展和可持续发展。数字化技术推动西部地区山地体育旅游产业创新发展，通过引入先进的技术手段和数字化管理方式开发出更具创意性和吸引力的旅游产品和服务模式，从而吸引更多的游客前来旅游，进而促进西部地区山地体育旅游产业的创新发展，数字化技术还为西部地区山地体育旅游产业的创新发展提供新的思路和方法，利用人工智能等技术手段开发出更加智能化、个性化的西部地区山地体育旅游服务产品从而满足游客不断增长的需求。数字化技术实现西部地区山地体育旅游产业可持续发展，通过数字化技术手段的运用更加高效地开发和利用山地资源，实现资源的高效利用和可持续发展，促进山地西部地区山地体育旅游产业的生态保护和文化传承等方面的可持续发展；通过运用卫星遥感、无人机等先进技术手段对西部地区山地体育旅游产业进行实时监测和评估，及时发现并解决生态问题；通过运用大数据分析等技术手段对西部地区山地体育旅游资源进行合理开发和利用，实现西部地区山地体育旅游产业资源的高效利用和可持续发展，为西部地区山地体育旅游产业数字化转型升级注入新的动力和活力。

三、西部地区山地体育旅游产业数字化转型升级的内涵阐释

（一）技术驱动下的产业变革

西部地区山地体育旅游产业数字化转型升级的内涵体现在技术驱动下的产业变革方面。数字化技术是推动西部地区山地体育旅游产业数字化转型升级的核心驱动力，通过引入先进的技术手段和数字化管理方式，为西部地区山地体育旅游产业数字化带来了全新的发展机遇和挑战。数字化技术推动了西部地区山地体育旅游产业数字化转型升级，通过引入大数据、人工智能等先进技术手段，实现对游客需求的精准把握，为游客提供更加个性化、贴心的服务；数字化技术提升西部地区山地体育旅游产业数字化转型升级的竞争力和效率，通过引入数字化管理方式，实现对西部地区山地体育旅游过程的实时监控和管理，确保游客的安全和健康，数字化技术还提升西部地区山地体育旅游服务的应急处理能力，如突发事件时的快速响应和处置能力，为游客提供更加安全、可靠的旅游环境。

（二）社会责任与生态保护

西部地区山地体育旅游产业数字化转型升级的内涵还体现在社会责任与生态保护方面，在推动西部地区山地体育旅游产业数字化转型升级的过程中，注重社会责任和生态保护的平衡发展。一是数字化技术促进社会责任的履行。通过数字化技术的运用，实现西部地区山地体育旅游产业的绿色发展和可持续发展，通过引入环保材料和技术手段，减少对自然环境的破坏和污染；通过推广低碳出行方式，减少碳排放和对环境的影响，促进西部地区社会责任的履行和可持续发展目标的实现。二是数字化技术促进生态保护意识的普及和传播。通过运用大数据分析、人工智能等技术手段对西部地区山地体育旅游产业进行实时监测和评估，及时发现并解决生态问题；数字化技术还可推动西部地区生态保护意识的普及和传播，提高公众对生态保护的认识和重视程度，为西部地区生态保护提供更加科学和有效的支持。

四、西部地区山地体育旅游产业数字化转型升级的动力机理

（一）政策支持力度加大与交通基础设施改善

西部地区政府近年来高度重视旅游业的发展并出台了财政资金投入、税收优惠等一系列扶持政策，为西部地区山地体育旅游产业数字化转型升级提供了有力的政策支持。随着政策的不断落实，西部地区山地体育旅游产业数字化转型升级将迎来更加广阔的发展动力。伴随交通基础设施的改善，西部地区与周边区域的交通变得更加便利，这将大大提高游客的出行效率，降低旅游成本，为西部地区山地体育旅游产业数字化转型升级带来更多的客源。

（二）体育产业蓬勃发展与技术创新推动产业升级

伴随着全民健身战略的陆续出台及更深入地实施，体育产业拥有着前所未有的发展动力。西部地区作为我国的一个重要经济地区，体育产业也呈现出蓬勃发展的态势。体育赛事的举办和体育旅游的兴起，将为西部地区山地体育旅游产业数字化转型升级提供更为广阔的市场空间。随着科技的不断进步，新技术在旅游行业的应用越来越广泛。西部地区作为中国科技发达的地区之一，技术创新成果显著。通过引入先进的技术和设备，推动西部地区山地体育旅游差异的数字化和智能化，将有助于提升西部地区山地体育旅游服务质量和游客体验，推动西部地区山地体育旅游产业数字化转型升级。

(三) 国际交流合作深化与旅游业发展相互促进

中国对外开放程度的日益扩大，是做好了与世界各国加深交流合作的准备。西部地区具有独特的地理位置优势，有利于与周边国家和地区开展旅游合作。通过加强与国际旅游机构的合作，引进他人更为先进的管理经验和旅游产品，用来提高西部地区山地体育旅游的知名度和影响力，这对西部地区山地体育旅游产业的迅速发展有着很大的助推力。西部地区作为我国的重要生态屏障区，生态环境保护具有重要意义。在推动西部地区山地体育旅游产业数字化转型升级的过程中，不能忽略对生态的保护，要及时处理环境方面的问题，强化旅游业与生态环境协调发展及和谐共生。通过打造绿色旅游品牌，提升旅游品质，让更多游客对体验效果满意，让西部地区经济、社会和环境都能实现共赢。

五、西部地区山地体育旅游产业数字化转型升级的机遇优势

(一) 丰富自然资源与独特文化魅力

西部地区地形复杂，山脉纵横，河流交错，拥有得天独厚的自然资源。西部地区的山地地形为体育旅游提供了多样化的户外场所，如徒步旅行、漂流、攀岩、自行车骑行等。这些项目能够满足不同游客的需求，为西部地区山地体育旅游产业数字化转型升级的发展提供了广阔的空间。西部地区所拥有的丰富多彩的各民族文化和习俗，都是吸引游客的一大特点。这些独特的文化资源为游客提供了独特的文化体验，增加了西部地区山地体育旅游的吸引力。不同民族的文化活动、传统体育项目等，都能够为游客带来别具一格的旅游体验，促进西部地区山地体育旅游的发展。

(二) 政策支持与基础设施逐步完善

近年来，西部地区政府加大了对旅游业的支持力度，出台了财政资金投入、税收优惠等一系列有利于旅游业发展的政策，为西部地区山地体育旅游产业数字化转型升级提供了有力的政策支持，为相关企业和投资者提供了良好的发展环境。随着旅游业的发展，西部地区不断加强基础设施建设，为旅游业的发展提供了更好的条件。交通网络的完善、住宿设施的增加、餐饮服务的提升等，都为西部地区山地体育旅游产业数字化转型升级提供了便利。基础设施的逐步完善，让出行更加便利，使得出游体验更加舒适，提高了游客的满意度。

（三）服务质量不断提高与生态环境压力较小

为了提升旅游服务水平，西部地区提高了旅游从业人员培训和教育方面的难度，让服务人员的专业素质和服务意识得以提升。通过开展专业培训、加强服务质量监管等措施，西部地区的服务质量有了明显的改善，为各种不同需求的游客都能提供更好的服务体验。这将有助于西部地区山地体育旅游产业数字化转型升级。西部地区的生态环境相对脆弱，若开发不当，可能会对生态环境造成破坏。然而，西部地区政府对于生态保护秉持着高度重视的态度，加大了生态环境的保护力度。在西部地区山地体育旅游产业数字化转型升级的过程中，注重生态保护和可持续发展，尽量减少对生态环境的影响。通过科学规划、合理开发等措施，西部地区山地体育旅游产业数字化转型升级在一定程度上减轻了生态环境压力。

六、西部地区山地体育旅游产业数字化转型升级的现实困境

（一）技术投入与基础设施不足

西部地区山地体育旅游产业数字化转型升级面临的首要困境是技术投入和基础设施的不足。数字化技术的应用需要大量的技术设备和基础设施支持，如互联网、大数据平台、人工智能设备等。然而，西部地区的经济相对欠发达，技术投入和基础设施的建设还远远不能满足数字化转型的需求。互联网普及率和网络质量与东部地区相比存在较大差距，网络覆盖率和网络速度都亟待提升，这使得西部地区的山地体育旅游产业在信息传播和数据收集方面存在较大困难，无法与东部地区进行有效的信息交流和共享。大数据平台和人工智能设备的应用需要大量的资金投入和技术支持，西部地区的大部分企业缺乏足够的资金和技术支持，难以引进和推广这些先进的技术设备，从而限制了西部地区山地体育旅游产业数字化转型升级的进程。

（二）人才短缺与创新能力不足

西部地区山地体育旅游产业数字化转型升级还面临着人才短缺和创新能力不足的困境。西部地区山地体育旅游产业数字化转型升级需要具备丰富的技术知识和专业人才，而西部地区在此方面的人才储备相对较少。西部地区的教育资源相对匮乏，缺乏培养高水平技术人才的能力，由于经济发展相对滞后，西部地区难以吸引和留住高水平的科技人才，导致人才流失严重。西部地区的山地体育旅游企业对于创新能力的重视程度不够。许多企业仍然沿用传统的经营模式和管理方

法,缺乏对新技术和新模式的探索和应用,从而限制了西部地区山地体育旅游产业数字化转型升级的发展。

(三)市场认知与消费习惯的挑战

西部地区山地体育旅游产业数字化转型升级还面临着市场认知和消费习惯的挑战,由于地域和文化差异,西部地区的消费者对于山地体育旅游产业数字化旅游服务的认知度和接受度相对较低。西部地区的消费者对于互联网和数字化服务的认知度和使用率相对较低,对于数字化服务的接受程度不高,更倾向于传统的旅游服务方式。西部地区的消费者对于旅游产品的选择更注重传统元素和文化体验,而对于数字化元素的兴趣相对较低,这使得西部地区山地体育旅游产业在数字化转型升级过程中面临较大的市场压力和消费习惯的挑战。

(四)政策与法规的制约

西部地区山地体育旅游产业数字化转型升级还受到政策与法规的制约,虽然国家对于数字化转型和山地体育旅游产业的发展给予了政策支持和鼓励,但在实际执行过程中还存在一些问题。政策支持的力度和覆盖面还不够广泛,一些西部地区的政府对于山地体育旅游产业的数字化转型重视程度不够,缺乏针对性的政策和资金支持,导致企业在数字化转型过程中缺乏引导和帮助。法规制约也是阻碍西部地区山地体育旅游产业数字化转型升级的因素之一,一些传统的旅游法规和管理规定已经不适应数字化时代的需求,需要进一步完善和调整;然而,由于法规修订的周期较长和程序复杂,一些企业难以在短时间内适应新的法规环境,从而影响了西部地区山地体育旅游产业在数字化转型升级的进程。

七、西部地区山地体育旅游产业数字化转型升级的创新机制

(一)政府引导与政策支持

政府通过制定专项政策、提供资金支持、建立合作平台等方式,引导企业和市场向数字化方向转型。一是政府制定针对东西部地区山地体育旅游产业数字化转型升级的专项政策,明确东西部地区山地体育旅游产业数字化转型升级的目标、重点和路径,以及提供相应的政策支持和资金投入,政府还应设立专门的西部地区山地体育旅游产业数字化转型升级服务机构,为企业提供技术指导、人才培训等一站式服务。二是政府通过提供资金支持来鼓励企业和市场进行东西部地区山地体育旅游产业数字化转型升级,政府应设立西部地区山地体育旅游产业数字化转型升

级的专项资金,为企业提供一定的资金支持,帮助企业引进先进的技术设备和人才,推动西部地区山地体育旅游产业数字化转型升级的顺利进行。三是政府搭建合作平台,促进企业与科研机构、高校等之间的合作,推动科技创新和数字化转型,通过产学研合作,加速技术成果的转化和应用,提高企业的创新能力和市场竞争力。

(二)企业主动创新与市场驱动

企业作为市场主体,要积极探索和创新数字化技术和模式,以适应市场需求和变化。企业要具备主动创新的意识,积极引进和研发数字化技术,推动企业在产品设计、生产、营销等各个环节的数字化转型,企业还要建立和完善创新机制,鼓励员工进行技术创新和业务模式创新,以提升企业的核心竞争力。市场驱动也是推动西部地区山地体育旅游产业数字化转型升级的重要力量,随着消费者对于数字化体育旅游服务的认知度和需求度不断提高,企业要不断优化产品和服务,满足消费者的需求和期望,通过市场反馈和数据分析,企业要更加精准地把握消费者需求和市场趋势,从而制定更加科学合理的经营策略和产品方案。

(三)跨界合作与资源整合

数字化转型要整合多方面的资源和技术支持,包括互联网、大数据、人工智能等多个领域的知识和技术,通过跨界合作和资源整合,实现优势互补和协同创新。西部地区的企业加强与其他产业、领域之间的合作,共同开发和推广数字化技术和模式,与旅游、文化、体育等领域的机构合作,共同开发数字化山地体育旅游产品和服务模式,还与科技企业合作,共同研发和应用先进的数字化山地体育旅游技术设备等。西部地区的企业加强与国内外其他企业的合作与交流,学习借鉴先进的数字化转型经验和技术支持,通过合作与交流,加速企业的山地体育旅游产业数字化转型升级进程和发展创新水平,还借助合作伙伴的资源和渠道优势拓展市场空间和业务领域等。

八、西部地区山地体育旅游产业数字化转型升级的实现模式

(一)平台化模式

平台化模式是西部地区山地体育旅游产业数字化转型升级的重要实现模式。通过搭建数字化平台,将西部地区山地体育旅游产业的各种资源和要素整合在一起,实现资源的共享和优化配置。一是平台化模式促进西部地区山地体育旅游产

业数字化转型升级的信息共享和传播。通过数字化平台,实现山地体育旅游信息、活动信息、服务信息等的实时更新和共享,为游客提供更加便捷、高效的信息服务。二是平台化模式促进西部地区山地体育旅游产业数字化转型升级的资源优化配置。通过数字化平台,将各种山地体育旅游资源进行整合和优化配置,提高西部地区山地体育旅游资源利用效率和服务质量。三是平台化模式促进西部地区山地体育旅游产业数字化转型升级的协同创新。通过数字化平台,汇聚各种创新资源和要素,推动西部地区山地体育旅游产业的协同创新和转型升级。

(二)智能化模式

通过引入先进的智能化技术和设备,提高西部地区山地体育旅游服务的智能化水平,提升游客的体验和满意度。一是智能化模式提高西部地区山地体育旅游产业数字化转型升级的服务效率和质量。通过引入智能化技术和设备,实现西部地区山地体育旅游产业数字化转型升级旅游服务的自动化和智能化,提高服务效率和质量,降低人力成本。二是智能化模式提升西部地区山地体育旅游产业数字化转型升级的游客体验和满意度。通过引入智能化技术和设备,为游客提供更加便捷、高效、个性化的服务,提升游客的体验和满意度。三是智能化模式推动西部地区山地体育旅游产业数字化转型升级的绿色发展。通过引入环保技术和绿色材料,降低山地体育旅游活动对环境的影响,推动西部地区山地体育旅游的绿色发展。

(三)个性化模式

通过提供个性化的旅游产品和服务,满足游客的个性化需求,提升产业的附加值和竞争力。一是个性化模式根据游客的需求提供定制化的旅游产品和服务。通过数字化平台和技术手段,收集和分析游客的行为数据和消费习惯,为游客提供更加精准、个性化的旅游产品和服务。二是个性化模式提高西部地区山地体育旅游产业的附加值和竞争力。通过提供个性化的旅游产品和服务,增加西部地区山地体育旅游产品的附加值和竞争力,提高西部地区山地体育旅游产业的效益和可持续发展能力。三是个性化模式推动西部地区山地体育旅游产业的融合发展。通过与其他产业的融合,形成新的西部地区山地体育旅游产业链和商业模式,提高西部地区山地体育旅游产业的附加值和竞争力。

(四)国际化模式

通过推动西部地区山地体育旅游产业的国际化发展,提高西部地区山地体育旅游产业的国际知名度和竞争力,吸引更多的国际游客前来旅游。国际化模式提高西部地区山地体育旅游产业的国际知名度和竞争力,通过加强与国际旅游机构、企业的合作与交流,学习借鉴先进的山地体育旅游数字化转型经验和技术支持,提高西部地区山地体育旅游产业的国际知名度和竞争力。国际化模式吸引更多的国际游客前来旅游,通过加强宣传推广和营销手段的创新应用提高品牌影响力和吸引力,从而吸引更多的国际游客前来旅游,推动西部地区山地体育旅游产业的发展壮大。

九、西部地区山地体育旅游产业数字化转型升级的优化路径

(一)技术驱动路径

技术驱动路径是西部地区山地体育旅游产业数字化转型升级的重要优化路径。通过引入先进的数字化技术和设备,推动产业的数字化转型和升级。西部地区的企业要加强技术研发和创新,通过引进和研发先进的数字化技术和设备,提高西部地区山地体育旅游服务的智能化水平和效率,还要加强技术人才的培养和引进,为西部地区山地体育旅游产业数字化转型升级提供强有力的人才支持。西部地区要加强信息基础设施建设,通过加强互联网、大数据、人工智能等基础设施建设,提高信息传播和数据收集的效率和质量,为西部地区山地体育旅游产业数字化转型升级提供坚实的基础。

(二)市场导向路径

市场导向路径是西部地区山地体育旅游产业数字化转型升级的重要优化路径,通过满足市场需求和变化,推动西部地区山地体育旅游产业数字化转型升级。西部地区的企业要加强市场调研和分析,通过了解游客的需求和消费习惯,为游客提供更加精准体育旅游产品和服务,还要加强市场营销和推广手段的创新应用,提高品牌影响力和吸引力,从而吸引更多的游客前来旅游,推动西部地区山地体育旅游产业的发展壮大。西部地区要加强与其他领域的合作和交流,通过与其他领域的合作和交流拓展业务领域和市场空间,提高西部地区山地体育旅游产业的附加值和竞争力,推动产业的融合发展。

(三)人才支撑路径

人才支撑路径是西部地区山地体育旅游产业数字化转型升级的重要优化路径,通过培养和引进高水平的数字化技术人才,为西部地区山地体育旅游产业的数字化转型提供强有力的人才支撑。西部地区的教育机构要加大数字化技术人才的培养力度,通过在高校和职业培训机构开设相关的专业和课程,提高人才培养的质

量和数量,为西部地区山地体育旅游产业数字化转型升级提供充足的人才储备;还要加强人才培训和职业规划等方面的支持,帮助员工提升数字化技能和综合素质适应数字化转型的需求。西部地区的企业要加强与高校和科研机构的合作,共同培养和引进高水平的数字化技术人才,通过建立实习基地、开展联合项目等方式吸引和留住优秀的数字化技术人才,为企业的数字化转型升级提供强有力的人才支持;还要建立完善的人才激励机制和评价机制,激发员工的积极性和创造力推动产业的创新发展。

参 考 文 献

[1] 中华人民共和国国民经济和社会发展第十四个五年规划和2035年远景目标纲要[EB/OL].[2021-03-13].http：//www.gov.cn/xinwen/2021-03/13/content_5592681.htm.

[2] 国家体育总局."十四五"体育发展规划[EB/OL].[2021-10-26].https：//www.sport.gov.cn/n315/n20067006/c23657438/content.html.

[3] 文化和旅游部."十四五"文化和旅游发展规划[EB/OL].[2021-04-29].http：//zwgk.mct.gov.cn/zfxxgkml/ghjh/202106/t20210602_924956.html.

[4] 国务院办公厅.关于进一步激发文化和旅游消费潜力的意见[EB/OL].[2019-08-23].http：//www.gov.cn/zhengce/content/2019-08/23/content5423809.html.

[5] 国务院办公厅.关于促进全民健身和体育消费推动体育产业高质量发展的意见[EB/OL].[2019-09-17].http：//www.gov.cn/xinwen/2019-09/17/content_5430600.htm.

[6] 国家旅游局,国家体育总局.关于大力发展体育旅游的指导意见[EB/OL].[2016-12-22].http：//www.sport.gov.cn/n319/n4833/c781834/content.html.

[7] 邢中友.我国体育旅游产业集群竞争力提升研究[M].北京:中国水利水电出版社,2017.

[8] 王萍.体育旅游可持续发展研究[M].北京:北京体育大学出版社,2022.

[9] 齐立斌.体旅产业融合发展促进乡村振兴的路径研究[M].北京:中国社会出版社,2022.

[10] 王焕盛.全域旅游视角下"体育+旅游"产业融合创新发展研究[M].北京:北京工业大学出版社,2020.

[11] 刘跃东.我国体育旅游产业协同管理与科学发展研究[M].北京:中国书籍出版社,2022.

[12] 张晓磊,李海.长三角体育旅游一体化发展:逻辑、困境与策略[J].体育文化导刊,2023(9):84-90.

[13] 曾艳筠,张小林.体育旅游和红色文化资源融合开发研究[J].资源开发与市场,2023,39(10):1383-1390.

[14] 周晓梅,任华,李娜娜.贵州民族体育旅游发展探究[J].贵州民族研究,2023,44(4):162-165.

[15] 王艳琼,张亚文,张小林.我国乡村体育旅游业数字化发展机遇、挑战与路径[J].体育文化导刊,2023(8):80-86.

[16] 蔡浩杰,樊炳有.特色小镇体育旅游产业数字化转型的时代价值、困境与路径研究[J].吉林体育学院学报,2023,39(4):34-39.

[17] 杨鹏,蔚丹丹,李山.气候变化背景下的户外体育旅游可持续发展:减缓与适应[J].旅游学刊,2023,38(8):15-17.

参 考 文 献

[18] 尹碧昌,刘佩凤.我国体育旅游政策的计量分析:基于政策工具视角[J].武汉体育学院学报,2023,57(7):30-37.

[19] Heebkhoksung K,Rattanawong W,Vongmanee V. A New Paradigm of a Sustainability-Balanced Scorecard Model for Sport Tourism[J]. Sustainability,2023,15(13).

[20] 夏江涛,王石峰,黎镇鹏.我国体育旅游产业数字化转型:动力机制、现实困境与实践路径[J].体育学研究,2023,37(3):65-75.

[21] 黎镇鹏,张泽承,任波,等."双碳"目标下我国体育旅游产业低碳发展动力与策略[J].体育文化导刊,2023(6):89-96.

[22] Sadeghi S B,Hossein M,Sahar A. Developing Sports Tourism Destinations in Emerging Countries:The Case of Zrebar Lake in Iran[J]. Polish Journal of Sport and Tourism,2023,30(2):22-29.

[23] 王璐,皮常玲,郑向敏.体旅融合视域下体育旅游研究结构与层次的建构逻辑[J].天津体育学院学报,2023,38(3):329-335.

[24] 李京律,张磊,李佩,等.基于生活方式维度的体育旅游市场细分研究:来自滑雪旅游者的实证分析[J].西安体育学院学报,2023,40(3):342-355.

[25] 唐嘉,张露秋.乡村经济振兴背景下体育旅游发展策略[J].山西财经大学学报,2023,45(S1):31-33.

[26] 王稳,蒋东升,李晓华,等.我国冰雪体育旅游与村寨文化融合发展探析[J].体育文化导刊,2023(4):102-110.

[27] Derek R V,Rachel R. Roving Consumers of Pleasure:at the Conceptual Intersection of Sport Tourism and Sex Tourism[J]. Journal of Sport & Tourism,2023,27(2):111-122.

[28] Widianingsih I,Abdillah A,Herawati E,et al. Sport Tourism,Regional Development,and Urban Resilience:A Focus on Regional Economic Development in Lake Toba District,North Sumatra,Indonesia[J]. Sustainability,2023,15(7).

[29] 寇明宇,徐成立,沈克印,等.乡村体育旅游发展中村民边缘化的问题审视、破解思路与路径构建[J].沈阳体育学院学报,2023,42(2):109-115,122.

[30] 黄向,杨晓生.区域体育旅游专项规划的编制体系研究[J].体育学刊,2023,30(2):63-66.

[31] 夏江涛,刘奔越,左逸帆.广东省体育旅游资源空间分异、影响因素及开发路径[J].体育学刊,2023,30(3):76-83.

[32] 鲁志琴,陈林祥,任波.价值链模型视角下我国运动休闲特色小镇体旅融合发展研究[J].沈阳体育学院学报,2023,42(2):102-108.

[33] 曹开军,徐嘉良.中国体育产业与旅游产业耦合协调时空演变及影响因素[J].西南大学学报(自然科学版),2023,45(3):199-213.

[34] Jesyca B S,Angel B,Patricio S. Implications for tourism management of including uncertainty in the estimation of the economic impact of sports events[J]. Sport,Business and Management:An International Journal,2023,13(2):181-194.

[35] 潘怡,姚绩伟.民俗体育旅游高质量发展价值、困境与策略[J].体育文化导刊,2023(2):81-87,94.

[36] Alberto V,Cristian G,David P,et al. Analysis of sport management subjects in university Sports Sciences degrees in Spain[J]. The International Journal of Management Education,2023,21(2).

[37] Michal A,Joanna M,Agnieszka L,et al. Gender differences in competitive adventure sports tourism[J]. Journal of Outdoor Recreation and Tourism,2023,42.

[38] 田建强,李江,张晓林.双循环视角下成渝地区双城经济圈体育旅游合作层级及优化路径研究[J].成都体育学院学报,2023,49(1):51-57.

[39] 吴进,李利强,孙有平.青藏高原民族体育文化与生态旅游深度融合发展研究[J].青海民族大学学报(社会科学版),2023,49(1):134-140.

[40] Yang Y. Research on the Path of "Sports,Tourism,Culture,Commerce and Agriculture" Industrial Integration Development in Guizhou[J]. The Educational Review,USA,2023,6(12).

[41] Kiernan G,Gregory R. Making the intangible tangible in sport heritage:a conceptual analysis of sport statuary's spatial fix[J]. Journal of Sport & Tourism,2023,27(1):57-75.

[42] Computational N A I. Retracted:Research on Making Use of Sports Tourism Resources to Build and Develop Sports Leisure Towns(Small Towns in Guangxi).[J]. Computational intelligence and neuroscience,2023,9810906.

[43] Yang Y,Song L,Zhao Z,et al. SWOT Analysis of "Sports,Tourism,Culture,Commerce and Agriculture" Industry Integration Development in Guizhou[J]. The Educational Review,USA,2022,6(11):722-726.

[44] 董亚琦,吴静涛,王春顺,等.大数据助力体育旅游高质量发展的价值与路径[J].体育文化导刊,2022(12):1-6.

[45] 黎镇鹏,张泽承,李志敢.新发展格局下体育旅游产业高质量发展阻滞因素与应对策略[J].体育文化导刊,2022(12):7-12,28.

[46] 林嘉荣.体育旅游业态规范化发展路径:基于安全风险性的研究[J].社会科学家,2022(9):61-67.

[47] 文秀丽,何元春.创新拓展区体育旅游生态圈建设的内在机理、问题论域及应然举措[J].北京体育大学学报,2022,45(11):138-147.

[48] 谷佳奇,彭显明,梁强.体育旅游赋能乡村振兴经验与保障措施:以浙江省为例[J].体育文化导刊,2022(11):15-21.

[49] 汪雄,袁际学.乡村振兴战略下民族村寨体育旅游开发的行动逻辑与实践理性:基于云南弥勒可邑村的田野考察[J].云南师范大学学报(哲学社会科学版),2022,54(6):79-86.

[50] 马越斐,李海.新型城镇化建设赋能体育与旅游产业深度融合的理论逻辑与推进策略[J].沈阳体育学院学报,2022,41(6):109-115.

[51] 王玉珍,张启明,邵玉辉.中国体育产业与旅游产业发展耦合协调的态势测度及影响因素[J].山东体育学院学报,2022,38(5):43-53.

[52] 王逊,张小林,周石其.消费升级驱动体育旅游产业高质量发展机理及实现路径[J].体育

文化导刊,2022(10):15-20.

[53] Yang Y, Song L, Zhao Z, et al. Research on Countermeasures for the Development of "Sports, Tourism, Culture, Commerce and Agriculture" Industry Integration in Guizhou [J]. Journal of Humanities, Arts and Social Science,2022,6(3).

[54] 邹青海,董宇,卢再水.数字经济赋能体育旅游业高质量发展的新逻辑、新机制及新路径[J].体育教育学刊,2022,38(5):16-21.

[55] 刘健,王美娟,刘林星.我国无居民海岛休闲体育旅游公共服务保障体系构建研究[J].山东体育学院学报,2022,38(4):110-118.

[56] 黎镇鹏,张泽承,李志敢."一带一路"背景下海南体育旅游发展优势、困境与策略[J].体育文化导刊,2022,(7):13-18,25.

[57] 蒋依依,高洁,周小芳,等.体旅新时代,冰雪新征程:"后奥运时代体育与旅游融合发展"专题研讨会会议综述[J].旅游学刊,2022,37(7):148-154.

[58] 甘颂甜,郭腾杰,聂真新.新时代云南少数民族体育旅游高质量发展路径选择[J].体育文化导刊,2022(6):23-28,35.

[59] 林章林,柳宗辉,刘元梦,等.以数字技术破解我国冰雪体育旅游发展的现实困境及对策建议[J].体育科研,2022,43(4):55-61.

[60] 唐胜宇,王德泰.数字经济背景下体育旅游产业主体价值重构的研究[J].江西电力职业技术学院学报,2022,35(4):148-149.

[61] 谢婷,路娜.国外体育旅游研究态势及对我国的启示[J].旅游学刊,2022,37(1):8-10.

[62] 王世军.黄河流域乡村体育旅游可持续发展战略优化研究[J].广州体育学院学报,2021,41(5):40-44.

[63] 赵琳,王飞."十四五"时期冰雪体育旅游数字化转型的价值导向与实施路径[J].体育文化导刊,2021(9):1-6,47.

[64] 曾玉兰,沈克印.数字化背景下体育旅游业趋势研判与发展路径[J].体育文化导刊,2021(6):7-12.

[65] 陈玉萍.体育旅游危机事件网络舆情诱发、演化与治理研究[D].上海:上海体育学院,2021.

[66] 杨乙元,张昌爱.农村"三变"改革与民族特色村寨体育旅游融合发展路径研究[J].六盘水师范学院学报,2020,32(6):1-8.

[67] 蒋依依,张月,杨占东,等.全生命周期视角下体育与旅游融合发展研究[J].北京体育大学学报,2020,43(12):46-57,70.

[68] 盘劲呈.乡村社区参与体育旅游减贫研究[D].上海:上海体育学院,2021.

[69] 张云.基于生态视角的陕西省体育赛事与特色旅游融合发展研究[J].西安体育学院学报,2020,37(6):726-730.

[70] 兰顺领.长三角一体化背景下区域体育旅游协同发展的困境与出路[J].山东体育学院学报,2020,36(5):111-118.

[71] 姜付高,曹莉.全域体育旅游:内涵特征、空间结构与发展模式[J].上海体育学院学报,2020,44(9):12-23,33.

[72] 杨乙元,张昌爱,张武.贵州乡村体育旅游助推"乡村振兴战略"的价值实现与发展路径研究[J].兰州文理学院学报(自然科学版),2020,34(5):83-87.

[73] 杨乙元,黄咏.六盘水冰雪体育旅游的网络营销模式与发展路径研究[J].山西大同大学学报(自然科学版),2020,36(1):74-79.

[74] 张晓磊,宋歌,李海.体育旅游小镇助推"人的城镇化"的路径与对策研究[J].沈阳体育学院学报,2019,38(6):16-22,49.

[75] 聂涛.四川民族地区体育旅游现状及发展模式探析[J].广州体育学院学报,2019,39(5):80-83.

[76] 刘立军.中国冰雪体育旅游的理论与实证研究[D].苏州:苏州大学,2019.

[77] 纪宁.体育旅游产业系统运行研究[D].天津:天津大学,2019.

[78] 杨乙元,田昊,赵红丽,等.基于SWOT分析六盘水夏季体育旅游资源及导向开发模式[J].山西大同大学学报(自然科学版),2019,35(2):74-78.

[79] 朱晓蕾.体育旅游对民族旅游地文化变迁影响与涵化模式建立[J].北京体育大学学报,2018,41(8):139-145.

[80] 孙忠利.中国体育旅游现状、矛盾与治理研究[J].广州体育学院学报,2018,38(4):37-40.

[81] 杨乙元,张昌爱.黄果树地区体育旅游的SWOT分析[J].兰州文理学院学报(自然科学版),2018,32(3):100-103.

[82] 张瑞林,李凌,车雯.冰雪体育旅游消费决策影响因素的质性研究[J].体育学刊,2017,24(6):54-60.

[83] 杨乙元.大型体育赛事对城市旅游产业化路径影响:以六盘水夏季国际马拉松赛为例[J].铜陵职业技术学院学报,2017,16(3):28-29,90.

[84] 谢卫.环都市乡村休闲体育旅游产品多元升级发展研究:以成都市为例[J].成都体育学院学报,2017,43(4):46-50.

[85] 宋忠良.武陵山片区民族传统体育与旅游产业互动发展研究[J].贵州民族研究,2016,37(11):189-192.

[86] 卢永雪.少数民族传统体育旅游的开发模式研究[J].贵州民族研究,2016,37(10):182-185.

[87] 王峰,王永刚,赵海燕.我国体育旅游产业创新驱动与路径研究[J].沈阳体育学院学报,2016,35(4):22-26.

[88] 杨强.体育旅游产业融合发展的动力与路径机制[J].体育学刊,2016,23(4):55-62.

[89] 姜付高,曹莉,孙晋海,等.我国滨海地区体育旅游资源禀赋、丰度与绩效评价研究[J].天津体育学院学报,2016,31(4):277-282.

[90] 王博.中美体育旅游发展差异的比较研究[D].北京:北京体育大学,2013.

[91] 赵金岭.我国高端体育旅游的理论与实证研究[D].福州:福建师范大学,2013.

[92] 王玉珍.中国体育旅游产业竞争力研究[D].北京:北京体育大学,2013.

[93] 赵承磊.我国城市体育旅游资源与产品的理论和实证研究[D].上海:上海体育学院,2012.

[94] 杨乙元.延边体育旅游产业整合研究[D].延吉:延边大学,2012.

[95] 赵阳,冯学钢.体育旅游服务质量对游客体验质量与行为意向的影响[J].上海体育学院学报,2023,47(12):57-71,82.

[96] 张良祥,张鹤东,朱顺.黑龙江古驿道体育旅游数字化创新发展研究[J].边疆经济与文化,2023,(12):49-53.

[97] 杨乙元."村BA"赋能贵州乡村体育旅游高质量发展研究[J].中国商论,2023(22):86-89.

[98] 吴燕,冯胜刚,张元章.少数民族特色村寨传统体育文化与旅游融合发展研究:以贵州省为例[J].体育文化导刊,2023(11):88-94,109.

[99] 宋宇虹,王飞.中国体育旅游研究三十年:回顾与反思[J].广州体育学院学报,2023,43(4):1-10.

[100] 朱邱晗,方宁.数字要素驱动体育旅游产业结构升级:基于文化资本理论视角[J].体育科技文献通报,2023,31(11):170-173.

[101] 陈治,屈晨旭.体育文化资本对我国体育旅游经济的影响研究:基于31个省(区、市)的面板数据分析[J].山东体育学院学报,2024,40(1):1-8.

[102] 黎镇鹏,张泽承,任波,等."双碳"背景下中国体育旅游产业低碳发展的现实基础、困境桎梏与实施路径[J].山东体育学院学报,2023,39(5):61-69.

[103] 段艳玲,刘少敏.基于"三重底线"原则构建我国都市体育旅游赛事杠杆化战略[J].上海体育学院学报,2023,47(10):38-48.

[104] 张兰华,于秋芬,张良祥.黑龙江古驿路体育旅游数字化转型研究[J].齐齐哈尔大学学报(哲学社会科学版),2023(9):82-85.

[105] 赵承磊.我国体育旅游政策价值及提升路径[J].体育文化导刊,2023(9):70-75,98.

[106] 袁园媛,黄海燕.上海体育旅游组织间合作关系研究:基于社会网络分析法的分析[J].中国体育科技,2018,54(6):3-11.